JN059384

教科書ガイド

啓林館 版

ビジョン・クエスト

English Logic and
Expression I Advanced

T E X T

B O O K

G U I D E

文研出版

はしがき

本書は，啓林館が発行する高等学校の論理・表現 I の教科書「Vision Quest English Logic and Expression I Advanced」に準拠した教科書解説書として編集されたものです。教科書の内容がスムーズに理解できるよう工夫されています。予習や復習，試験前の学習にお役立てください。

 本書の構成

Model Conversation	
教科書本文	各レッスンの本文を掲載。英文・日本語訳にはそれぞれ対応した通し番号「①②③…」を明記。
語句と語法のガイド	教科書に出てくる単語・熟語を，教科書の出現順に掲載。 使用する記号：名 名詞　代 代名詞　形 形容詞 副 副詞　動 動詞　助 助動詞 前 前置詞　接 接続詞　熟 熟語 間 間投詞
解説	各文の解説。 文末の **EB1** などは，教科書で解説している箇所を示している。

Example Bank, Function
Example Bank では，「Vision Quest 総合英語」から詳しい解説を抜粋し，新出文法項目をわかりやすく解説。Function では，各文の解説を掲載。

Try it out, Use it	
！ヒント	正解に至るまでの丁寧なヒントを掲載。 Use it では，文章を書く際のヒントやポイント，作文例を提示。
練習問題	教科書の Try it out の各小問題に類似した問題を出題。 Try it out の問題を解く際のヒントにもなる。

*本書では，教科書の問題の解答をそのまま提示しておりません。

Contents

Lesson 1 ▶ I want to introduce my new friend.

Model Conversation

Misaki is introducing John to Kaito.

M1: ①Kaito, **come** here! ②I want to introduce my new friend John to you.

J1: ③Nice to meet you, Kaito. ④I'm an exchange student from Australia.

K1: ⑤**Oh, really?** ⑥I really want to go there someday. ⑦Welcome to our school, John.

J2: ⑧Thanks.

M2: ⑨Kaito, your sister is studying at a university in Sydney, **isn't she?**

K2: ⑩**That's right.** ⑪John, where in Australia are you from?

J3: ⑫Actually, I'm from Sydney.

K3: ⑬**What a nice surprise!**

美咲は海斗にジョンを紹介しています。

M1: ①海斗，こっちに来て！②新しい友達のジョンをあなたに紹介したいの。

J1: ③初めまして，海斗。④僕はオーストラリアからの留学生だよ。

K1: ⑤え，本当に？⑥僕はいつか本当にそこに行きたいんだ。⑦僕たちの学校へようこそ，ジョン。

J2: ⑧ありがとう。

M2: ⑨海斗，あなたのお姉さんはシドニーの大学で勉強しているんでしょう？

K2: ⑩そうだよ。⑪ジョン，君はオーストラリアのどこから来たの？

J3: ⑫実は，シドニー出身なんだ。

K3: ⑬なんてうれしい驚きなんだ！

語句と語法のガイド

introduce ～ to ...	熟	～を…に紹介する
exchange student	名	交換留学生
someday [sʌ́mdei]	副	いつか
actually [ǽktʃuəli]	副	実は（= in fact）
surprise [sərpráiz]	名	驚き　▶動 ～を驚かす

解説

① **Kaito, come here!**

命令文。「～して」「～しなさい」と相手に指示をするときは動詞で文を始める。 **EB4**

文の最初の Kaito, は主語ではなく，相手に対する呼びかけの語。

② **I want to introduce my new friend John to you.**

my new friend と John は同格の関係。

③ **Nice to meet you, Kaito.**

初対面の挨拶で使う決まり文句。Nice to meet you.「初めまして。」と言われたら，ふつう Nice to meet you, too.「こちらこそ初めまして。」と応じる。2度目以降に会う場合は Nice to <u>see</u> you. という。

⑤ **Oh, really?**

reallyは「本当に」という意味の副詞。「?」で終わるので，確認したり聞き返したりするニュアンス。

⑦ **Welcome to our school, John.**

Welcome to ～は「～へようこそ」の意味。

⑨ **Kaito, your sister is studying at a university in Sydney, isn't she?**

～ , isn't she? は「～ですよね?」と相手に同意を求めたり，確認するときに使う表現。 **EB2**

⑩ **That's right.**

rightは「正しい」という意味の形容詞。That'sはThat isの短縮形。

⑪ **John, where in Australia are you from?**

John, は相手に対する呼びかけの語。where in Australiaは「オーストラリアのどこ」の意味。

⑬ **What a nice surprise!**

感嘆文。〈What ＋(a/an ＋)形容詞＋名詞(＋主語＋動詞)!〉で「なんて～な…だろう」という意味を表す。 **EB8**　a nice surprise は「うれしい驚き」の意味。

Listening Task

Circle T for True or F for False. （正しければT，間違っていればFに○をつけなさい。）

（!ヒント）

英文では相手に伝えたい重要語句を強く発音するので，意識して聞き取る。

1. 海斗はジョンがどこの出身か知っていたか。（→④⑤）

2. 海斗はジョンの国に興味があるか。（→⑥）

3. 海斗の姉は大学でジョンに会うのか。（→④）

>>>>>>>>>> **Function（応答する）** <<<<<<<<<<

1. "I think science is very interesting." **"Oh, really? / Do you?"**

「科学はとても興味深いと思います。」　「まあ，本当に? / そうなんですか?」

2. "I go to the computer club every Friday." **"That sounds good. / How nice!"**

「毎週金曜日にコンピュータ部に行きます。」　「それは良いですね。/ すてきですね!」

3. "You are a first-year student, aren't you?" **"You're right. / That's right."**

「1年生ですよね。」「おっしゃるとおりです。/ そのとおりです。」

解説

1. ・「?」で終わるので，確認したり聞き返したりするニュアンス。

・**Do you?** は Do you think science is very interesting? の省略形。be動詞の場合は〈Is [Are]＋代名詞?〉となる。V＋Sの疑問文の形で「そうなんですか」と軽い驚きを表す。

2. ・相手の発言に対する同意や共感を表す表現。

・**How nice!** は感嘆文で，How nice it is! の it is が省略された形。

3. ・相手の発言を肯定する表現。

・right は「正しい」という意味の形容詞。You're は You are，That's は That is
の短縮形。

語句と語法のガイド

sound [sáund]	動 ～に聞こえる〔思える〕
first-year student	名 1 年生

≫≫≫≫≫≫ Example Bank ≪≪≪≪≪≪

A　さまざまな疑問文

1. "**Who** plays the hero?" "Mike does."
   「誰が主役を演じるのですか。」「マイクです。」
2. "You are a student, **aren't you?**" "Yes, I am." / "No, I'm not."
   「あなたは学生ですよね。」「はい。」/「いいえ，違います。」
3. "You don't like cheese, **do you?**" "Yes, I do." / "No, I don't."
   「あなたはチーズが好きではないですよね。」
   「いいえ，好きです。」/「はい，好きではありません。」

解説

疑問文

　疑問文は「～ですか」と尋ねる文のことで，Yes か No で答えることのできる **Yes /
No 疑問文（一般疑問文）**と，尋ねられたことに対して具体的に答える，**疑問詞で始まる
疑問文**などがある。

一般疑問文(Yes / No 疑問文)

　Yes か No で答えることのできる疑問文を **Yes / No 疑問文（一般疑問文）**という。be
動詞，Do[Does, Did]，助動詞を文頭に出してつくる。

be 動詞の場合

　be 動詞を文頭に出し，〈**be 動詞＋主語 ～?**〉の語順になる。
⇨　　**Chris is** a student.（クリスは学生です。）
➡ "**Is Chris** a student?" "Yes, he is." / "No, he isn't."
　（「クリスは学生ですか。」「はい，そうです。」/「いいえ，違います。」）

一般動詞の場合

　Do[Does, Did]を文頭に置き，〈**Do[Does, Did] ＋主語＋動詞の原形 ～?**〉の語順に
なる。動詞は必ず原形になる。
⇨　　**John plays** tennis.（ジョンはテニスをします。）
➡ "**Does John play** tennis?" "Yes, he does." / "No, he doesn't."
　　　　　　原形
　（「ジョンはテニスをしますか。」「はい，します。」/「いいえ，しません。」）

助動詞の場合

　助動詞を文頭に出し，〈**助動詞＋主語＋動詞の原形 ～?**〉の語順になる。

⇨　　　**Meg can play** the piano.（メグはピアノを弾くことができます。）

➡ "**Can Meg**　　**play** the piano?" "Yes, she can." / "No, she can't."

（「メグはピアノを弾くことができますか。」「はい，できます。」/「いいえ，できません。」）

[疑問詞で始まる疑問文]

「**いつ**」「**どこで**」「**誰が**」「**何を**」などの内容を尋ねるときは，when, where, who, what などの**疑問詞**で始まる疑問文にする。

[疑問詞が主語以外の場合]

尋ねたい事柄を疑問詞にして文頭に置き，その後は Yes / No 疑問文と同じ語順になる。〈**疑問詞＋ Yes / No 疑問文 ～?**〉の形。

⇨　　　I **bought a T-shirt.**（私は T シャツを買いました。）

➡ **What did** you **buy**? 〔Yes / No 疑問文の語順〕

（あなたは何を買いましたか。）

[疑問詞が主語の疑問文]

1. 主語を疑問詞に置きかえて，〈**疑問詞(S)＋動詞(V) ～?**〉の語順になる。疑問詞はふつう，単数扱い。

⇨ **Mike plays** the hero.

　　↓　誰が？

➡ **Who plays** the hero?
　　S　　V

[付加疑問]

平叙文や命令文の後に付ける疑問形を**付加疑問**という。平叙文の付加疑問は，相手に「**～ですよね**」と確認したり，同意を求めたりする。相手に確認したいときは上がり調子(↗)，同意を求めるときは下がり調子(↘)のイントネーションになる。

[肯定文の付加疑問]

2. 肯定文には，**否定の付加疑問**を付ける。否定の付加疑問は短縮形が使われる。付加疑問の主語は代名詞になる。

⇨ Emily likes music, **doesn't she**?（エミリーは音楽が好きですよね。）

[否定文の付加疑問]

3. 否定文には，**肯定の付加疑問**を付ける。答えるときは，**肯定の内容なら Yes，否定の内容なら No** で答える。

B　命令文

4. Be careful. / **Come** here.

注意しなさい。/ ここに来なさい。

5. Don't be late. / **Don't** touch the paintings.

遅れてはいけません。/ 絵に触れてはいけません。

6. Let's go shopping.
   買い物に行きましょう。

📣〈解説

命令文

　命令文は，相手に命令したり行動を求めたりする文。相手に直接言うため，普通は主語を付けない。感情を込めるときは**感嘆符**(!)を付ける。

肯定の命令文

　4. 肯定の命令文は「**～しなさい**」という意味を表す。**動詞の原形**で文を始める。be 動詞の場合は Be で始める。please を付けると「**～してください**」と命令口調をやわらげる表現になる。

　⇨ **Please** come here. / Come here, **please**.(こちらに来てください。)

否定の命令文

　5. 否定の命令文は「**～してはいけません**」という意味を表す。〈**Don't[Do not] ＋動詞の原形 ～**〉の語順になる。be 動詞の場合も〈**Don't[Do not] be ～**〉となる。

Let's ＋動詞の原形

　6. 〈**Let's ＋動詞の原形**〉は「**(一緒に)～しましょう**」という**勧誘**や**提案**を表す表現。Let's は Let us の短縮形。答えるときは Yes, let's. や No, let's not. と答えるが，OK. / Sure.(いいですよ。)や Sorry, I can't.(ごめんなさい，できません。)などと答えることも多い。

C　感嘆文

7. How beautiful this house is!
   この家はなんて美しいんだろう！

8. What a beautiful house this is!
   これはなんて美しい家だろう！

📣〈解説

感嘆文

　感嘆文は，「**なんて～なのだろう**」という感動・驚き・喜び・残念な気持ちなどの強い感情を表す文。How で始めるものと What で始めるものがある。

How 型(なんて～だろう)

　7. 形容詞や副詞を強調するときは，〈**How ＋形容詞〔副詞〕(＋主語＋動詞)!**〉の語順になる。

　⇨　　　This house is **very beautiful**.
　　　　　　　　　　　　　　　　　形容詞

➡ **How beautiful** this house is!　〔形容詞を強調〕
　　形容詞　　　　S　　　V

What 型(なんて～な…だろう)

8. 〈形容詞＋名詞〉を強調するときは，〈**What ＋（a/an ＋）形容詞＋名詞**（**＋主語＋動詞**）**!**〉の語順になる。

⇨　　　　　　　This is **a very beautiful house**.
　　　　　　　　　　　　　　形容詞＋名詞

➡ **What a beautiful house** this is! 〔〈形容詞＋名詞〉を強調〕
　　形容詞＋名詞　　　　　　 S 　 V

⟨ ══════ ⟩⟩⟩⟩⟩⟩⟩⟩⟩ **Try it out** ⟨⟨⟨⟨⟨⟨⟨⟨⟨ ══════ ⟩

1　You are talking with your friend about a present you received. Practice in pairs. Then, change the underlined words to make your own conversation. See **Function**.
（あなたは受け取ったプレゼントについて友達と話しています。ペアで練習しなさい。それから，下線部の単語を変えて，あなた自身の会話をしなさい。）

(!ヒント)
最近もらったプレゼントを話題にして会話する。Ａは「いいものを手に入れた」「すてきなものをもらった」などという内容で始める。Ｂのプレゼントについての質問に対して，Ａはさらに具体的な説明を加える。ＢはFunctionで提示されている表現を使ってあいづちを打つようにする。

(会話例)
A: I got a wonderful thing last Sunday!
B: Oh, what was it?
A: A new digital camera. Let's take pictures this weekend!
B: **How nice!** I'll bring my camera, too.

2　You are talking with your friend about doing something together. Make a suggestion and respond. Then, change the underlined words to make your own conversation. Give reasons and examples. You can use the phrases in the box if necessary. See **Example Bank**.
（あなたは一緒に何かをすることについて友達と話しています。提案をして，応答しなさい。それから，下線部の単語を変えて，あなた自身の会話をしなさい。理由や例を述べなさい。必要ならば，ボックスの語句を使ってもかまいません。）

(!ヒント)
友達と一緒にしたいことを提案して会話する。Ａは〈Let's ＋動詞の原形〉「（一緒に）～しましょう」を使って相手に提案をする。Ｂはその提案に応答しさらに具体的な説明を加え，Ａはさらに応答を続ける。Example Bankで提示されている表現を使うようにする。

(会話例)
A: **Let's** go to the movies. I have two free tickets.
B: Do you? **How** nice! Let's have lunch before we watch the movie.

A: That sounds good. There is a popular restaurant near the theater.

3   In pairs, ask and answer the following questions about your daily routine. Give reasons and examples. Ask follow-up questions (+1).

(ペアになって，日課についての次の質問を尋ねて，答えなさい。理由や例を述べなさい。追加の質問を尋ねなさい。)

(！ヒント)

日課について会話する。与えられた質問に対して答え，さらに具体的な説明を加える。追加の質問をして会話を続ける。

1. 「平日は何時に起きますか。」
2. 「どのように通学していますか。」
3. 「誰が昼食を作りますか。」

(会話例)

1. **What time** do you get up on weekdays?
   ― I usually get up at six thirty. I read the newspaper before breakfast.
   (+1) How long do you read it?

2. **How** do you get to school? ― I come by train. There is a station near my house.
   (+1) How far is it from your house to the station?

3. **Who** makes your lunch? ― My mother does. She is good at cooking.
   (+1) What time does she get up?

‹ ——————— ⟩⟩⟩⟩⟩⟩⟩⟩⟩ **Use it** ‹‹‹‹‹‹‹‹‹ ——————— ⟩

You are going to tell an exchange student about your school rules. List three of the rules.

(あなたは交換留学生に，あなたの学校の校則について話します。ルールを 3 つ挙げなさい。)

(例)　列挙　項目①：Come to school by eight thirty.
　　　　　　　　　　　　(8 時 30 分までに学校に来なさい。)
　　　　　　　　項目②：Don't use cell phones at school.
　　　　　　　　　　　　(学校で携帯電話を使ってはいけません。)
　　　　　　　　項目③：Wear a school uniform. (学生服を着なさい。)

(！ヒント)

校則などのルールは通常，命令文で表す。「〜しなさい」は動詞で始まる命令文，「〜してはいけない」という禁止事項は否定の命令文〈Don't ＋動詞の原形〉を使う。

(作文例)

項目①：Come to school by eight forty-five.
項目②：Don't come to school by bike.
項目③：Don't stay at school after six o'clock.

Model Conversation

John and Misaki are talking about the next class.

J1: ①What is our next class? ②Don't we move to a different classroom?

M1: ③We have Japanese in this homeroom **and** Ms. Takahashi will come soon.

J2: ④I see. ⑤In Japan students stay in the same classroom for most subjects. ⑥However, in Australia teachers stay at their rooms, **so** students move there.

M2: ⑦I guess **that** it makes sense. ⑧It's **because** you choose almost all your subjects in Australia, isn't it?

J3: ⑨Exactly. ⑩I wonder **whether** Japanese teachers have trouble in moving. ⑪Let's ask Ms. Takahashi **after** we finish the next class.

ジョンと美咲は次の授業について話しています。

J1: ①次の授業は何？ ②別の教室に移動しないの？

M1: ③この教室で国語の授業よ，高橋先生がもうすぐ来られるわ。

J2: ④そうなんだね。⑤日本では，生徒がほとんどの教科で同じ教室にいるね。⑥でも，オーストラリアでは，先生が自分の教室にいるから，生徒がそこへ移動するんだ。

M2: ⑦それはもっともだと思うわ。⑧オーストラリアではほとんどすべての教科を自分で選択するからでしょう？

J3: ⑨そのとおり。⑩日本の先生方は移動するのに苦労していないのかなと思うよ。⑪次の授業が終わったら，高橋先生に尋ねてみようよ。

語句と語法のガイド

most [móust]	形	ほとんどの
however [hauévər]	副	しかし
guess [gés]	動	～を推測する
make sense	熟	意味をなす，道理にかなう
exactly [igzǽktli]	副	(返答・相づちで)全く，そのとおり
wonder [wʌ́ndər]	動	～かしらと思う
have trouble in *doing*	熟	～するのに苦労する

解説

② **Don't we move to a different classroom?**
　否定疑問文。相手に「～ではないのですか」と尋ねる疑問文で，文が否定形で始まり，Do not は短縮形が使われる。

③ **We have Japanese in this homeroom and Ms. Takahashi will come soon.**
　and は「～して(そして)…」という意味の接続詞。**EB3**

⑥ **However, in Australia teachers stay at their rooms, so students move there.**
　however は副詞で，「しかし」という意味。文頭，文中，文尾に置かれる。so は「～だから…」という意味の接続詞。**EB5**

⑦ **I guess that it makes sense.**

　that は「〜ということ」という意味の接続詞。 **EB7**

⑧ **It's because you choose almost all your subjects in Australia, isn't it?**

　because は「〜なので, なぜなら〜」という意味の接続詞。 **EB6**　almost all で「ほとんどすべての」の意味。isn't it? は付加疑問。

⑨ **Exactly.**

　Exactly. は, yes の意味の返事を強めて,「そのとおり」という意味。

⑩ **I wonder whether Japanese teachers have trouble in moving.**

　whether は「〜かどうか」という意味の接続詞。if で言い換えることができる。 **EB8**

⑪ **Let's ask Ms. Takahashi after we finish the next class.**

　〈Let's ＋動詞の原形〉は「(一緒に)〜しましょう」という意味。 **p.8 EB6** after は「〜の後に」という意味の接続詞。

▌ Listening Task ▐

Circle T for True or F for False.　(正しければT, 間違っていればFに○をつけなさい。)

(**！ヒント**)

「主語」「動詞」「目的語」の部分に特に注意して聞き取ろう。

1. 日本の生徒はどこで勉強するか。 (→⑤)

2. オーストラリアの生徒は教科を選べるか。 (→⑧⑨)

3. ジョンは日本の先生についてどう思っているか。 (→⑩)

⟨ ═══════ ⟩⟩⟩⟩⟩⟩⟩⟩**Function(理由を述べる)**⟨⟨⟨⟨⟨⟨⟨⟨ ═══════ ⟩

1. "It's warm, **so** let's go outside." "OK.　It's good to take a walk."

　「暖かいね, だから外に出よう。」　　「わかったよ。散歩するのはいいことだ。」

2. "I went home early **just because** I was hungry." "Oh, I thought you had a cold."

　「単に空腹だったから早く家に帰ったんだ。」「ああ, 風邪を引いたんだと思ったよ。」

3. "They don't usually sell durians in Japan.　Why not?"

　"**The main reason is that** many people don't like the smell."

　「日本ではふつう, ドリアンを売っていません。なぜですか。」

　「主な理由は多くの人がそのにおいが好きではないからです。」

◥◣ 解説

1. so は「〜だから…」という意味の接続詞。

2. ・because は「〜なので, なぜなら〜」という意味の接続詞。

　・just / only / mainly などを付けることで理由の重みを表すことができる。

3. that は「〜ということ」という意味の接続詞。

語句と語法のガイド

take a walk	熟	散歩する
durian [dúəriən]	名	ドリアン
main [méin]	形	主な
smell [smél]	名	におい　▶ 動 ～のにおいがする

‹ ════ ›››››››› **Example Bank** ‹‹‹‹‹‹‹‹ ════ ›

A 単文 [S + V が 1 つの文]

1. I am a student.

　私は学生です。

2. You like swimming.

　あなたは泳ぐことが好きです。

◤ 解説

英語の文構造

　英語の文は構造によって**単文・重文・複文**の 3 種類に分けられる。

単文

　1. 1 つの主語と 1 つの動詞から成る文は**単文**と呼ばれる。英語の文を構成する主な要素は，**主語(S)・動詞(V)・目的語(O)・補語(C)**の 4 つで，これらを特に文の主要素と呼ぶ。特に主語(S)と動詞(V)の 2 つは，命令文などを除くすべての文に欠かせない最も重要な要素である。

　　<u>I</u> <u>am</u> a student.
　　S　V

主語と動詞（主部と述部）

　2. 文をつくるときは，「～は，～が」にあたる**主部**と，それについて述べる「～である，～する」にあたる**述部**で構成する。主部の中心は主語(**S = S**ubject)であり，述部の中心は**動詞**（述語動詞 **V = V**erb）である。英語の文はこの〈主語(S)＋動詞(V)〉が基本になる。

　　<u>You</u> <u>like</u> swimming.
　　S　　V

B 重文 [2 つ以上の S + V を等位接続詞がつなぐ]

3. We went shopping, **and** I bought new shoes.

　私たちは買い物に行き，私は新しい靴を買いました。

4. He looks young, **but** he is over 40.

　彼は若く見えるが，40 歳を超えている。

5. I was sick, **so** I went home early.

　私は体調が悪かったので，早く家に帰りました。

◀◀ 解説

重文

　and，but，or などの**等位接続詞**によって結ばれた 2 組以上の主語と動詞から成る文は**重文**と呼ばれる。等位接続詞は「語と語」，「句と句」，「節と節」を対等の関係で結ぶ働きがある。**句**とは〈主語＋動詞〉を含まない語のまとまりで，**節**とは〈主語＋動詞〉が含まれる語のまとまりのことをいう。

〈順接「そして」〉

　3. 接続詞 **and** は，「〜して（そして）…」という意味で，**順接**を示す。

　　We went shopping, **and** I bought new shoes.
　　節 S　　V　　　　　　　節 S　　V

〈逆接「しかし」〉

　4. 接続詞 **but** は，「〜しかし…」という意味で，**逆接**を示す。

　　He looks young, **but** he is over 40.
　　節 S　　V　　　　　　節 S　V

〈結果「だから」〉

　5. 接続詞 **so** は，「〜だから…」という意味で，**結果**を表す。

　　I was sick, **so** I went home early.
　　節 S　　V　　　節 S　　V

C　複文 [2 つ以上の S+V を従属接続詞がつなぐ]

6. I went home early **because** I was sick.
　私は体調が悪かったので，早く家に帰りました。

7. She says (**that**) she wants new shoes.
　彼女は新しい靴が欲しいと言っています。

8. I don't know **if** [**whether**] Tom will come.
　トムが来るかどうかはわかりません。

9. She won't come **if** she has a fever.
　もし熱があったら，彼女は来ない。

◀◀ 解説

複文

　that，when，if などの**従属接続詞**によって結ばれた 2 組以上の主語と動詞から成る文は**複文**と呼ばれる。従属接続詞は主節に対し他の節を導き，**従属節**をつくる。従属節には**名詞節**と**副詞節**がある。名詞節は文の主語・目的語・補語となり，副詞節は時や理由などの意味を表す。

〈副詞節をつくる「〜なので」〉

　6. 接続詞 **because** は，「〜なので，なぜなら〜」という意味で，**理由**を表す。because の節を文頭に出す場合は主節の前にコンマを入れる。また，結果を表す so を

用いて書き換えることもできる(→ **5.**)。

I went home early **because** I was sick.
主節 S　V　　　　　　　従属節　S　V
　　　　　　　　　　　　（副詞節）

= **Because** I was sick, I went home early.

〈名詞節をつくる「〜ということ」〉

7. 接続詞 **that** は「〜ということ」という意味の名詞節をつくり，思考や伝達を表す動詞の目的語(O)として働く。この that は省略されることが多い。

She says (**that**) she wants new shoes.
主節 S　V　従属節　S　　V
　　　　　　（名詞節）

〈名詞節をつくる「〜かどうか」〉

8. 接続詞 **if[whether]** は「〜かどうか」という意味で，if[whether] 節は動詞の目的語(O)の働きをする。

I don't know **if[whether]** Tom will come.
主節 S　　　V　　従属節（名詞節）　S　　V

〈副詞節をつくる「もし〜ならば」〉

9. 接続詞 **if** は「もし〜ならば」という意味で，**条件**を表す。if の節を文頭に出す場合は主節の前にコンマを入れるのが一般的である。

She won't come　**if** she has a fever.
主節 S　　　　　V　　従属節 S　V
　　　　　　　　　　　（副詞節）

= **If** she has a fever, she won't come.

‹ ——————— ⟩⟩⟩⟩⟩⟩⟩⟩⟩⟩ **Try it out** ⟨⟨⟨⟨⟨⟨⟨⟨⟨⟨ ——————— ›

1　If your friend said these things, how would you respond? Share your answers with your partner. You can use the sentences in the box. See **Function**.

（もし友達がこれらのことを言ったら，あなたはどのように応答しますか。答えをパートナーと共有しなさい。ボックスの文を使ってもかまいません。）

〔!ヒント〕

与えられた質問に，Function で提示されている表現やボックスの文を使って答えるようにする。

1.「英語を一生懸命に勉強していますよね。」

2.「なぜイタリア料理が好きではないのですか。」

3.「なぜ市立図書館に行くのですか。」

〔会話例〕

1. You study English hard, don't you?

　　— Yes, it's only because I like Western movies very much.

2. Why don't you like Italian food?

― The main reason is I can't eat herbs.

3. Why do you go to the city library?

― Just because it has more magazines there than the school library.

2 Which word fits best? See **Example Bank**.

（どちらの語が最も適切に当てはまりますか。）

(!ヒント)

前後の節をどのようにつなぐと意味が通るかを考える。Example Bank を参考にする。

1.「あなたは食事をする」「手を洗いなさい」

2.「今家を出なさい」「あなたは学校に遅れるだろう」

3.「父は夕食を作る」「母は遅くまで仕事をする」

4.「私はしばしば言う」「正直は最善の策である」

5.「兄は私の宿題を手伝ってくれない」「彼は忙しすぎる」

3 In pairs, talk about your school life. Ask follow-up questions（+1）.

（ペアになって，学校生活について話しなさい。追加の質問をしなさい。）

(!ヒント)

学校生活について会話する。与えられた質問に対して答え，追加の質問をして会話を続ける。

1.「休み時間には何をしますか。」

2.「昼休みをどのように過ごしますか。」

3.「学校で何を楽しんでいますか。」

4.「どのクラブに入っていますか。」

5.「なぜそのクラブに入っているのですか。」／「なぜクラブに入っていないのですか。」

(会話例)

1. What do you do during recess?

― I prepare for the next class.

(+1) What else do you do?

2. How do you spend your lunch break?

― I eat the school lunch in my classroom.

(+1) What do you do after you eat lunch?

3. What do you enjoy at school?

― I enjoy studying English.

(+1) Do you enjoy playing sports with your friends?

4. Which club do you belong to?

― I belong to the music club.

(+1) Which club did you belong to when you were in junior high?

5. Why are you in the club? / Why aren't you in a club?

— Because I love playing the guitar. / Because I don't have time.

(+1) Do you practice it at home too? / What do you do after school?

< ──────── >>>>>>>> **Use it** <<<<<<<<< ──────── >

Your friend is asking about your favorite subject. Answer in three sentences.

(友達があなたの好きな科目について尋ねています。3つの文で答えなさい。)

(例) 主張 主張＋理由：I like English because I can communicate with people
　　　　　　　　　from abroad.(海外の人々とコミュニケーションできるので，
　　　　　　　　　私は英語が好きです。)

　　　　　例①：I can tell them about Japanese culture in English.
　　　　　　　　　(私は英語で彼らに日本文化について話すことができます。)

　　　　　例②：I can also learn foreign cultures.
　　　　　　　　　(外国文化について学ぶこともできます。)

(！ヒント)

接続詞 because を使って「主張＋理由」を表現する。

(作文例)

主張 主張＋理由：I like history because I can learn a lot of interesting things in
　　　　　　　　the past.

　　　　　例①：I can understand why they happened.

　　　　　例②：I can also think about what to do now and in the future.

< ──── >>>>>>>>>> **Expressing** <<<<<<<<< ──── >

STEP 1

(問題文の訳)

会話を聞きなさい。それぞれの人物とその人物がすることを線で結び，（　　）にクラブ名を書きなさい。

(！ヒント)

それぞれの人物の得意なことやできること，クラブ名を聞き取る。

STEP 2

(問題文の訳)

あなたのクラブやチームについて話しなさい。（クラブに入っていなければ話を作っても良い。）第一に，答えを書きなさい。第二に，パートナーに質問してその答えを書きなさい。

(！ヒント)

質問に対する答えを書く。1 はクラブ(チーム)名，2 は所属した時期，3 はクラブ(チーム)の人数，4 はクラブ(チーム)の活動内容，5 はクラブ(チーム)の活動が好きな理由，6 は目標，7 はクラブ(チーム)内で尊敬する人物について書く。

(例)

1. I'm on the volleyball team. （私はバレーボール部に入っています。）
2. I joined it in April this year. （私は今年の4月に入部しました。）
3. There are 25 members. （25 名の部員がいます。）
4. I practice volleyball. （バレーボールの練習をします。）
5. I like it because it's fun to play volleyball. （バレーボールをするのは楽しいので好きです。）
6. My goal is to win the match this summer. （私の目標はこの夏に試合で勝つことです。）
7. I respect Mr. Tani. （私はタニ先生を尊敬しています。）

STEP 3

(問題文の訳)

STEP 2 の情報をもとにあなたのパートナーのクラブについてクラスに紹介しなさい。

(！ヒント)

STEP 2 でパートナーから聞いたことをもとに，＿＿を埋める。

(作文例)

　My partner is Akito. Let me introduce his club. He joined the art club. There are twelve members in the club. He paints pictures in it. He likes it because he feels calm when he paints them and his pictures make his family and friends happy. His goal is to win the prize at the art contest. He respects Sakura in his club. Thank you for listening.

Words & Phrases

次の表の＿＿に適切な英語を書きなさい。

時（Time）	曜日（Days of the week）	月（Months）
□ 2時に　at two (o'clock)	□ 日曜日　Sunday	□ 1月　January
□ 今朝　this morning	□ 月曜日　Monday	□ 2月　February
□ 午前中に	□ 火曜日　Tuesday	□ 3月　March
① ＿＿＿＿＿	□ 水曜日　Wednesday	□ 4月　April
□ 夜に	□ 木曜日	□ 5月　May
in the evening / at night	③ ＿＿＿＿＿	□ 6月　June
□ 今週　this week	□ 金曜日　Friday	□ 7月　July
□ 週末に　on the weekend	□ 土曜日　Saturday	□ 8月
□ 週1回	□ 日曜日の朝に	④ ＿＿＿＿＿
② ＿＿＿＿＿	on Sunday morning	□ 9月　September
□ 2日後に　in two days		□ 10月　October
		□ 11月　November
		□ 12月　December

天気（Weather）	家族（Family）	クラブ活動（Club activities）
□ 晴れた　sunny / fine / clear	□ 親　parent	□ 放送部　broadcasting club
□ 曇った	□ 息子　son	□ 書道部　calligraphy club
⑤ ＿＿＿＿＿	□ 娘	□ 華道部
□ 雨降りの　rainy	⑦ ＿＿＿＿＿	flower arrangement club
□ 風の強い　windy	□ 兄[弟]　brother	□ 美術部
□ 雪の降る　snowy	□ 姉[妹]　sister	⑨ ＿＿＿＿＿
□ 暑い　hot	□ おじ　uncle	□ 科学部
□ 暖かい　warm	□ おば　aunt	⑩ ＿＿＿＿＿
□ 蒸し暑い	□ おい　nephew	□ 陸上部　track and field team
⑥ ＿＿＿＿＿	□ めい　niece	□ 卓球部　table tennis team
□ 涼しい　cool	□ 祖父　grandfather	
□ 寒い　cold	□ 祖母　grandmother	
	□ 親戚	
	⑧ ＿＿＿＿＿	
	□ いとこ　cousin	

解答
① in the morning　② once a week　③ Thursday　④ August　⑤ cloudy
⑥ humid　⑦ daughter　⑧ relative　⑨ art club　⑩ science club

Lesson 2　How about joining our group?

Model Conversation

Kaito, John, and Misaki are talking about their school festival.

K1: ①John, our school festival is coming up soon!　②How about joining our group and performing a show?

J1: ③It sounds good, but I can't **speak** Japanese well.

K2: ④It's not a problem.　⑤I will **teach** you your lines.

M1: ⑥**I'm not sure that's a good idea.**　⑦ John, you **look** very busy with your studies.　⑧Are you all right?

K3: ⑨**I see your point, but** it will be a great experience.　⑩What do you **think**, John?

J2: ⑪I'm busy, but I will make time for the practice.

M2: ⑫Great!　⑬It will be hard work, but a lot of fun.　⑭I hope you enjoy the performance.

海斗, ジョン, 美咲は彼らの学校の文化祭について話しています。

K1: ①ジョン, 学校の文化祭が近づいてきたよ!　②僕たちのグループに参加して, 劇を披露しない?

J1: ③良いね, でも, 僕は日本語を上手に話せないよ。

K2: ④問題ないよ。⑤僕がセリフを教えるよ。

M1: ⑥良い考えなのかわからないわ。⑦ジョン, あなたは勉強でとても忙しそうに見えるわ。⑧大丈夫なの?

K3: ⑨君の考えはわかるけれど, すばらしい経験になるよ。⑩君はどう思う, ジョン?

J2: ⑪忙しいけれど, 練習のために時間を作るよ。

M2: ⑫すごいわ!　⑬大変だけれど, とても楽しくなるでしょう。⑭あなたが演技を楽しめるように願っているわ。

語句と語法のガイド

school festival	名 文化祭	
come up	熟 近づく	
perform [pərfɔ́rm]	動 (劇を)上演する　▶ performance 名 演技	
line [láin]	名 (lines で)セリフ	
point [pɔ́int]	名 主張, 言い分	

解説

② **How about joining our group and performing a show?**

How about *doing*? は「～するのはどうですか, ～してはどうですか」という意味で, 勧誘や提案を表す表現。

③ **It sounds good, but I can't speak Japanese well.**

It sounds good の文型はSVC。**EB3** I can't speak Japanese well の文型はSVO。**EB4**

⑤ **I will teach you your lines.**

〈teach + you + your lines〉で「あなたにセリフを教える」という意味。文型はSVOO。 **EB5**

⑥ **I'm not sure that's a good idea.**

I'm not sure (that) that's a good idea. の接続詞 that が省略されている。

⑦ **John, you look very busy with your studies.**

you look very busy with your studies の文型はSVC。 **EB3**　busy with 〜は「〜で忙しい」という意味。

⑨ **I see your point, but it will be a great experience.**

see はここでは「〜がわかる」という意味。

⑩ **What do you think, John?**

What do you think? は「あなたはどう思いますか。」という意味。SVO の文型。 **EB4**

‖ Listening Task ‖

Circle T for True or F for False.　（正しければT，間違っていればFに○をつけなさい。）

（!ヒント）

1. ジョンは海斗の考えに興味があるか。(→②③)

2. 誰がジョンの演技を手伝うのか。(→⑤)

3. 海斗は美咲の意見に同意しているか。(→⑨)

‹ ══════ ›››››››› **Function(賛成・反対する)** ‹‹‹‹‹‹‹‹ ══════ ›

1. "Let's take a bus, not a taxi. It's cheaper."

"**I see your point, but** we don't have enough time. A taxi is better."

「タクシーではなく，バスに乗りましょう。より安いです。」

「君の考えはわかりますが，十分な時間がありません。タクシーのほうがいいです。」

2. "I always skip breakfast."　"**I'm not sure that's a good idea.**"

「いつも朝食を抜いています。」「それが良い考えかどうかわかりません。」

3. "Are you **for** or **against** his plan?"　"It may work, but actually I'm **against** it."

「彼の計画に賛成ですか,反対ですか。」「うまくいくかもしれませんが,実は反対です。」

◀ 解説

1. ・I see your point, but 〜は，「**あなたの言っていることはわかりますが，〜**」と相手の論点を認めた上で反論する表現。

・相手とは別の意見を述べる場合は，他に Yes, but 〜 / I know, but 〜（そうですね,でも〜）などを使う。

2. ・I'm not sure 〜は，「**〜ということがはっきりしません**」という意味。相手の発言に対してはっきりと同意できないことを表す表現。

・I'm not sure (that) that's a good idea. の接続詞 that が省略された形。

3. ・前置詞 for は「**〜に賛成して**」という意味。例文のように〈be 動詞＋ for〉で使う。

・前置詞 **against** は「〜に反対して」という意味。例文のように〈**be 動詞＋against**〉で使う。

語句と語法のガイド

skip [skíp]　　　　　　　　動 〜を抜く，省略する

work [wə́ːrk]　　　　　　　　動 うまくいく

>>>>>>>>> **Example Bank** <<<<<<<<<

A　SV（主語＋動詞）

1. Kate **lives** in New York.　ケイトはニューヨークに住んでいる。

◤ 解説

文の要素

英語の文を構成する主な要素は，**主語(S)・動詞(V)・目的語(O)・補語(C)** の 4 つで，これらを特に**文の主要素**と呼ぶ。中でも主語(S)と動詞(V)の 2 つは，命令文などを除くすべての文に欠かせない最も重要な要素である。**修飾語(M = Modifier)** は主要素をより詳しく説明するために付け加えられる要素で，文の主要素ではない。

目的語

目的語(O = Object) はふつう動詞(V)の直後に置かれ，動詞が表す動作や行為の対象となる物や人を表す。日本語の「…を〜する」の「…を」にあたる。

補語

補語(C = Complement)は動詞または目的語の後に置かれ，主語(S)や目的語(O)が「何であるか」「どのような状態であるか」を説明するもの。「主語や目的語の情報を補う語」なので補語と呼ばれる。

基本 5 文型

英語の文は，基本的に **SV, SVC, SVO, SVOO, SVOC** という 5 つの型に分けられる。この 5 つの型を**基本 5 文型**という。

第 1 文型

文の主要素が SV(主語＋動詞)だけの文は第 1 文型と呼ばれる。動詞(V)の後に目的語(O)も補語(C)もこない。「S は〜する」という意味を表し，動詞は自動詞(後に目的語がこない動詞)。

1. 動詞 live の後ろに目的語も補語もきていない SV の文。in New York は修飾語。live が「住んでいる」の意味を表すときは，必ず後ろに場所を表す語句を伴う。

Kate **lives** in New York.
　S　　V

B　SVC（主語＋動詞＋補語）

2. He **is** famous.　彼は有名だ。

3. He **became** a doctor.　彼は医者になった。

◀ 解説

第2文型　S＝Cの関係

　SVC（主語＋動詞＋補語）の文は**第2文型**と呼ばれる。**動詞（V）の後に補語（C）がくる。**補語は「SはCである」というように，**S＝C（S is C）**の関係が成り立つ。SVCで使われる動詞は自動詞で，代表的なものはbe動詞。

状態を表す動詞

　2.「〜である」という**状態**を表す。

　　He **is** famous.
　　S　V　　C

〔●状態を表す動詞〕

・be動詞（〜である）	・keep（ずっと〜である）	・lie（〜の状態にある）
・remain（〜のままでいる）	・sit（〜の状態で〔場所に〕ある）	・stay（〜のままでいる）

変化を表す動詞

　3.「〜になる」という**変化**を表す。

　　He **became** a doctor.
　　S　V　　　C

〔●変化を表す動詞〕

・become（〜になる）	・get（〜になる）	・grow（〔次第に〕〜になる）
・turn（〜になる〔変わる〕）		

その他

〔●外見・様子を表す動詞〕

・look（〜に見える）	・seem（〜に思える）	・appear（〜に見える）

⇨ He **seems** interested.（彼は興味があるように思われる。）
　　S　　V　　　C

〔●感覚を表す動詞〕

・feel（〜の感じがする）	・smell（〜のにおいがする）
・sound（〜に聞こえる〔思える〕）	・taste（〜の味がする）

⇨ This tea **smells** sweet.（このお茶は甘いにおいがする。）
　　S　　　V　　　C

C　SVO（主語＋動詞＋目的語）

4. He **bought** a new watch yesterday.　　彼は昨日，新しい腕時計を買った。

◀ 解説

第3文型　S≠Oの関係

　SVO（主語＋動詞＋目的語）の文は**第3文型**と呼ばれる。**動詞（V）の後に目的語（O）がくる**。「SはOを〜する」という意味を表す。SVOで使われる動詞は他動詞（後に目的語がくる動詞）。

4. 動詞 bought の後に，「何を買ったか」を示す目的語 a new watch がきている。

He **bought** <u>a new watch</u> yesterday.
　　S　　　　　O

D　SVOO(主語＋動詞＋目的語＋目的語)

5. He **gave** Sally a ring.　彼はサリーに指輪をあげた。

6. He **bought** Sally a ring.　彼はサリーに指輪を買ってあげた。

◀ 解説

第4文型　O(人)＋O(物)

　SVOO(主語＋動詞＋目的語＋目的語)の文は**第4文型**と呼ばれる。SVOO で使われる動詞は他動詞で，動詞(V)の後に2つの目的語(O)がくる。2つの目的語は「人」→「物」の順に並べるのが基本。SVOO は SVO の形でほぼ同じ意味に書きかえられる場合が多く，その書きかえのパターンにより〈give ＋ O ＋ O〉型と〈buy ＋ O ＋ O〉型の2つに分けられる。

〈give ＋ O ＋ O〉型

　5. 〈**give ＋ O ＋ O**〉型の動詞は，前置詞 to「〜に」を使って〈**SVO ＋ to A(人)**〉に書きかえることができる。この場合, to A(人)は修飾語となるため, SVO の第3文型になる。

He gave **<u>Sally</u> <u>a ring</u>**.〔SVOO〕
　S　　V　　O　　　O

➡ He gave　　　　**<u>a ring to Sally</u>**.〔SVO ＋ to A〕

〔●〈give ＋ O ＋ O〉型の動詞：「O(人)に O(物)を〜する」〕

・give(与える)	・show(見せる)	・tell(話す)	・teach(教える)
・lend(貸す)	・send(送る)	・pay(支払う)	・pass[hand] (手渡す)

⇨ I sent **<u>Judy</u> <u>a New Year's card</u>**.（私はジュディーに年賀状を送った。）
　S　V　　O　　　　　O

〈buy ＋ O ＋ O〉型

　6. 〈**buy ＋ O ＋ O**〉型の動詞は, 前置詞 for「〜のために」を使って〈**SVO ＋ for A(人)**〉に書きかえることができる。この場合, for A(人)は修飾語となるため, SVO の第3文型になる。

He bought **<u>Sally</u> <u>a ring</u>**.〔SVOO〕
　S　　V　　O　　　O

➡ He bought　　　　**<u>a ring for Sally</u>**.〔SVO ＋ for A〕

〔●〈**buy ＋ O ＋ O**〉型の動詞：「O(人)のために O(物)を〜してやる」〕

・buy(買ってやる)	・find(見つけてやる)	・make(作ってやる)
・choose(選んでやる)	・cook(料理してやる)	・get(手に入れてやる)
・call(〔タクシーなどを〕呼んでやる)	・leave(残しておく)

⇨ He made **<u>me</u> <u>coffee</u>**.（彼は私にコーヒーを入れてくれた。）
　S　V　　O　　O

<< ━━━━ >>>>>>>>> **Try it out** <<<<<<<<< ━━━━ >

1　If your parent or friend said these things, how would you respond?　Share your answers with your partner.　You can use the sentences in the box.　See **Function**.

（もし親や友達がこれらのことを言ったら，あなたはどのように応答しますか。答えをパートナーと共有しなさい。ボックスの文を使ってもかまいません。）

（！ヒント）

与えられた発言に，Function で提示されている「賛成・反対する」表現やボックスの文を使って答えるようにする。I see your point, but ～「あなたの言っていることはわかりますが，～」。〈be 動詞＋ for〉「～に賛成する」。

1. People often don't sleep well when they use a cell phone late at night.
（人は夜遅くに携帯電話を使うとしばしばよく眠りません。）

2. I usually borrow books from the library.
（私は普段図書館から本を借ります。）

3. What do you think about the plan?
（あなたはその計画をどう思いますか。）

a. That sounds good and you can save money, too.
（それはよさそうですし，あなたはお金を節約することもできます。）

b. I see your point, but I use it to study.
（あなたの言っていることはわかりますが，私は勉強するためにそれを使います。）

c. I'm for it.　It sounds nice.
（私はそれに賛成です。それはよさそうです。）

（会話例）

1. People often don't sleep well when they use a cell phone late at night.
　― I see your point, but it depends on how long they use it.

2. I usually borrow books from the library.
　― That's a very good idea if you like reading books.

3. What do you think about the plan?
　― I'm against it.　It will cost a lot of money.

2　What words fit best?　You can use the words in the box.　See **Example Bank**.
（どの語が最も適切に当てはまりますか。ボックスの語を使ってもかまいません。）

（！ヒント）

1.・in Yokohama, there の前には自動詞がくる。
　・「鈴木先生は今，横浜に住んでいます。」「はい。私は先生がそこに先月引っ越したと聞きました。」

2.・the view ＝ beautiful の関係。／ a long way（遠くまで）は副詞句。

・「階上からの景色は美しいです。」「そうです。遠くまで見えます。」
3. ・her sons ＝ engineers の関係。／目的語の cars に注目。
　・「彼女の息子たちは自動車会社のエンジニアです。」「彼らは車を修理するのですか。」
4. ・目的語の hot dogs に注目。／ nice は形容詞。
　・「角の店はホットドッグを販売しています。」「それらはとてもよいにおいがします。」
5. ・ともに第4文型SVOO。
　・「友達が私にあなたの新しい住所を教えてくれました。」「ごめんなさい。私はあなた
　にそれについての E メールを送っていませんでした。」

(練習問題) What words fit best? You can use the words in the box. See **Example Bank**.

1. "Ms. White ＿＿＿＿＿ in Tokyo now."
　"Yes. She ＿＿＿＿＿ there two months ago."
2. "The view from this room ＿＿＿＿＿ great."
　"Right. We can ＿＿＿＿＿ a long way."
3. "My brothers ＿＿＿＿＿ chefs in a restaurant."
　"Do they ＿＿＿＿＿ Italian food?"
4. "The shop on the corner ＿＿＿＿＿ hamburgers."
　"They ＿＿＿＿＿ very good, so I'm getting hungry."
5. "How did you ＿＿＿＿＿ her the way to the station?"
　"I ＿＿＿＿＿ her a map.

　sells / are / is / lives / tell / cook / showed / moved / smell / see

3 In pairs, talk about your school life. Ask follow-up questions.
　(ペアになって，学校生活について話しなさい。追加の質問を尋ねなさい。)
(！ヒント)
学校生活について会話する。与えられた質問に対して答え，追加の質問をして会話を続ける。
1.「あなたは何時に学校に着きますか。」
2.「英語の授業はどうですか。」
3.「あなたは放課後に何をしますか。」
4.「クラスメートはあなたを何と呼びますか。」
5.「あなたは文化祭で何をしたいですか。」
(会話例)
1. What time do you get to school? — I get here at 8:00.
　(+1) What do you do after you get here?
2. How is the English class? — It's very interesting.
　(+1) How about other classes?
3. What do you do after school? — I play basketball in my club.
　(+1) Can you play it well?

4. What do your classmates call you? — They call me Tommy-san.

　　(+1) Do you like your nickname?

5. What do you want to do at the school festival?

　　— I want to perform a play with my classmates.

　　(+1) Did you have a school festival in junior high?

>>>>>>>>>> **Use it** <<<<<<<<<<

What do you usually do in your daily life? Write three things.

（あなたは普段日常生活で何をしますか。3つ書きなさい。）

（例）　列挙　項目①：I usually get up at 6:45.

　　　　　　　　　　（私はたいてい6時45分に起きます。）

　　　　　　　　項目②：I ride my bike to school with my friends.

　　　　　　　　　　（私は自転車に乗って友達と学校に行きます。）

　　　　　　　　項目③：I talk about my school life with my family over dinner.

　　　　　　　　　　（私は家族と夕食を食べながら自分の学校生活について話します。）

!ヒント

・普段の生活で行うことは現在の習慣なので、現在形で書く。

・例文のように、頻度を表す副詞を使うとよい。

〔盛り込む観点の例〕

・家での習慣的な行動

・家から学校までの通学手段　など

作文例

項目①：I brush my teeth after I eat breakfast.

項目②：I usually go to school on foot.

項目③：I practice soccer after school on weekdays.

Model Conversation

Misaki and John are talking about his lines in their show.

M1: ①John, you practice a lot.　②I think our show will **make** you a star!

J1: ③I'm practicing hard because the festival is coming up.　④Oh, in one of my lines **there's** a difficult phrase.　⑤ Can you read it aloud?

M2: ⑥*Shitsureishimasu.*

J2: ⑦**Pardon me?**　⑧Can you say that again slowly?

M3: ⑨*Shi-tsu-re-i-shi-ma-su.*　⑩We use this phrase when we **enter** or **leave** a room.

J3: ⑪Kaito told me it means "Excuse me. ⑫May I come in?"　⑬**You mean** you say it after you meet someone in a room, too**?**

M4: ⑭Yes.　⑮In English, do you say goodbye then?

J4: ⑯Well, we say politely, "Thank you for your time."

M5: ⑰I see.　⑱I'll use it next time.

美咲とジョンは劇のセリフについて話しています。

M1: ①ジョン，たくさん練習しているのね。②劇ではあなたがスターになると思うわ！

J1: ③文化祭が近づいているからね，一生懸命練習しているよ。④ああ，セリフの1つに難しい言い回しがあるんだ。⑤読み上げてくれる？

M2: ⑥失礼します。

J2: ⑦何だって？⑧もう一度ゆっくり言ってくれる？

M3: ⑨しつれいします。⑩入退室の時にこの言い回しを使うの。

J3: ⑪海斗は，「すみません。⑫入室してもよろしいですか。」って意味だと言っていたよ。⑬部屋の中にいる人に会った後にも言うって意味？

M4: ⑭そのとおりよ。⑮英語だと，さようならって言うのかしら？

J4: ⑯うーん，「お時間をいただきありがとうございます。」って，丁寧に言うよ。

M5: ⑰そうなのね。⑱今度使ってみるわ。

語句と語法のガイド

star [stáːr]	名	スター，人気者
phrase [fréiz]	名	言い回し
aloud [əláud]	副	声に出して
politely [pəláitli]	副	丁寧に　▶ polite 形 丁寧な

◀€ 解説

② **I think our show will make you a star!**

think の後ろに接続詞 that が省略された文。〈make ＋ you ＋ a star〉で「あなたをスターにする」を表す。that 節の中の文型は SVOC。 **EB1**

④ **Oh, in one of my lines there's a difficult phrase.**

〈one of ＋複数名詞〉で「～のうちの1つ〔1人〕」という意味。there's は there is の短縮形。〈there ＋ be 動詞＋主語〉は「～がある〔いる〕」という存在を示す表現。 **EB3**

⑦ **Pardon me?**

相手の言葉が聞き取れずに聞き返す表現。

⑩ **We use this phrase when we enter or leave a room.**

when は接続詞。enter は「〜に入る」，leave は「〜を出る」という意味で，共に他動詞。

EB5

⑪⑫ **Kaito told me it means "Excuse me.　May I come in?"**

1 つ目の me のあとに that が省略されている。主節の動詞は told と過去形だが，従属節の動詞は現在形 means のままである。このように，変わらない真理やことわざなどを述べる場合には，時制の一致を行わない。

⑬ **You mean you say it after you meet someone in a room, too?**

You mean …? は相手の言ったことを確認する言い方。mean の後ろに接続詞 that が省略されている。

⑯ **Well, we say politely, "Thank you for your time."**

Thank you for your time. は「お時間をいただきありがとうございます」という意味。

▌ Listening Task ▌

Circle T for True or F for False.　（正しければ T，間違っていれば F に○をつけなさい。）

（！ヒント）

1. ジョンは「失礼します」と発音することを難しいと思っているか。（→④⑤⑥）
2. 海斗はジョンに，「失礼します」はどんなときに使うと説明したか。（→⑪⑫）
3. 美咲は，部屋を退出する時に英語で丁寧に何と言うべきかをすでに知っていたか。

（→⑮⑯⑰）

< ━━━ >>>>>>>>> **Function（聞き直す）** <<<<<<<<< ━━━ >

1. "My brother is majoring in biology." "**Pardon (me)? / Sorry, but what did you say?**"

「兄は生物学を専攻しています。」　　「何ですって？ / ごめんなさい，何と言ったのですか。」

2. "I was on the football team in junior high." "**You mean** you played soccer**?**"

「中学校ではサッカー部に所属していました。」　　「サッカーをしていたという意味ですか。」

3. "Let's call it a day." "**What do you mean?**" "I mean we should finish work."

「切り上げましょう。」「どういう意味ですか。」「仕事を終えるべきだという意味です。」

◀ 解説

1. ・**Pardon (me)?** や **Sorry, but what did you say?** は相手の言葉が聞き取れずに聞き返す表現。
　・Would[Could / Will / Can] you say it again (, please)? とほぼ同じ意味。Will や Can よりも Would, Could のほうが丁寧なニュアンスになる。

2. **You mean 〜？** は相手の言ったことを確認する言い方。「あなたは〜ということを意味しているのですか」→「**〜ということですか**」

3. ・**What do you mean?** は「**どういう意味ですか**」という意味で使う表現。
   ・What do you mean by "call it a day"? のように by ～を付けると，「～によって何を意味するのですか」→「～とはどういう意味ですか」となる。

┃ 語句と語法のガイド ┃

major in ～	熟	～を専攻する
biology [baiáːlədʒi]	名	生物学　▶ bio- は「生命」という意味の接頭辞
call it a day	熟	仕事を切り上げる　▶「それを1日と呼ぶ」が直訳

< ──── >>>>>>>> **Example Bank** <<<<<<<< ──── >

A　SVOC（主語＋動詞＋目的語＋補語）

1. We **call** our dog Elmo.　私たちは我が家の犬をエルモと呼ぶ。
2. She **painted** the wall brown.　彼女は壁を茶色に塗った。

◀■〉**解説**

┃第5文型　O＝C の関係┃

SVOC（主語＋動詞＋目的語＋補語）の文は**第5文型**と呼ばれる。補語(C)は目的語(O)が「どんな内容か」「どんな状態か」を説明し，**O ＝ C(O is C)**の関係が成り立つ。

1. 動詞 call の後に目的語 our dog と補語 Elmo が続いている。補語 Elmo は目的語 our dog を「何と呼んでいるか」と説明している。our dog is Elmo(O ＝ C)という関係。

　　We **call** <u>our dog</u> <u>Elmo</u>.
　　　S　V　　　O　　　C

2. 補語 brown が目的語 the wall の状態を説明している。the wall is brown(O ＝ C)という関係。

　　She **painted** <u>the wall</u> <u>brown</u>.
　　　S　　V　　　　O　　　C

┃第5文型で使われる動詞┃

①〈**make ＋ O ＋ C**〉型：「**O を C にする**」

・make(～にする)　　・get(～にする)　　・paint(～に塗る)

⇨ His words **made** <u>me</u> <u>sad</u>. (彼の言葉に私は悲しくなった。)

②〈**keep ＋ O ＋ C**〉型：「**O を C のままにする**」

・keep(～の状態にしておく)　　・leave(～のままにしておく)

⇨ She always **keeps** <u>her room</u> <u>clean</u>. (彼女はいつも自分の部屋をきれいにしている。)

③〈**call ＋ O ＋ C**〉型：「**O を C と呼ぶ**」

・call(～と呼ぶ)　　・name(～と名付ける)　　・elect(～に選ぶ)

⇨ They **named** <u>the baby</u> <u>Emma</u>. (彼らは赤ん坊をエマと名付けた。)

④〈**think ＋ O ＋ C**〉型：「**O を C と思う**」

・think[consider](～と思う)　　・believe(～と信じる)　　・find(～だとわかる)

⇨ Everybody **thought** <u>her</u> <u>attractive</u>. (みんなが彼女を魅力的だと思った。)

B There + be 動詞＋主語

3. There is a tree in the yard.   庭に一本の木がある。

4. There are three boys in the park.   公園に 3 人の少年がいる。

▶️ 解説

〈There + be 動詞＋主語〉

　〈**There + be 動詞＋主語**〉は「**〜がある〔いる〕**」という存在を示す表現。be 動詞の後の名詞が主語(S)で，be 動詞が動詞(V)。SV(第 1 文型)の特殊な形である。be 動詞は後ろにくる名詞が単数なら is / was，複数なら are / were となる。

　3. be 動詞の後の名詞 a tree が主語(S)。主語が単数のため，be 動詞は is になる。

　4. 主語の three boys が複数のため，be 動詞は are になる。

C 注意すべき自動詞と他動詞

5. We **discussed** the matter.   我々はその問題について議論した。

6. He is **lying** in bed now.   彼は今，ベッドに横になっている。

7. I can't **stand** this weather.   この天気には我慢できない。

▶️ 解説

自動詞と他動詞

　自動詞とは後ろに目的語(O)がこない動詞(＝自分だけで動作が完結する動詞)。一方，**他動詞**とは後ろに目的語(O)がくる動詞(＝他の何か〔誰か〕に働きかける動詞)。もし目的語がなければ「何を？」という疑問が残る。

自動詞と間違えやすい他動詞

　5. discuss(〜について議論する)は他動詞なので，直後に目的語(O)がくる。動詞の後に**前置詞は不要**。「〜について」に引きずられて about などを付けてはいけない。

〔●自動詞と間違えやすい他動詞〕

・enter(〜に入る)	・leave(〜を出る)	・marry(〜と結婚する)
・reach(〜に到着する)	・attend(〜に出席する)	・approach(〜に近づく)
・resemble(〜と似ている)		

他動詞と間違えやすい自動詞

　agree「賛成する」などは自動詞なので，直後に目的語(O)はこない。動作の対象を示す場合は with などの**前置詞が必要**。

　⇨ I **agree** <u>with</u> you. (私はあなたに賛成します。)

〔●他動詞と間違えやすい自動詞〕

・graduate from 〜 (〜を卒業する)	・apologize for 〜 (〜のことを謝る)
・object to 〜 (〜に反対する)	

[自動詞と他動詞で活用と意味がまぎらわしいもの]

6. lie「横になる」は**自動詞**。lay「〜を横たえる」は**他動詞**。

⇨ She **laid** the baby on the bed. (彼女は赤ちゃんをベッドに寝かせた。)

	原形	過去形	過去分詞形	-ing 形
自動詞 lie(横になる)	lie [lái]	lay [léi]	lain [léin]	lying
他動詞 lay(〜を横たえる)	lay [léi]	laid [léid]	laid	laying
自動詞 lie(うそをつく)	lie	lied	lied	lying

[自動詞と他動詞で意味が異なるもの]

7. 同じ動詞でも，自動詞として使われる場合と他動詞として使われる場合では，意味が異なることがある。stand は自動詞の場合は「立つ」という意味を表し，他動詞の場合は「〜を我慢する，〜に耐える」という意味を表す。

⇨ **Stand** straight. (まっすぐ立ちなさい。)

ほかにも次のようなものがある。

⇨ The train **leaves** for Ueno at 7:30. 〔SV〕(列車は7時30分に上野に向けて**出発する**。)

⇨ I **left** <u>my umbrella</u> in the hotel. 〔SVO〕(私はホテルに傘を**置き忘れた**。)

〈 ══════ >>>>>>>>>> **Try it out** <<<<<<<<<< ══════ 〉

1 An international student is introducing himself. If you don't understand, how could you respond? Practice in pairs. Then, make your own introductions and confirm what he/she said. You can use the sentences in the box. See **Function**.

(留学生が自己紹介をしています。もしわからなかったら，あなたはどのように応答することができますか。ペアになって練習しなさい。それから，あなた自身の自己紹介をして，留学生が言ったことを確認しなさい。ボックスの文を使ってもかまいません。)

[!ヒント]

与えられた発言に，Function で提示されている「聞き直す」表現やボックスの文を使って答えるようにする。You mean ...?「…ということですか」。Sorry, but what did you say?「ごめんなさい，何と言ったのですか」。What do you mean?「どういう意味ですか」。

1. My name is T*m.　(私の名前は T*m です。)

2. I'm from LA.　(私は LA の出身です。)

3. Do you like my Seattle tuxedo?　(あなたは私のシアトル・タキシードが好きですか。)

a. **You mean** Los Angeles?　(ロサンゼルスという意味ですか。)

b. **Sorry, but what did you say?** Was it Tim or Tom?

(ごめんなさい，何と言ったのですか。ティムでしたか，それともトムでしたか。)

c. **What do you mean?** Is it made in Seattle?

(どういう意味ですか。それはシアトル製ですか。)

[会話例]

1. My name is T*m. ― Pardon?

2. I'm from LA. — You mean you're from Los Angeles?

3. Do you like my Seattle tuxedo? —What do you mean by "Seattle tuxedo"?

2　Imagine that you get a new pet. What kind of pet would it be? What would you name it? Give reasons and examples. You can use the words in the box. See **Example Bank**.

（あなたが新しいペットを手に入れると想像しなさい。それはどのような種類のペットでしょうか。あなたは何と名付けるでしょうか。理由や例を述べなさい。ボックスの語句を使ってもかまいません。）

(！ヒント)

ペットの名前は，SVOC の文型を使って表現することができる。I named *A B*. で「私は *A* を *B* と名付けました」という意味。**Example Bank** を参考にする。

（例）

A: I got a new pet yesterday!

（私は昨日新しいペットを手に入れました！）

B: Wow! What did you get?

（うわー！　何を手に入れたのですか。）

A: I got a dog. She is very cute. I **named** her Midnight because she is black.

（私は犬を手に入れました。彼女はとてもかわいいです。黒色なので，彼女をミッドナイトと名付けました。）

B: Great! I want to see her sometime.

（いいですね！　私はいつか彼女に会いたいです。）

(会話例)

A: I got a new pet yesterday!

B: Wow! What did you get?

A: I got a parrot. He is very active. I **named** him Rainbow because he has colorful feathers.

B: Great! I want to see him someday.

3　In pairs, ask and answer the following questions about your family. Give reasons and examples. Ask follow-up questions.

（ペアになって，家族についての質問を尋ね合いなさい。理由や例を述べなさい。追加の質問を尋ねなさい。）

(！ヒント)

家族について会話する。与えられた質問に対して答え，追加の質問をして会話を続ける。

1.「誰が朝最初に起きますか。」

（例）「母です。母は早く起きて朝食をつくり洗濯をします。」

2.「誰が暑い天候に耐えられませんか。」

（例）「父です。夏に，父はいつも冷たいコーヒーを飲んでソファで横になります。」

（会話例）

1. Who gets up first in the morning?

   — My grandfather does. He gets up early and walks in the park.

   (+1) What time does he get up?

2. Who can't **stand** the hot weather?

   — My brother can't. In summer, he always **lies** on his bed and plays games all day.

   (+1) How about the cold weather?

Use it

Tell your classmates about your room. List three things in it.

（あなたの部屋についてクラスメートに伝えなさい。そこにある３つを列挙しなさい。）

（例）　列挙　項目①：There are some textbooks on my desk.

　　　　　　　　　　　　（私の机の上に教科書が何冊かあります。）

　　　　　　　項目②：There is a clock on the wall.

　　　　　　　　　　　　（壁に時計があります。）

　　　　　　　項目③：There is a wastebasket in the corner.

　　　　　　　　　　　　（隅にごみ箱があります。）

（！ヒント）

・〈There ＋ be 動詞＋主語〉「〜がある〔いる〕」で表す。

・be 動詞の後ろにくる名詞の単数，複数に注意する。

〔盛り込む観点の例〕

・机の上にあるもの

・床に置いてあるもの　など

（作文例）

項目①：There is a computer in my room.

項目②：There are some CDs on the desk.

項目③：There is a bed by the window.

‹ ══════ ⟫⟫⟫⟫⟫⟫⟫⟫⟫ **Expressing** ‹‹‹‹‹‹‹‹‹‹‹ ══════ ›

STEP 1

(問題文の訳)

陸は文化祭に行きました。彼が行った場所を聞き，○をつけなさい。

(！ヒント)

校内の地図を見ながら，行った場所を聞き取る。

STEP 2

(問題文の訳)

STEP 1 と同じ文化祭に行く計画をパートナーと立てなさい。

1. STEP 1 の地図で見たい公演や訪れたい場所を３つ選びなさい。

2. パートナーと話し合い，文化祭の計画を立てなさい。意見が違うかもしれません。理由を出し合って，決めなさい。

(！ヒント)

地図を見ながら，午前中，昼食時，午後それぞれに行きたい場所を考える。

(例)

Time（時）	Place（場所）
In the morning （午前中）	Science Laboratory（実験室） We can see some interesting experiments. （面白い実験を見られる）
At lunch time （昼食時）	Taco stand（タコスの屋台） Neither of us have ever eaten tacos.（タコスを食べたことがない）
In the afternoon （午後）	Art Exhibition（美術展） We like to appreciate paintings.（絵画鑑賞が好き）

STEP 3

(問題文の訳)

あなたは文化祭のスケジュールを共有するために友達にメッセージを送ろうとしています。STEP 2 の情報をもとに本文を完成させなさい。

(！ヒント)

STEP 2 で書いたことをもとに，＿＿＿を埋める。

(作文例)

　　In the morning, my partner and I will go to Science Laboratory because we think they'll show us interesting experiments there. For lunch, there are five food stands at school. We'll choose the Taco stand because we would like to try tacos, which we've never had. In the afternoon, we will go to Art Exhibition because both of us like to appreciate paintings. I hope we will enjoy the school festival.

Words & Phrases

次の表の＿＿に適切な英語を書きなさい。

学校生活（School life）		教育（Education）
□ 1年生　first-year student	□ 実験室 ③＿＿＿	□ 小学校　elementary school
□ 学期　term / semester		□ 中学校 ⑤＿＿＿
□ 制服 ①＿＿＿	□ 視聴覚室　audiovisual room	
□ 校則　school rule	□ 会議室　meeting room	□ 高等学校　(senior) high school
□ 体育祭　sports day	□ 職員室 ④＿＿＿	□ 大学　university / college
□ 文化祭　school festival	□ 事務室　office room	□ 専門学校　vocational school
□ 修学旅行　school trip	□ 学生食堂　school cafeteria	□ 入学式　entrance ceremony
□ 遠足　excursion	□ 体育館　gym [gymnasium]	□ 卒業式 ⑥＿＿＿
□ 生徒会 ②＿＿＿	□ 講堂　auditorium / hall	□ 始業式　opening ceremony
	□ トイレ　bathroom [restroom]	□ 終業式　closing ceremony
	□ 更衣室　locker room	

授業（Class） / 勉強（Study）		教科・科目（Subjects）
□ プリント ⑦＿＿＿	□ 必修科目　compulsory subject	□ 数学　math(s) / mathematics
□ 宿題　homework / assignment	□ 選択科目　elective subject	□ 物理　physics
□ 小テスト　quiz	□ 現代文　contemporary Japanese	□ 化学　chemistry
□ 中間テスト　mid-term exam	□ 古文　Japanese classics	□ 生物 ⑩＿＿＿
□ 期末テスト　term-end exam	□ 地理 ⑨＿＿＿	□ 体育　physical education / P.E.
□ 成績　grade / score	□ 倫理　ethics	□ 保健　health
□ 実力テスト　achievement test	□ 政治・経済　politics and economics	□ 家庭科　home economics
□ 入学試験 ⑧＿＿＿		□ 情報　information studies

解答
① school uniform　② student council　③ laboratory　④ teachers' room
⑤ junior high school　⑥ graduation ceremony　⑦ handout　⑧ entrance exam
⑨ geography　⑩ biology

Lesson 3 I'm planning a day trip this weekend.

Model Conversation

John and Kaito are talking about a book.

J1: ①Hi, Kaito. ②I **found** an interesting book. ③Its title is *Unknown Spots in Japan*. ④Have a look.

K1: ⑤Let me see ... ⑥Wow, very interesting. ⑦I **didn't know** about some of these places. ⑧Where did you find it?

J2: ⑨At the bookstore near the station. ⑩I **go** there when I have time after school. ⑪**I'm planning** a day trip this weekend, actually. ⑫Do you want to come with me?

K2: ⑬Sounds great, but first I need to finish my English essay. ⑭I have to write 100 more words ...

J3: ⑮**You can do it**! ⑯I **hope** you finish it in time to come with me.

ジョンと海斗は本について話しています。

J1: ①やあ，海斗。②おもしろい本を見つけたんだ。③「日本の知らない場所」って題名。④見てみて。

K1: ⑤どれどれ…。⑥おお，とてもおもしろいね。⑦いくつか知らなかった場所もあるよ。⑧どこで見つけたの？

J2: ⑨駅の近くの本屋だよ。⑩放課後に時間がある時はそこに行くんだ。⑪実は，今週末に日帰りの旅行を計画しているんだ。⑫一緒に来ない？

K2: ⑬いいね，でもまずは英語のエッセイを終わらせないと。⑭あと100語書かないといけないんだ…。

J3: ⑮君ならできるよ！⑯一緒に旅行する時までに終わるように願っているよ。

語句と語法のガイド

title [táitl]	名	題名
unknown [ʌnnóun]	形	知られていない，未知の
spot [spát]	名	場所（= place）
have a look	熟	見る
day trip	名	日帰り旅行
essay [ései]	名	作文
in time to *do*	熟	～するのに間に合って

解説

⑤ **Let me see ...**

Let me see. は「ええと」という意味で，何かを思い出そうとしたり，とっさに答えが出ない場合に使う表現。

⑦ **I didn't know about some of these places.**

過去形の否定文。**EB6**

⑩ **I go there when I have time after school.**

動作動詞(ここでは go)を現在形で用いた場合,「(いつも) ～する」という意味になり, 現在の習慣的・反復的動作を表す。 **EB2**

⑪ **I'm planning a day trip this weekend, actually.**

現在進行形の文。 **EB4**　plan は最後の子音字を重ねて -ing をつける。(⇒ cf. 教科書 p.149)

⑫ **Do you want to come with me?**

Do you want to ～? は「～しない?」と誘うときにも使う。

⑬ **Sounds great, but first I need to finish my English essay.**

That sounds great. の主語 That が省略された形。need to *do* は「～しなければならない」という意味。

⑭ **I have to write 100 more words ...**

have to *do* は「～しなければならない」という意味。〈数詞＋ more ＋名詞〉で「さらに(数)の～」という意味。

⑮ **You can do it!**

You can do it! は「あなたならできます!」という意味で,相手を激励する表現。

┃ Listening Task ┃

Circle T for True or F for False.　(正しければ T,間違っていれば F に○をつけなさい。)

(!ヒント)

1. ジョンはどこで『日本の知らない場所』という本を見つけたのか。(→⑧⑨)

2. ジョンはいつ駅の近くの本屋に行くのか。(→⑩)

3. 海斗は英作文の宿題を終わらせたか。(→⑬⑭)

〈 ━━━━━ ＞＞＞＞＞＞＞ **Function (激励する・励ます)** ＜＜＜＜＜＜＜ ━━━━━ 〉

1. "Emily is coming second." "**Come on**, Emily! Run faster! **You can do it!**"

「エミリーは今 2 位だ。」「頑張れ,エミリー!もっと速く走って!君ならできるよ!」

2. "I don't think I am ready for the entrance exam."

"You got good grades in many subjects. **You're doing very well.**"

「入試に向けて準備ができていないと思う。」

「たくさんの科目で良い成績を取ったじゃない。とてもよくやっているよ。」

3. "**Good luck with** your exam." "Thanks. I'll need it."

「試験頑張って。」「ありがとう。頑張るよ。」

▶ 解説

1. **Come on.**(頑張れ。)や **You can do it.**(あなたならできる。)は相手を激励するときに使う表現。ほかに,That's the spirit!(その調子〔意気〕だ!)という表現もある。

2. **You're doing (very) well.** は「**あなたは(とても)よくやっている。**」という意味で,

相手を励ますときに使う表現。

3. ・**Good luck with ～ .** は「**～の幸運を祈る**」という意味で，相手を激励する表現。

　・**I'll need it.** は，文字どおりには「それ（幸運）が必要だ。」という意味だが「頑張るよ。」
　　という返答になる。

語句と語法のガイド

be ready for ～	熟	～の準備ができている
grade [gréid]	名	成績　▶「学年」の意味もある

≪ ━━━ ≫≫≫≫≫≫≫ Example Bank ≪≪≪≪≪≪≪≪ ━━━ ≫

A　現在のことを表す

1. I **love** you.　私はあなたを愛しています。

2. I *usually* **eat** bread for breakfast.　私はたいてい朝食にパンを食べる。

3. The sun **rises** in the east.　太陽は東から昇る。

4. She **is playing** tennis *now*.　彼女は今，テニスをしている。

5. She **is playing** tennis *these days*.　彼女は最近，テニスをしている。

◀ 解説

現在形

　現在形は，「現在の状態」や「現在の習慣的・反復的動作」などを表す。

現在の状態

　1. **状態動詞**を現在形で用いた場合，「**（現在）～である**」という意味になり，ある程度の
時間の幅を持った**現在の状態**を表す。

〔●状態動詞〕

be 動詞, belong, have, know, believe, like, love, hear など

過去　　現在　　未来

現在の習慣

　2. **動作動詞**を現在形で用いた場合，「**（いつも）～する**」という意味になり，**現在の習慣
的・反復的動作**を表す。**usually** などの**頻度を表す副詞（句）**を伴うことが多い。

〔●動作動詞〕

play, visit, watch, swim, study, open, wash, eat など

過去　　現在　　未来

〔●頻度を表す副詞（句）〕

always(いつも), almost always(ほとんどいつも), usually(たいてい), sometimes(ときどき), seldom / rarely(めったに～ない), never(一度も～ない) every day(毎日), every week(毎週), every Sunday(毎週日曜日), twice a week(週に2回)

不変の事実

過去・現在・未来を通じて**変わることのない事実や真理を**
表す場合にも**現在形**が使われる。

過去　　現在　　未来　→

3.「太陽が東から昇る」ということは現在だけでなく，過去も未来も変わらない事実である。同じように，科学的な事実や計算式にも現在形が使われる。

⇨ Water **freezes** at zero degrees Celsius.（水は摂氏 0 度で凍る。）

⇨ Two and three **are** five.（2 + 3 = 5）

現在進行中の動作

4. 現在進行形は〈**am ／ are ／ is + doing**〉の形で，「**(今)〜している(ところだ)**」という**現時点において行われている動作**を表す。現在形が**ある程度の時間の幅を持った現在の状態や現在の習慣**を表すのに対し，現在進行形は**今まさに行われている動作**を表す。

最近の習慣

5. 現在進行形は**ある期間に繰り返されている動作**も表す。この例文は，「テニスをする」という動作が「最近」という限られた期間内に繰り返し行われるということを示している。「(以前はやっていなかったが)最近やり始めた」というニュアンスが含まれる。この用法は，all day「一日中」，these days「最近」，this week「今週」，this month「今月」などの**期間を表す副詞(句)**を伴うことが多い。

現在進行形の否定文

現在進行形の否定文は，be 動詞の直後に not を置く。「**(今)〜していない**」という意味を表す。

⇨ She **is not playing** tennis now.（彼女は今，テニスをしていない。）

現在進行形の疑問文

現在進行形の疑問文は，be 動詞を文頭に出す。「**〜していますか**」という意味を表す。返答は，Yes, she **is**. / No, she **isn't**. のように be 動詞を使って答える。

⇨ "**Is** she **playing** tennis now?" "Yes, she is. / No, she isn't."（「彼女は今，テニスをしていますか。」「はい，しています。」/「いいえ，していません。」）

B　過去のことを表す

6. I **loved** him.　私は彼を愛していた。

7. He **played** baseball *last week*.　彼は先週，野球をした。

8. He *usually* **played** soccer after school.　彼はたいてい放課後にサッカーをした。

9. She **was playing** tennis *around 4 p.m.*　彼女は午後 4 時ごろテニスをしていた。

▶ 解説

過去の状態

6. 状態動詞を過去形で用いた場合，「**(過去に)〜だった**」という意味になり，ある瞬間だけでなく，**過去にある程度の期間同じ状態**だったことを表す。

過去の1回の動作・出来事

7. 動作動詞を過去形で用いた場合，「**(過去に)〜した**」という**過去の1回きりの動作**

や出来事を表す。yesterday「昨日」，last week「先週」，last month「先月」などの過去を表す語句と一緒に使われることが多い。

過去の習慣

8. 動作動詞を過去形で用いた場合，「(いつも)〜した」のような**過去の習慣的・反復的動作**を表すことがある。usually などの**頻度を表す副詞(句)**を伴うことが多い。

過去の進行中の動作

9. **過去進行形**は〈**was / were + *doing***〉の形になる。「(そのとき)〜していた」という意味で，**過去のある時点において行われていた動作**を表す。動作動詞を用いる。

過去のある期間に繰り返されていた動作

過去進行形が**過去のある期間に繰り返されていた動作**を表すこともある。「(ある期間に)〜していた」という意味になる。

⇨ He **was taking** pictures while traveling.(彼は旅行中，写真を撮っていた。)

この例文は，「写真を撮る」という動作が「旅行している間」という限られた期間内で繰り返し行われたことを示している。while (he was) traveling など，期間を表す副詞(句・節)を伴うことが多い。

〈 ══ ＞＞＞＞＞＞＞＞＞ **Try it out** ＜＜＜＜＜＜＜＜＜ ══ 〉

1 You are talking with Amelia about a tennis competition. Respond to her to complete the conversation. You can use the sentences in the box. See **Function**.

(あなたはテニスの大会についてアメリアと話しています。彼女に応答して，会話を完成させなさい。ボックスの文を使ってもかまいません。)

!ヒント

テニスの大会を話題にして会話する。Function で提示されている「激励する・励ます」表現やボックスの文を使うようにする。Good luck with 〜 .「〜の幸運を祈る」。You can do it.「あなたならできる」。

You: Hi, Amelia. What are you doing?
          (こんにちは，アメリア。あなたは何をしているのですか。)

Amelia: I'm practicing tennis. There's a competition tomorrow.
          (私はテニスを練習しています。明日試合があります。)

You: [(1)]

Amelia: Thanks, but I have no confidence. I don't think I'll do well.
          (ありがとう，でも私はまったく自信がありません。私はうまくいかないと思います。)

You: [(2)]

Amelia: Well, you are right. I'll stay positive and win the match!
          (ええ，そのとおりです。私は前向きでいて試合に勝つつもりです！)

You: [(3)]

a. Everyone feels that way. You'll be fine.
　（みんなそのように感じます。あなたは大丈夫でしょう。）
b. Wow. Good luck with the match! （うわー。試合頑張って！）
c. Good! That's the spirit. You can do it!
　（いいですね！　その意気です。あなたならできます！）

(会話例)
You:　　Hi, Amelia. What are you doing?
Amelia: I'm practicing tennis. There's a competition tomorrow.
You:　　〔　(1)　〕Good luck to you!
Amelia: Thanks, but I have no confidence. I don't think I'll do well.
You:　　〔　(2)　〕Don't worry. You practice hard, so I'm sure you'll do well.
Amelia: Well, you are right. I'll stay positive and win the match!
You:　　〔　(3)　〕Exactly. I know you can do it.

2 　What words fit best? You can use the words in the box. See **Example Bank**.
　（どの語が最も適切に当てはまりますか。ボックスの語を使ってもかまいません。）
(！ヒント)
・選択肢の動詞が状態動詞か動作動詞かに注意。
・空所の前後に与えられた語句，時を表す語句などを手がかりに時制を決める。
1. ・現在の状態。
　・「トムはリンゴが好きなので，毎朝１つ食べます。それは健康に良いです。」
2. ・when I was a child「私が子どものとき」があるので，過去の状態。
　・「子どものとき，私は大阪に住んでいました。だから，関西弁は私にとってなじみが
　　あります。」
3. ・現在進行形。
　・「あなたは今何をしているところですか。」「私は自分の部屋を掃除しているところです。」
4. ・変わることのない事実や真理を表す場合，現在形を用いる。
　・「月は地球の周りを公転し，地球は太陽の周りを公転します。」
5. ・these days「最近」は現在形，現在進行形と共に使われる。
　・「メアリーは最近，期末試験に向けて一生懸命勉強しています。私はきっと彼女はう
　　まくいくと思います。」
(練習問題) What words fit best? You can use the words in the box. See **Example Bank**.
1. My grandfather _____ in the park every morning. It is good for his health.
2. Aya _____ in Australia when she was a child. So, she can speak English
　well.
3. "What are you doing now?" "I am _____ for my key."
4. The sun _____ in the east and sets in the west.

5. Mary is _____ tennis hard these days. I'm sure she will win the match on
   Saturday.

live / look / practice / rise / walk

3 In pairs, ask and answer the questions. Ask follow-up questions.
   (ペアになって質問をして答えなさい。追加の質問を尋ねなさい。)

!ヒント

普段の生活や過去にしたことについて会話する。与えられた質問に対して答え，追加の質問をして会話を続ける。

1.「あなたは寝る前にふつう何をしますか。」
2.「あなたは先週末に何をしましたか。」
3.「あなたは昨日午後8時ごろに何をしていましたか。」

会話例

1. What do you usually do before going to bed? ― I set my alarm clock.
   (+1) What time do you usually go to bed?
2. What did you do last weekend? ― I went to the city museum.
   (+1) What did you see there?
3. What were you doing around 8 p.m. yesterday? ― I was playing an online game.
   (+1) Where were you doing it?

⟨ ═══════ ≫≫≫≫≫≫≫≫≫ **Use it** ⟨⟨⟨⟨⟨⟨⟨⟨⟨ ═══════ ⟩

Tell your classmates about what you did on a recent weekend. Answer in three sentences.
(あなたが最近の週末にしたことについてクラスメートに伝えなさい。3つの文で答えなさい。)
(例) 説明 主題: I went shopping with my friend Nao last Sunday.
                    (私はこの前の日曜日に友達のナオと買い物に行きました。)
            詳述①:I bought a pair of shoes. (私は靴を1足買いました。)
            詳述②:After shopping, we had lunch together.
                    (買い物の後，私たちは一緒に昼食を食べました。)

!ヒント

・最近の週末にしたことは過去形で書く。
・時を表す語句を使い，過去のどの時点での話かを明確に書く。
〔盛り込む観点の例〕
・週末に1人でしたこと，週末に友達や家族としたこと　など

作文例

主題: I went to see a movie with my friend last Sunday.
詳述①:Before the movie, we had lunch together.
詳述②:After the movie, we went to eat ice cream.

Model Conversation

Misaki and Emily are talking about their summer vacation.

M1: ①Hi, Emily. ②**Are** you **going to** go back to Canada this summer?

E1: ③No. ④It's my first long vacation, so this summer I'm going to travel in Japan.

M2: ⑤Sounds good. ⑥Where are you going to go?

E2: ⑦I don't know yet. ⑧**Are** you **planning to** go anywhere, Misaki?

M3: ⑨Yes. ⑩**I'm going** to Okinawa with my family in July. ⑪I'm looking forward to snorkeling.

E3: ⑫That sounds great.

M4: ⑬Yeah. ⑭It**'ll be** fun. ⑮Hey, I have a good idea! ⑯Why don't you join us?

E4: ⑰Really? ⑱I'd love to. ⑲Oh, I can't wait for summer!

美咲とエミリーは夏休みについて話しています。

M1: ①こんにちは，エミリー。②この夏はカナダに帰るの？

E1: ③いいえ。④初めての長期休暇だから，この夏は日本を旅行したいと思って。

M2: ⑤いいわね。⑥どこにいく予定なの？

E2: ⑦まだ決めてないの。⑧あなたはどこかに行く予定なの，美咲？

M3: ⑨ええ。⑩私は7月に家族で沖縄に行く予定。⑪シュノーケリングをするのを楽しみにしてるの。

E3: ⑫とてもいいわね。

M4: ⑬そうね。⑭楽しみだわ。⑮ねえ，いいことを思いついた！⑯あなたも一緒に行かない？

E4: ⑰本当に？⑱ぜひ行きたいわ。⑲ああ，夏が待ち遠しい！

語句と語法のガイド

anywhere [énihwὲər]	副 どこかに
look forward to ～	熟 ～を楽しみにして待つ
snorkel [snɔ́ːrkəl]	動 シュノーケルで潜水する

解説

② **Are you going to go back to Canada this summer?**

be going to を使った疑問文。〈be going to ＋動詞の原形〉は，「～する予定だ」という前から予定していることを述べるときに使われる。 **EB4**

④ **It's my first long vacation, so this summer I'm going to travel in Japan.**

接続詞 so は「～，だから…」という意味で，結果を表す。

⑦ **I don't know yet.**

yet は否定文で用いられると，「まだ（～しない）」という意味。

⑧ **Are you planning to go anywhere, Misaki?**

be planning to ～は「～する計画を立てている，～するつもりだ」という意味を表す。

⑩ **I'm going to Okinawa with my family in July.**

現在進行形は未来を表す語句を伴って，すでに取り決められ，現在その準備がすでに始

まっている近い未来の予定・計画を表すときに使われる。 **EB7**

⑪ **I'm looking forward to snorkeling.**

　look forward to ～（～を楽しみにして待つ）は to の後に（動）名詞がくる。ここでは snorkel(シュノーケルで潜水する)の動名詞 snorkeling がきている。

⑭ **It'll be fun.**

　It'll は It will の短縮形。will は「～だろう，～になる」という意味の助動詞で，単なる未来の予測や自然の成り行きを表す。 **EB1**

⑯ **Why don't you join us?**

　Why don't you ～？は「～してはどうですか，～しませんか」という意味で，勧誘や提案を表す表現。

⑱ **I'd love to.**

　I'd love to (join you). の（　）内が省略された形。I'd は I would の短縮形。I'd love to ～ . は「ぜひ～したい」という意味で，I'd like to ～ .「～したい」よりも強いニュアンスの表現。

Listening Task

Circle T for True or F for False.　（正しければ T，間違っていれば F に〇をつけなさい。）

（！ヒント）

will や be going to の後の動詞に特に注意して聞き取ろう。

1. エミリーはこの夏にカナダに帰るのか。（→②③）
2. 美咲は 7 月に家族と沖縄を訪れる予定か。（→⑩）
3. エミリーと美咲は彼女たちの夏を沖縄で一緒に過ごすつもりか。（→⑯⑰⑱）

Function（計画する・予定する）

1. "We **are having** a farewell party for Mike tonight." "Sounds nice! Can I join you?"
　「今晩，マイクの送別会を開くよ。」「いいね！参加してもいい？」

2. "What is your topic for the speech contest?"
　"**I'm going to** talk about my first experience abroad."
　「スピーチコンテストのあなたの題材は何ですか。」
　「私の初めての海外経験について話す予定です。」

3. "**Do you have any plans for** the weekend**?**"
　"I **am planning to** go shopping with my sister."
　「週末に何か予定はありますか。」「姉と買い物に行く予定です。」

解説

1. ・現在進行形は未来を表す語句を伴って，すでに取り決められ，現在その準備がすでに始まっている**近い未来の予定・計画**を表すときに使われる。
　・この文はすでに送別会を開く準備が進んでいる意味合いを含んでいる。

2. 前もって決めていた予定は〈**be going to ＋動詞の原形**〉で表す。

3. ・**Do you have any plans for ～?**「**～に予定はありますか**」は相手に予定があるか尋ねる言い方。具体的に何をするのか尋ねる場合は，What are your plans for ～? / What is your schedule for ～?「～にはどんな予定がありますか」，What are you going to do for ～?「～に何をする予定ですか」などを使う。

　・**am planning to ～**は「**～する計画を立てている**」「**～するつもりだ**」という意味を表す。

　・予定があれば具体的に答え，なければ単に No. だけではなく，I don't have any plans.「計画は何もありません。」や Nothing special.「特に何もありません。」などと答えるとよい。

語句と語法のガイド

farewell party	名	送別会
topic [tápik]	名	題材

‹ ─── ⟩⟩⟩⟩⟩⟩⟩⟩⟩⟩ **Example Bank** ‹‹‹‹‹‹‹‹‹ ─── ›

A　will で未来のことを表す

1. I **will be** seventeen *next month*.　私は来月 17 歳になる。

2. I **will call** you *tonight*.　私は今夜，あなたに電話します。

3. *This time next week* I**'ll be swimming** in the sea.
　来週の今ごろ，私は海で泳いでいるだろう。

解説

未来を表す表現

　英語では，現在形や過去形については go(現在形)-went(過去形)などのように動詞の形そのものを変化させることで表すが，未来を表す動詞の形はない。未来のことを表すときは〈**will ＋動詞の原形**〉や〈**be going to ＋動詞の原形**〉の形にする。

〈will ＋動詞の原形〉

　〈**will ＋動詞の原形**〉は未来の予測(～だろう)や未来の意志(～するつもりだ)を表す。

単純未来

　1.「**～だろう，～になる**」という意味で，単なる**未来の予測**や**自然の成り行き**を表す。このような主語の意志と関係がない will を**単純未来**の will という。

意志未来

　2.「**～するつもりだ，～します**」という意味で，**主語の意志**を表す。このような will を**意志未来**の will という。

will を使った否定文・疑問文

　will を使った否定文・疑問文は次のようになる。

　　　　　⇨ It **will** 　　　rain tomorrow. (明日は雨が降るだろう。)

〔否定文〕➡ It **will not** rain tomorrow. (明日は雨が降らないだろう。)

〔疑問文〕➡ **Will** it 　　　rain tomorrow? (明日は雨が降るだろうか。)

〈主語＋ will〉や will not は短縮形になることも多い。

　　I will → **I'll**　　　will not → **won't**〔wóunt〕

《注意》Will you 〜？は**相手の意志を尋ねる**場合と**依頼**を表す場合がある。

　　Will you go to the post office?

　　訳①：郵便局へ行くつもりですか。〔相手の意志を尋ねる〕

　　〔返事〕— Yes, I will. / No, I won't.

　　訳②：郵便局へ行ってくれますか。〔依頼を表す〕

　　〔返事〕— OK. / Sure. / All right. / Sorry, (but) I can't など

未来の時点で進行中であろう動作を表す

　3. **未来進行形**は〈**will be ＋ doing**〉の形で、「（未来のある時点において）**〜しているだろう**」という**未来のある時点において行われているであろう動作**を表す。例文の未来のある時点は this time next week であり、未来のちょうどこの時間に「海で泳いでいる」という動作が行われているだろうと予測している。

B　be going to で未来のことを表す

4. **I'm going to** go shopping *tomorrow*.　　私は明日、買い物に行く予定です。

5. Look at the sky. It**'s going to** rain.　空を見て。雨が降りそうだ。

解説

意図・計画

　4. 〈**be going to ＋動詞の原形**〉は、「**〜する予定だ**」という**前から予定していることを**述べるときに使われる。

《注意》明らかにその場で決めたことについては、be going to ではなく、will を使う。

　　⇨ "Someone is knocking on the door!" "OK. **I'll** answer it."

　　（「誰かがドアをノックしているよ！」「了解。僕が出るよ。」）

近い未来の予測

　5. 〈be going to ＋動詞の原形〉は、「**（状況から判断して）〜しそうだ**」という**近い未来の予測**を表すこともある。この文では、空の様子から「今にも雨が降りそうだ」と予測している。

be going to の否定文・疑問文

　be going to を使った否定文・疑問文は次のようになる。

　　　　　⇨ He **is**　　**going to** visit the museum. (彼は博物館を訪れる予定です。)

　〔否定文〕➡ He **is not going to** visit the museum. (彼は博物館を訪れる予定はありません。)

　〔疑問文〕➡ **Is** he　　**going to** visit the museum? (彼は博物館を訪れる予定ですか。)

C　現在形・進行形で未来のことを表す

6. The plane **leaves** for New York *at 12:30*.

　　その飛行機は12時30分にニューヨークに向けて出発する。

7. I'm leaving for Los Angeles *tomorrow*.

　私は明日，ロサンゼルスに向けて出発する。

8. I will be meeting him *on Wednesday afternoon*.

　水曜日の午後に彼と会うことになっている。

◀ 解説

確定した未来

　6. 出発時刻などのような**現時点で確定している未来の予定**(変更の可能性が少ない予定)については，**現在形**を使って未来を表す。go, come, leave, arrive など，**往来・発着を表す動詞**がよく使われ，日時を表す語句を伴うことが多い。

時や条件を表す副詞節の中で

　when や if などに導かれた**時や条件を表す副詞節**の中では，未来のことでも **will を使わず，現在形を用いる**。予測ではなく，実際に起こりうることと考えるからである。

　⇨ Please call me when you **arrive** at the hotel. (ホテルに着いたら電話をください。)

　⇨ If it **rains** tomorrow, I will stay home. (もし明日，雨が降れば，私は家にいます。)

〔●時や条件を表す語句〕

・when(〜する時)	・until[till] (〜するまで)　・before(〜する前に)
・after(〜した後に)	・by the time(〜する時までに)
・(the) next time(次に〜する時)	・as soon as(〜するとすぐに)
・if(もし〜ならば)	・unless(もし〜でなければ)
・in case(〜する場合に備えて，〜するといけないから)	

⇨ Take an umbrella with you in case it **rains**.

(雨が降るといけないから，傘を持って行きなさい。)

準備が進行中である近い未来の予定

　7. 未来の事柄について，そのために具体的な準備が進んでいるような場合には，**現在進行形**を使って未来を表す。

　⇨ "What **are** you **doing** today?" "**I'm having** lunch with Misaki."

　「今日は何をするの。」「美咲と昼食を食べます。」

《注意》「過去のある時点から見た未来の予定・計画」を表す場合は，**過去進行形**を用いる。実現しなかった事柄について用いることが多い。

　⇨ I **was leaving** for China the next day.

　(私はその次の日に，中国に向けて出発する予定だった。)

《参考》be going to go[come]は，単に be going, be coming となることがある。

　⇨ **I'm going** to London. (私はロンドンに行く予定です。)

自分の意志では変更できない未来の予定

　8. 未来進行形が「**〜することになっている**」という**すでに確定している未来の予定**を表すことがある。on Wednesday afternoon などのように未来を表す語句と共に使われることが多い。未来進行形は個人の意志とは関係なく決まっているというニュアンス

で，「すでに決まっているので変更できない」という意味合いを持つ。

I **will be meeting** him on Wednesday afternoon.〔未来進行形〕

「彼と<u>会うことになっていて</u>」変更は難しい。

I **will meet** him on Wednesday afternoon.〔主語の意志〕

「彼と<u>会うつもり</u>」だが，場合によっては変更になることもある。

《参考》〈Will you be + *doing* ...?〉は，その事柄がすでに決まっているというニュアンスを含むので，相手の計画を丁寧に尋ねたいときに使われる。

　⇨ **Will you be using** this whiteboard?

　　（このホワイトボードをお使いになることになっていますか。）

‹ ━━━━━ ⟫⟫⟫⟫⟫⟫⟫⟫ **Try it out** ‹‹‹‹‹‹‹‹‹ ━━━━━ ›

1 You are talking about a project with Bob. Respond to him to complete the conversation. You can use the sentences in the box. See **Function**.

（あなたはあるプロジェクトについてボブと話しています。彼に応答して，会話を完成させなさい。ボックスの文を使ってもかまいません。）

（!ヒント）

プロジェクトを話題にして会話する。Function で提示されている「計画する・予定する」表現に注意する。

Bob: Can we meet to talk about the project for social studies?

　　（社会科のプロジェクトについて話すために会うことができますか。）

You: Yes. Let's have a quick meeting. 〔 (1) 〕

　　（はい。簡単な打ち合わせをしましょう。）

Bob: Sorry, I have a piano lesson today. How about during recess tomorrow?

　　（すみません，今日ピアノのレッスンがあります。明日の休み時間はどうですか。）

You: 〔 (2) 〕

Bob: Oh, OK ... How about after school?

　　（ああ，わかりました。放課後はどうですか。）

You: 〔 (3) 〕

a. Sorry, I'll be busy. （すみません，私は忙しいです。）

b. OK. I have time after school tomorrow.

　（大丈夫です。私は明日の放課後に時間があります。）

c. Are you free this afternoon? （あなたは今日の午後暇ですか。）

（会話例）

Bob: Can we meet to talk about the project for social studies?

You: Yes. Let's have a quick meeting. 〔 (1) 〕 Do you have time after school today?

Bob: Sorry, I have a piano lesson today. How about during recess tomorrow?

You: [　(2)　] I don't think we'll have enough time.
Bob: Oh, OK ... How about after school?
You: [　(3)　] That's okay. Let's talk about it after school tomorrow.

2　What words fit best? See **Example Bank**.
（どの語が最も適切に当てはまりますか。）

(！ヒント)

1. ・明らかにその場で決めたことについては，be going to ではなく，will を使う。
   ・「これが私の E メールアドレスです。」「ありがとう，あとで写真を送ります。」
2. ・〈be going to ＋動詞の原形〉は「〜しそうだ」という近い未来の予測を表す。
   ・「雲が消えつつあります。私はもうすぐ晴れると思います。」
3. ・未来進行形は「〜することになっている」というすでに確定している未来の予定を表すことがある。
   ・「私は来月国際イベントに参加することになっています。」「それはすごいです。頑張って！」
4. ・出発時刻のような現時点で確定している未来の予定は，現在形を使って表す。
   ・「日曜日，仙台行きの始発電車は，5 時 31 分に出発します。」「それに乗りましょう。」
5. ・準備がすでに始まっている近い未来の予定・計画を表すときに，現在進行形を用いる。
   ・「あなたは今夜，暇ですか。」「ごめんなさい，暇ではありません。私はプロジェクトについて話し合うためにリチャードに会う予定です。」

(練習問題) What words fit best? See **Example Bank**.

1. "The phone is ringing." "I (am going to / will) get it."
2. Look at those black clouds. I think it (is going to rain / rains) soon.
3. "I (met / will be meeting) Mary on Sunday afternoon." "Please say hello to her."
4. "The last bus (starts / started) at 11:30." "I won't miss it."
5. "What are you doing today?" "I (am having / have) lunch with Richard."

3　In pairs, ask and answer the questions. Ask follow-up questions.
（ペアになって，質問を尋ね合いなさい。追加の質問を尋ねなさい。）

(！ヒント)

これからのことについて会話する。与えられた質問に対して答え，追加の質問をして会話を続ける。

1.「あなたは夏休みの間に何をする予定ですか。」
2.「今日何時に月が出ますか。」
3.「あなたは今晩午後 7 時頃に何をしていますか。」

(会話例)

1. What are you going to do during the summer vacation?

— I'm going to visit my grandparents in Okinawa.

(+1) How long are you going to stay there?

2. What time does the moon rise today? — It rises at 22:10.

(+1) How did you check it?

3. What will you be doing around 7 p.m. tonight?

— I will be having dinner with my family.

(+1) What are you going to do after dinner?

< ───────── >>>>>>>>> **Use it** <<<<<<<<< ───────── >

Tell your classmates about one of your plans for the next month. Answer in three sentences.

（あなたの来月の予定の1つについてクラスメートに伝えなさい。3つの文で答えなさい。）

（例）　説明　主題：　I'm going to play tennis with Ken this weekend.
（私はこの週末にケンとテニスをする予定です。）

詳述①：We will use the tennis court in the city park.
（私たちは市立公園のテニスコートを使う予定です。）

詳述②：We will meet there at 1 p.m.
（私たちは午後1時にそこで会う予定です。）

(！ヒント)

・〈be going to ＋動詞の原形〉や will で予定を表す。

・when や if を使って，時や条件を表す文を書いてもよい。時や条件を表す副詞節の中では未来のことでも現在形を用いることに注意する。

〔盛り込む観点の例〕

・部活動の予定について

・家族と出かける予定について　など

(作文例)

主題：　I'm going to go to the festival in our city with my family next Saturday.

詳述①：I will wear a *yukata* and enjoy watching fireworks.

詳述②：If it rains, I'll stay home and listen to some CDs of my favorite singers.

⟨ ━━━━ ⟩⟩⟩⟩⟩⟩⟩⟩⟩ **Expressing** ⟨⟨⟨⟨⟨⟨⟨⟨⟨ ━━━━ ⟩

▌ STEP 1 ▌

(問題文の訳)

ジョンの旅行についての話を聞き，下の表の空欄を埋めなさい。

(！ヒント)

どこで，いつ，だれと，何をしたかということや滞在期間を聞き取る。

▌ STEP 2 ▌

(問題文の訳)

下の質問をもとに，過去にした旅行の１つについてパートナーと話しなさい。

(！ヒント)

質問に対する答えを書く。１は行った場所，２は時期，３は滞在期間，４は誰と行ったか，5はそこでしたことについて書く。

(例)

Your answer

1. Himeji(姫路)　　2. last year(昨年)　　3. one-day trip(日帰り旅行)
4. my father(父)　　5. I visited Himeji Castle.(姫路城を訪れた)

Your partner's answer

1. Okinawa(沖縄)　　2. when he was nine(９歳のとき)
3. For a week.(１週間)　　4. his parents(両親)
5. He swam in the sea.(海で泳いだ)

▌ STEP 3 ▌

(問題文の訳)

あなたとパートナーの旅行についてそれぞれ書きなさい。旅行の詳しい情報をクラスに発表しなさい。

(！ヒント)

STEP 2 で答えたことをもとに文章を完成させる。

(作文例)

Your past trip

　I went to Himeji with my father last year. It was a one-day trip. I visited Himeji Castle and I learned about the castle's history.

Your partner's past trip

　Taiki went to Okinawa when he was nine. He stayed there for a week with his parents. He enjoyed swimming in the sea there.

＜ ═══ ＞＞＞＞＞＞＞ Words & Phrases ＜＜＜＜＜＜＜ ═══ ＞

次の表の＿＿に適切な英語を書きなさい。

レジャー（Leisure）	旅行（Travel）	空港（Airport）
□ 映画館	□ 温泉に行く 　go to a hot spring	□ 直行便
① ＿＿＿＿	□ 荷物　baggage / luggage	④ ＿＿＿＿
□ 動物園　zoo	□ 旅行代理店	□ 乗り継ぎ便 　connecting flight
□ 植物園　botanical garden	③ ＿＿＿＿	□ 搭乗券　boarding pass
□ 水族館　aquarium	□ 予約をする	□ 搭乗口　(boarding) gate
□ 博物館	make a reservation	□ 目的地
② ＿＿＿＿	□ 観光に行く　go sightseeing	⑤ ＿＿＿＿
□ 美術館 　art museum[gallery]	□ 観光スポット 　tourist attraction	□ 入国管理所　immigration
□ 遊園地　amusement park	□ 観光案内所	□ 税関　customs
□ 観覧車　Ferris wheel	tourist information (booth)	□ 免税店　duty-free shop
□ ジェットコースター 　roller coaster		□ 手荷物受取所　baggage claim

交通（Transportation）		
□ 乗車券・航空券　ticket	□ 高速道路に乗る 　get on the expressway	□ タクシー乗り場　taxi stand
□ 乗客	□ タクシー［バス，電車］で行く 　go by taxi[bus, train]	□ バス停
⑥ ＿＿＿＿	□ タクシー［バス，電車］に乗る 　take a taxi[bus, train]	⑨ ＿＿＿＿
□ 切符売り場　ticket office	□ タクシーを拾う 　catch[get] a taxi	□ 各駅停車　local train
□ 改札口　ticket gate[barrier]	□ 地下鉄に乗る 　take the subway	□ 急行列車　express train
□ 運賃	□ シートベルトを締める 　fasten *one's* seat belt	□ 路面電車　streetcar / tram
⑦ ＿＿＿＿		□ 片道切符　one-way ticket
□ 時刻表を調べる 　check the schedule		□ 往復切符
□ 遅れて到着する 　arrive behind schedule		⑩ ＿＿＿＿
□ 駐車する　park		□ 通路側の席　aisle seat
□ 交通渋滞　traffic jam		□ 窓側の席　window seat
□ 交通事故		□ 優先座席　priority seat
⑧ ＿＿＿＿		□ (列車の)車両　car

解答
① movie theater　② museum　③ travel agency　④ direct flight　⑤ destination
⑥ passenger　⑦ fare　⑧ traffic accident　⑨ bus stop　⑩ round-trip ticket

Lesson 4 ‹ Have you ever tried it before?

Model Conversation

John and Kaito are talking about playing the guitar.

J1: ①Kaito, I heard you are a good guitarist.

K1: ②Well, I don't know, but I **have been playing** it for three years. ③I'm really into it. ④I'm a member of the acoustic guitar club, too.

J2: ⑤Great. ⑥I want to learn something new while I'm in Japan. ⑦**I've** always **wanted** to play the guitar.

K2: ⑧**Have you ever tried** it before**?**

J3: ⑨Never, but I am ready to try! ⑩Do you know a good teacher?

K3: ⑪Sure! ⑫Our club members can teach you. ⑬We get together after school on Tuesdays, so please come.

ジョンと海斗はギターを弾くことについて話しています。

J1: ①海斗，ギターがうまいらしいね。

K1: ②うーん，どうかな，でも3年続けているよ。③すっかりはまってるんだ。④アコースティックギター部にも入っているんだよ。

J2: ⑤すごいね。⑥日本にいる間に何か新しいことを習いたいと思っているんだ。⑦ギターはずっと弾いてみたいと思っていたんだ。

K2: ⑧前に弾いてみたことはあるの？

J3: ⑨ないけど，やってみる準備はできているよ！⑩いい先生を知っている？

K3: ⑪もちろん！⑫僕の部の部員たちが教えてあげられるよ。⑬毎週火曜日の放課後に集まっているから，ぜひおいでよ。

語句と語法のガイド

be into ～	熟	～に夢中である，没頭している
acoustic guitar	名	アコースティックギター
be ready to *do*	熟	～する準備ができている
get together	熟	集まる

▶〈解説

① **Kaito, I heard you are a good guitarist.**

heard のあとに that が省略されている。主節の動詞は heard と過去形だが，従属節の動詞は現在形 are のままである。このように「現在の事実・習慣」を述べる場合には，時制の一致を行わない。

② **Well, I don't know, but I have been playing it for three years.**

〈have[has] been + *doing*〉で「（今まで）ずっと～し続けている」という現在完了進行形。現在までの動作の継続を表す。 **EB5**

⑥ **I want to learn something new while I'm in Japan.**

代名詞 -thing, -one, -body が形容詞（ここでは new）で修飾される場合，形容詞は後

ろに置かれる。while は「〜している間に」という意味の接続詞。

⑦ **I've always wanted to play the guitar.**

　I've は I have の短縮形。〈have[has] ＋過去分詞〉は現在完了形。ここでは「（今まで）ずっと〜である」という現在までの状態の継続を表す。 **EB4**

⑧ **Have you ever tried it before?**

　〈Have you ever ＋過去分詞 〜?〉で「あなたは今までに〜したことがありますか」という意味。経験を表す現在完了形の疑問文。 **EB3**　　tried は try の過去形。try の y を i に変えて -ed をつけた形。（⇒ cf. 教科書 p.149）

Listening Task

Circle T for True or F for False.　（正しければ T，間違っていれば F に○をつけなさい。）

（！ヒント）

1. 海斗が 3 年間続けているのは何か。（→②④）

2. ジョンは以前にギターを弾いたことがあるか。（→⑧⑨）

3. 誰がジョンにレッスンをするのか。（→⑫）

《 ══════ ＞＞＞＞＞＞＞＞**Function**（経験を尋ねる）◀◀◀◀◀◀◀◀ ══════ 》

1. "**Have you ever tried** durian?" "No.　I heard it smells bad but tastes good."

　「ドリアンを食べたことがありますか。」

　「いいえ。においは悪いけどおいしいらしいですね。」

2. "**How many times have you been** abroad?"

　"Twice.　I went to London and Paris with my family."

　「何回，海外へ行ったことがありますか。」

　「2 回です。家族でロンドンとパリに行きました。」

3. "**Do you have any experience in** volunteer activities**?**"

　"No, but I hope to do something in the near future."

　「ボランティア活動の経験はありますか。」

　「いいえ，でも近い将来何かやってみたいです。」

◀ 解説

1. 〈**Have you ever ＋過去分詞 〜?**〉で「**あなたは今までに〜したことがありますか**」という意味。経験を表す現在完了形の疑問文。

2. ・**How many times 〜?** は「**何回〜ですか**」と相手に回数を尋ねるときに用いる。

　・**have been（to）〜** は「**〜に行ったことがある**」という意味。ここでは abroad が副詞なので to は用いられない。

3. ・**Do you have any experience in 〜?** は「**あなたは〜の経験がありますか**」という意味で，相手の経験を尋ねる表現。

　・答えるときは，Yes. / No. だけではなく一言加えるとよい。ここでは，No, but I

hope to ～(いいえ，でも～したいです)と答えている。

語句と語法のガイド

| volunteer activity | 名 ボランティア活動 |
| in the near future | 熟 近い将来(に) |

< ═══ >>>>>>>> **Example Bank** <<<<<<<<< ═══ >

A　現在の完了・結果，経験，継続を表す

1. I **have** *just* **heard** the news.　私はちょうどその知らせを聞いたところだ。
2. I **have lost** my cell phone.　私は携帯電話をなくしてしまった(今もない)。
3. I **have met** Judy's brother *twice*.
　私はジュディーのお兄さんに2度会ったことがある。
4. She **has lived** in Paris *for three years*.　彼女はパリに3年間住んでいる。
5. He **has been watching** TV *since this morning*.
　彼は今朝からずっとテレビを見続けている。

解説

現在完了形

　現在完了形は〈have[has]＋過去分詞〉の形で，過去の出来事が現在と結びついていることを表す。現在までの「**動作・行為の完了・結果**」「**経験**」「**状態の継続**」を表す3つの用法に分けられる。

完了・結果

「(今)～したところだ」「～してしまった(今も～だ)」という**動作・行為の完了とその結果生じた現在の状況**を表す。

　1. 過去形を使った I **heard** the news. は「過去に聞いた」という事実を述べているだけで，現在とのつながりはない。現在完了形では「その知らせを聞いたところだ」という**動作・行為の完了**を表している。

過去形：I heard the news.　　　現在完了形：I have heard the news.

過去　　　　　　現在　　　　　　過去　　　　　　現在

　2.「携帯電話をなくした」という**動作・行為の完了**と，その**結果**として現在も携帯電話をなくした状態であることを表している。

〔● 「完了・結果」と一緒に使われる語句〕

| ・just(ちょうど) | ・already(すでに，もう) |
| ・yet(〔疑問文で〕もう，〔否定文で〕まだ) | |

⇨ The last train **has** *already* **left**. (最終列車はもう出てしまった。)
⇨ **Have** you **read** the book *yet*? (もうその本を読みましたか。)

⇨ Jim **has not called** her *yet.*（ジムはまだ彼女に電話していない。）

〔現在完了形の否定文・疑問文〕

　　否定文は〈**have[has]＋not＋過去分詞**〉の語順。**疑問文**は，〈**Have[Has]＋主語＋過去分詞 〜?**〉の語順になる。

　　　　　　　⇨ I **have**　　**finished** my homework.（私は宿題を終えたところだ。）

〔否定文〕 ➡ I **have** <u>not</u> **finished** my homework.（私は宿題を終えていない。）

〔疑問文〕 ➡ **Have** you **finished** your homework?（宿題を終えましたか。）

　　　　　　　Yes, I have. / No, I haven't.（はい。／いいえ，まだです。）

《注意》〈主語＋have[has]〉，〈have[has]＋not〉は短縮形になることが多い。

　　　　I have → **I've**　he has → **he's**　have not → **haven't**　has not → **hasn't**

〔経験〕

　　3.「（今までに）〜したことがある」という**現在までの経験**を表す。

過去形：I met Judy's brother.　　現在完了形：I have met Judy's brother *twice.*

〔●「経験」と一緒に使われる語句：回数や頻度を表す表現〕

・once（1 度，かつて）	・twice（2 度）	・three times（3 度）
・before（以前に）	・ever（〔疑問文で〕今までに）	・never（一度も〜ない）

⇨ Tom **has visited** Japan *four times.*（トムは 4 回，日本を訪れたことがある。）

⇨ I **have seen** that man *before.*（私は以前，その男性に会ったことがある。）

⇨ **Have** you *ever* **gone** on a diet?（今までにダイエットをしたことがありますか。）

⇨ I **have** *never* **been** abroad.（私は一度も海外に行ったことがない。）

《参考》**have gone to** は「行ってしまった（今ここにはいない）」という**完了・結果**を表すが，《米》では経験の意味も表す。**have been to** には「行ったことがある」という**経験**の意味と「行ってきたところだ」という**完了・結果**の意味がある。

⇨ She **has gone to** Korea.

（彼女は韓国に行ってしまった〔今はここにいない〕。）〔完了・結果〕

（彼女は韓国に行ったことがある。）〔経験〕《米》

⇨ She **has been to** Korea.（彼女は韓国に行ったことがある。）〔経験〕

⇨ She **has** *just* **been to** the post office.

（彼女はちょうど郵便局に行ってきたところだ。）〔完了・結果〕

〔状態の継続〕

　　4.「（今まで）ずっと〜である」という**現在までの状態の継続**を表す。この用法では live などの**状態動詞**が使われる。**現在までの動作の継続**を表す場合は，動作動詞を使って現在完了進行形にする。

過去形：I lived in Paris.　　現在完了形：I have lived in Paris.

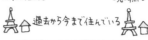

パリに住んだ	パリに住んだ	現時点も

過去に住んでいた（今の情報はなし）　　過去から今まで住んでいる

過去　　　　　　　現在　　　　過去　　　　　　　　　　現在

〔● 「継続」と一緒に使われる語句〕

・for(〜の間)　　・since(〜以来)　　・How long 〜?(どのくらいの間〜)

⇨ *How long* **has** she **been** in London?" "*For three weeks.*"

（「彼女はどのくらいロンドンにいますか。」「3週間です。」）

《注意》for は数字を伴った年・月・日・時間などの，ある出来事が継続している期間
を表す。since の後は過去の一時点を表す語句がくる。

動作の継続

現在までの状態の継続は，状態動詞を使って現在完了形で表すが，**現在までの動作の継続は動作動詞**を使って**現在完了進行形**〈**have[has] been + *doing***〉で表し，「(今まで)ずっと〜し続けている」という意味になる。

5. 例文は，現在していること(is watching)が今朝(this morning)から現在まで続いていることを表している。

テレビを見始めた　　　現時点も

今朝から今までずっと見ている

過去　　　　　　　現在

疑問文は，〈**Have[Has]＋主語＋ been + *doing* 〜?**〉の語順になる。

⇨ **Has** he **been watching** TV since this morning**?**

（彼は今朝からずっとテレビを見続けているのですか。）

B　現在完了形と共に使える語句(6.)・使えない語句(7.)

6. I **haven't seen** him **lately**.　私は最近彼に会っていない。

7. I **received** a letter from him six months **ago**.

　私は6か月前に彼から手紙をもらった。

◀解説

現在完了形と共に使える語句

　6. 現在完了形は過去とつながりのある現在のことを述べる表現なので，**現在が含まれる語句**と共に使うことができる。

〔●現在完了形と共に使える語句〕

・lately(最近)　　・recently(最近)　　　・ever(今までに)
・before(以前に)　・so far(今までのところ)　・up to now(今までずっと)
・for(〜の間)　　・since(〜以来)　　　・How long 〜?(どのくらいの間〜)
・just(ちょうど)　・now(たった今)

⇨ He **has left** *now*.（彼はたった今出発しました。）

現在完了形と共には使えない語句

7. 現在完了形は過去とつながりのある現在のことを述べる表現なので，現在と切り離された**過去の時点を表す語句**と共に使うことはできない。この例文の six months ago (6か月前に)は過去の時点を表す語句なので，現在完了形は使えない。

　I **received** a letter from him *six months ago.*
　　×*have received*

〔●現在完了形と共には使えない語句(過去形と共に使う語句)〕

・〜 ago(〜前)	・yesterday(昨日)	・last week(先週)
・in 2010(2010年に)	・in those days(当時)	・when I was a child(子どもの時)
・When 〜?(いつ〜したか)	・What time 〜?(何時に〜したか)	

⇨ When **did you finish** your homework? (いつ宿題を終えましたか。)
　　　　　　×*have you finished*
　《注意》since last 〜は現在完了形と共に使うことができる。
　　　⇨ I **have**n't **seen** him *since last Friday.* (先週の金曜日以来，彼に会っていない。)

‹ ══════ ››››››››› **Try it out** ‹‹‹‹‹‹‹‹‹ ══════ ›

1 　You are talking with your friend on Monday morning. Practice in pairs. Then, change the underlined words to make your own conversation. See **Function**.
　(あなたは月曜日の朝に友達と話しています。ペアになって練習しなさい。それから，下線部の語句を変えて，あなた自身の会話をしなさい。)

!ヒント
月曜日の朝であると想定して会話する。Function で提示されている「経験を尋ねる」表現を使うようにする。〈Have you ever ＋過去分詞 〜?〉「あなたは今までに〜したことがありますか」。How many times 〜?「何回〜ですか」。

(例)
A: How was your weekend?
　(あなたの週末はどうでしたか。)
B: I watched my favorite movie, *Cool Guy* last night.
　(私は昨夜私のお気に入りの映画『クール・ガイ』を見ました。)
A: **How many times have you** seen it?
　(あなたは何回それを見たことがありますか。)
B: About seven. It's really good. **Have you ever** seen it?
　(約7回です。それは本当によいです。あなたは今までにそれを見たことがありますか。)

会話例
A: How was your weekend?
B: I read my favorite book.
A: **How many times have you** read it?

B: <u>Three times.</u>　<u>It's really exciting.</u>　**Have you ever** read it**?**

2　You are talking with your classmate.　Learn more about things they have done.　Ask questions.　You can use the phrases in the box if necessary.　See **Example Bank**.

（あなたはクラスメートと話しています。彼らがこれまでしてきたことについてもっと知りなさい。質問をしなさい。必要ならば，ボックスの語句を使ってもかまいません。）

(!ヒント)

現在までの動作の継続は，現在完了進行形〈have[has] been ＋ *doing*〉で表すことができる。How long have you been *doing*? で「あなたはどのくらい（の期間）〜し続けていますか」という意味。〈for ＋ある出来事が継続している期間〉や〈since ＋過去の1時点を表す語句〉を使って答える。

（例）

A: What <u>languages</u> do you <u>study</u>?（あなたは何語を勉強していますか。）

B: <u>Japanese and English</u>.（日本語と英語です。）

A: How long **have** you **been studying** <u>English</u>?

　（あなたはどのくらいの間英語を勉強していますか。）

B: **I've been studying** it since elementary school.

　（私は小学校のときから勉強しています。）

(会話例)

A: What <u>sports</u> do you <u>play</u>?

B: <u>Tennis and badminton.</u>

A: How long **have** you **been playing** <u>tennis</u>?

B: **I've been playing** it since I was five years old.

3　In pairs, talk about things you have done.　Give reasons and details.　Ask follow-up questions.

（ペアになって，あなたがこれまでしてきたことについて話しなさい。理由や詳細を述べなさい。追加の質問を尋ねなさい。）

(!ヒント)

経験したことや完了したことについて会話する。与えられた質問に対して答え，さらに具体的な説明を加える。追加の質問をして会話を続ける。

1.「あなたは今までに海外に行ったことがありますか。」

　（例）「私は韓国に行ったことがあります。私は2年前ゴールデンウィークに家族とそこに行きました。」

2.「あなたは何回新幹線に乗ったことがありますか。」

　（例）「私は6回くらい乗ったことがあります。主に東京―大阪間です。」

3.「あなたはもう宿題を終わらせましたか。」

　（例）「私はちょうどそれを終わらせました。それは少し難しかったですが，私は今理解

していると思います。」

(会話例)

1. Have you ever **been** abroad?

　― No, never. I want to go abroad in the near future.

　(+1) Which country do you want to visit?

2. How many times **have** you **taken** the *Shinkansen*? ― I've taken it only once.

　(+1) Where did you go?

3. Have you **finished** your homework yet? ― Yes, I **have**. It was easy.

　(+1) How long did it take?

 **Use it**

Tell your classmates about a place you have visited. Answer in three sentences. Include how many times you have been there.

(あなたが行ったことがある場所についてクラスメートに伝えなさい。3つの文で答えなさい。何回そこに行ったことがあるかを含めなさい。)

(例)　説明　主題：　　I have been to Hokkaido twice with my family.

　　　　　　　　　　（私は家族と 2 回北海道に行ったことがあります。）

　　　　　　詳述：　　We went to Asahiyama Zoo both times because my little brother likes animals.（弟が動物が好きなので，私たちは 2 回とも旭山動物園に行きました。）

　　　　　　コメント：The penguins were very cute.

　　　　　　　　　　（ペンギンはとてもかわいかったです。）

(！ヒント)

・例文のように，その文の意味によって現在完了形と過去形を使い分けて用いる。

・「～に行ったことがある」のように，過去の出来事が現在と結びついているような場合は現在完了形で書く。「～に行った，～だった」のように，現在と切り離された過去の出来事を表す場合は過去形で書く。

〔盛り込む観点の例〕

・家族旅行や修学旅行で行ったことがある場所について

・友達と遊びに行ったことがある場所について　　など

(作文例)

主題：　　I have been to Kyoto in fall.

詳述：　　I visited temples, shrines, and so on.

コメント：I was impressed by Tofukuji Temple because it was very beautiful with yellow and red leaves.

Model Conversation

Misaki and John are talking about John's guitar lessons.

M1: ①Hi John. ②Kaito said he's teaching you how to play the guitar. ③How are the lessons going?

J1: ④Awesome. ⑤He's a great teacher and I'm learning a lot. ⑥I **hadn't learned** chords before, so it is a little challenging.

M2: ⑦Instruments are tricky. ⑧That sounds like me when I picked up a violin **for the first time**. ⑨What kind of practice are you doing?

J2: ⑩Chords and songs. ⑪Kaito has given me a schedule. ⑫So, in three months I **will have learned** over ten chords and should be able to play seven songs.

M3: ⑬Cool. ⑭I'd like to hear you play sometime.

美咲とジョンはジョンのギターレッスンについて話しています。

M1: ①こんにちは，ジョン。②海斗があなたにギターの弾き方を教えているって言っていたわ。③レッスンの調子はどう？

J1: ④最高だよ。⑤海斗はすごく良い先生で学ぶことが多いよ。⑥コードを押さえたことがなかったから，ちょっと大変だけど。

M2: ⑦楽器は大変よね。⑧私が初めてバイオリンを弾いた時と同じみたいね。⑨どんな練習をしているの？

J2: ⑩コードと歌だよ。⑪海斗が計画表をくれたんだ。⑫だから，3か月後にはきっと10種類のコードを学んで，7曲弾けるようになっているはずだよ。

M3: ⑬すてきね。⑭いつかあなたの演奏を聞きたいわ。

語句と語法のガイド

awesome [ɔ́:səm]	形	すばらしい
chord [kɔ́:rd]	名	コード（和音）
challenging [tʃǽlindʒiŋ]	形	困難だがやりがいのある
instrument [ínstrəmənt]	名	楽器（= musical instrument）
tricky [tríki]	形	扱いにくい，微妙な
pick up ~	動	～を手にとる
schedule [skédʒu:l]	名	計画(表)，予定(表)
cool [kú:l]	形	すばらしい

解説

② **Kaito said he's teaching you how to play the guitar.**

said の後ろに接続詞 that が省略された文。「現在の事実・習慣」を述べる場合には，時制の一致を行わない。he's teaching you how to play the guitar は SVOO の文型。how to ～は「～する方法」という意味。

③ **How are the lessons going?**

〈How + be 動詞＋主語＋ going?〉は「～の調子はどうですか，～はうまくいっていま

すか」という意味。

⑥ **I hadn't learned chords before, so it is a little challenging.**
　〈had ＋過去分詞〉は過去完了形。ここでは「経験」を表す。「ギターのレッスンを始めた」
　時点まで「コードを押さえたことがなかった」という意味。 **EB2**

⑧ **That sounds like me when I picked up a violin for the first time.**
　That sounds like me when I ～. で「それは私が～した時と同じようだ」という意味
　を表す。for the first time は「初めて」という意味。

⑪ **Kaito has given me a schedule.**
　完了・結果を表す現在完了形の文。SVOO の文型。

⑫ **So, in three months I will have learned over ten chords and should be able to play seven songs.**
　未来完了形〈will have ＋過去分詞〉は，未来のある時点(ここでは in three months「3
　か月後に」)での状態を表す。ここでは「完了・結果」を表す。 **EB6**　助動詞 should
　は「～のはずだ」と推量を表す。should be able to *do* で「～することができるはずだ」
　という意味。

⑭ **I'd like to hear you play sometime.**
　would like to *do* は「～したいと思う」という意味。hear は知覚動詞。〈hear ＋ O
　＋ *do*(原形不定詞)〉で「O が～するのを聞く」という意味。 **p.66 EB9**

┃ Listening Task ┃

Circle T for True or F for False. （正しければ T，間違っていれば F に○をつけなさい。）
（! ヒント）
1. ジョンはコードを学ぶことは難しいと思っているか。（→⑥）
2. 美咲は以前に何を弾いたことがあるか。（→⑧）
3. ジョンはいつ 7 曲の歌を弾けるようになるだろうか。（→⑫）

< ━━━ ≫≫≫≫ **Function(初めての経験を述べる)** ≪≪≪≪ ━━━ >

1. "You play the guitar very well."
　"Really? Thanks. Actually, I **had never played** it **until** I joined the music club."
　「ギター，とても上手だね。」
　「本当？ ありがとう。実は音楽部に入るまでギターを弾いたことがなかったんだ。」

2. "Wow! You look excited in this picture."
　"Yes, **it was my first experience** at a live concert."
　「おお！この写真のあなたはとても興奮している感じだね。」
　「そう，ライブは初めての経験だったの。」

3. "I tried *natto* **for the first time** yesterday." "Did you like it?"
　「昨日，初めて納豆に挑戦したよ。」「どうだった？」

◀️ 解説

1. ・〈I had never ＋過去分詞＋ until ～〉で「私は～まで一度も…したことがなかった」
   という意味。〈had ＋過去分詞〉は過去完了形で，ここでは「経験」を表す。
   ・actually「実は」は意外な事実や正直な気持ちなどを述べるときに使う。
2. **my first experience** は 「**私の初めての経験**」 という意味。
3. **for the first time** は「**初めて**」 という意味。

語句と語法のガイド

live [láiv]　　　　　　　　　形 生の，ライブの

‹ ═══════ ⟩⟩⟩⟩⟩⟩⟩⟩⟩ **Example Bank** ⟨⟨⟨⟨⟨⟨⟨⟨⟨ ═══════ ›

A　過去の完了・結果，経験，継続を表す

1. The party **had** already **started** *when we arrived.*
   私たちが到着した時，パーティーはすでに始まっていた。
2. I **had** never **seen** an opera *until I visited Italy.*
   私はイタリアを訪れるまで，オペラを見たことがありませんでした。
3. She **had lived** in Paris for three years *before she came to Japan.*
   彼女は日本に来る前に，パリに3年間住んでいた。
4. We **had been playing** soccer for an hour *when it started to rain.*
   雨が降り出した時には，私たちは1時間(ずっと)サッカーをしていた。

◀️ 解説

過去完了形

過去完了形は〈**had ＋過去分詞**〉の形で，過去のある時点とさらに前の過去の時点を結びつける表現である。過去完了形は普通，when we arrived「私たちが到着した時」などのような**過去のある時点を示す表現**と共に使われる。

過去完了形は，現在完了形の「現在」と「過去」の関係を，そのまま「過去」と「さらに過去」へスライドさせたイメージである。過去完了形でも現在完了形の場合と同様，already，never，for ～などを伴うことが多い。

完了・結果

1.「(過去のある時点までに)～して(しまって)いた」という意味を表す。**過去のある時点における動作・行為の完了とその結果生じた過去の状況**を表す。

さらに過去　　　過去　　　現在

経験

2.「(過去のある時点までに)～したことがあった」という過去のある時点までの経験を表す。

さらに過去　　　過去　　　現在

状態の継続

3.「(過去のある時点まで)**ずっと〜だった**」という**過去のある時点までの状態の継続**を表す。この用法では live などの**状態動詞**が使われる。過去のある時点までの動作の継続を表す場合は，動作動詞を使って**過去完了進行形**にする。

動作の継続

過去のある時点までの動作の継続は動作動詞を使って過去完了進行形〈**had been ＋ do**ing〉で表す。「(過去のある時点まで)**ずっと〜し続けていた**」という意味になる。

4. 例文は，「雨が降り始めた」という過去のある時点まで，「サッカーをしている」という動作が 1 時間継続されていたことを表している。

B　時間の前後関係を明示的に表す

5. I *heard* that Fred **had returned** to Canada.
　フレッドはカナダに帰ったと聞きました。

◀️ 解説

大過去

過去に起こった 2 つの出来事を述べるとき，時間的な前後関係を明確に表すため，「**先に起こった出来事**」を過去完了形にする。この用法を**大過去**という。

5.「〜と聞いた」時点よりも前に「フレッドがカナダに帰った」ので，「フレッドがカナダに帰った」を過去完了形(大過去)で表している。

《注意》過去に起こった出来事を順に述べる場合は過去形でよい。

　　　⇨ Fred **gave** me the watch but I **lost** it. (フレッドが私に時計をくれたが，なくした。)

C　未来の完了・結果，経験，継続を表す

6. The party **will have started** *by the time we arrive*.
　私たちが着くまでに，パーティーは始まっているだろう。

7. **I'll have seen** the movie three times *if I see it again*.
　その映画をもう一度見れば，私はそれを 3 回見たことになる。

8. They **will have been** married for 20 years *next year*.

彼らは来年で結婚して 20 年になる。

◀📢解説

[未来完了形]

　未来完了形は〈will have ＋過去分詞〉の形で，**未来のある時点での状態**を表す。そのため，未来完了形は**未来のある時点を示す表現**と共に使われることが多い。

[完了・結果]

　6.「**～して（しまって）いるだろう**」という意味で，**未来のある時点における動作・行為の完了とその結果生じる未来の状況**を表す。この例文は，「私たちが到着する時」という未来の時点では「パーティーはすでに始まっているだろう」（完了）という予測を表している。by the time we <u>arrive</u>［×*will arrive*］は時を表す副詞節なので，現在形が使われている。（→ cf. p.48）

[経験]

　7.「**～したことになるだろう**」という**未来のある時点までの経験**を表す。この例文では，if I <u>see</u>［×*will see*］it again は条件を表す副詞節なので，現在形が使われている。（→ cf. p.48）

[継続]

　8.「**ずっと～していることになるだろう**」という**未来のある時点までの状態の継続**を表す。この用法では**状態動詞**が使われる。例文では，「来年」という未来の時点において「結婚した状態が 20 年続いていることになるだろう」という予測を表している。

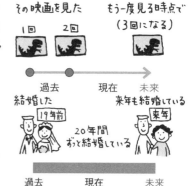

《参考》**動作動詞**を使った「未来のある時点までの<u>動作の継続</u>」は**未来完了進行形**〈will have been ＋ *doing*〉で表し，「ずっと～し続けていることになるだろう」という意味になる。ただし，このような未来完了進行形が実際に使われることは少なく，**未来完了形**で表すことが多い。

⇨ He **will have been working** for the company for 10 years next month.

＝ He **will have worked** for the company for 10 years next month.

　（彼は来月でその会社に勤めて 10 年になる。）

< ──── >>>>>>>>>> **Try it out** <<<<<<<<< ──── >

1   You are talking about school clubs with Bob. Respond to him to complete the conversation. You can use the sentences in the box. See **Function**.

（あなたは学校のクラブについてボブと話しています。彼に応答して，会話を完成させなさい。ボックスの文を使ってもかまいません。）

（！ヒント）

学校のクラブを話題にして会話する。Function で提示されている「初めての経験を述べる」表現やボックスの文を使うようにする。〈I had never ＋過去分詞＋ until ～〉は「私は～まで一度も…したことがなかった」。

Bob: Why did you choose the drama club?

　　　（あなたはなぜ演劇部を選んだのですか。）

You: 〔　(1)　〕〔　(2)　〕

Bob: I see. So, you had no experience in drama?

　　　（なるほど。では，あなたは演劇の経験がまったくなかったのですか。）

You: That's right. 〔　(3)　〕

　　　（そのとおりです。）

Bob: Great. It sounds like you are learning new things!

　　　（すごい。あなたは新しいことを学んでいるようですね！）

a. Actually, I had never acted until I joined the club.

　（実は，私はクラブに入るまで演じたことがありませんでした。）

b. It's not easy, but it's fun!

　（それは簡単ではないですが，楽しいです！）

c. Because I wanted to do something new.

　（新しいことをしたかったからです。）

（会話例）

Bob: Why did you choose the drama club?

You: 〔　(1)　〕〔　(2)　〕Because I wanted to act in public. I performed in the play in April for the first time. I was very nervous at first, but I enjoyed acting.

Bob: I see. So, you had no experience in drama?

You: That's right. 〔　(3)　〕Acting is hard, but it's interesting.

Bob: Great. It sounds like you are learning new things!

2   Make sentences by putting the following words in order. See **Example Bank**.

（次の語句を並べかえて，文を作りなさい。）

!ヒント

1. ・already「すでに」があるので，完了・結果を表す過去完了形。
   ・「父が私に焼き鳥を買ってきてくれましたが，父が家に帰ってきたとき，私はすでに夕飯を終えていました。」
2. ・until「～まで」があるので，継続を表す過去完了形。
   ・「彼が現れるまで，私たちは彼のことを心配していました。彼は電車が出る3分前にやっと到着しました。」
3. ・never「一度も～ない」があるので，経験を表す過去完了形。
   ・「彼に手紙を書くまでは，私は外国に手紙を送ったことがありませんでした。」
4. ・「山頂に着いたとき」は過去のある時点を，「4時間歩き続けていた」はその過去の時点までずっと同じ動作を続けていたことを表す。過去完了進行形。
   ・「ようやく山頂に着いたとき，私たちは4時間歩き続けていました。」
5. ・「知らなかった」は過去のある時点を表している。「彼女が家に帰った」は「知らなかった」時点よりもさらに以前のことなので，過去完了形を用いる。大過去。
   ・「私は彼女が家に帰ったことを知りませんでした。私はまだ彼女がそこにいると思っていました。」
6. ・「(未来のある時点までに)～したことになるだろう」という経験を表す未来完了形。
   ・「その本をもう一度読めば，私はそれを3回読んだことになります。」
7. ・過去完了進行形〈had been + *doing*〉は「(過去のある時点まで)ずっと～し続けていた」という意味を表す。
   ・「父が帰宅したときには，私はずっと映画を見ていました。」

練習問題 Make sentences by putting the following words in order. See **Example Bank**.

1. I got up late this morning. When I arrived at the station, (had / left / already / the train).
2. I (for / had / sick / been / in bed) a week when Lisa called me. She was very worried.
3. I (a panda / never / seen / had) until I went to Ueno Zoo.
4. Riku (to / for / listening / had / music / been) three hours when I went to see him.
5. I (to / heard / returned / had / Mary / that) Canada. I was surprised to know that.
6. I (five times / have / will / seen / the movie) if I see it again.
7. We (been / had / tennis / playing / for) an hour when it started to rain.

3 In pairs, ask and answer the questions. Ask follow-up questions.
   (ペアになって，質問を尋ね合いなさい。追加の質問を尋ねなさい。)

!ヒント

過去完了や未来完了を使って会話する。与えられた質問に対して答え，追加の質問をして

会話を続ける。

1.「あなたは小学校で英語を勉強する前にそれを勉強したことがありましたか。」
2.「あなたは高校を卒業するまでに何を成し遂げていますか。」

(会話例)

1. Had you studied English before you studied it in elementary school?
   — Yes, I had. I had English lessons near my house.
   (+1) How were they?
2. What will you have achieved by the time you finish high school?
   — I will have passed a university entrance exam.
   (+1) What do you do for that?

> > > > > > > > > > **Use it** < < < < < < < < <

Tell your classmates about your first experience of doing something. Answer in three sentences.

(あなたが何かをした初めての体験についてクラスメートに伝えなさい。3つの文で答えなさい。)

(例)　説明　主題：　I had never played the trumpet until I entered high school.
　　　　　　　　　　（私は高校に入学するまでトランペットを吹いたことがありません
　　　　　　　　　　でした。）
　　　　　詳述①：It is totally different from the recorder.
　　　　　　　　　（リコーダーとはまったく異なります。）
　　　　　詳述②：I need to send much more air to make sounds.
　　　　　　　　　（私は音を出すためにずっとたくさんの空気を送る必要があります。）

(！ヒント)

例文のように，過去完了形と until「～まで」を使って「～のときまで…したことがなかった」と表現すると書きやすい。

〔盛り込む観点の例〕
・初めて人前に出て何かをしたこと
・初めて挑戦したスポーツのこと　など

(作文例)

主題：　I had never traveled by myself until I was ten years old.
詳述①：When I was ten, I had to go to my grandmother's house by train alone.
詳述②：On the way, I was really uneasy, but I was so happy when I was able to
　　　　get there safely.

Expressing

STEP 1

問題文の訳

ジョンと陸は映画について話しています。会話を聞いて，正しい答えに印(☑)をつけなさい。

！ヒント

それぞれの人物が見たことのある映画，いつ映画を見るのかを聞き取る。

STEP 2

問題文の訳

パートナーと一緒に，下の質問に答えなさい。No.6 については，自分自身の質問を作り，パートナーに尋ねなさい。

！ヒント

1，2は楽器，3，4はスポーツ，5はアウトドアに関する経験についての質問に Yes か No で答える。6 はこれまでの経験について尋ねる文を作る。

例

Have you ever played the violin?(バイオリンを弾いたことがありますか。)
— Yes, I have.(はい，あります。)
Have you ever seen Korean movies?(韓国映画を見たことがありますか。)
— No, I haven't.(いいえ，ありません。)
Have you ever played cricket?(あなたはクリケットをしたことがありますか。)
— Yes, I have.(はい，あります。)

STEP 3

問題文の訳

自分自身の経験について書き，その話をパートナーにしなさい。

！ヒント

STEP 2 で「はい」と答えたことについてその経験を詳しく述べる。

作文例

　I have played cricket several times. Cricket is a sport which was originated in England. When I stayed with a host family in England, my host father taught me how to play it. I thought it was like baseball. At first, I couldn't play well, but soon I was able to hit the ball. I really enjoyed the sport in England.

⟨ ═══════ ⟩⟩⟩⟩⟩⟩⟩ Words & Phrases ⟨⟨⟨⟨⟨⟨⟨ ═══════ ⟩

次の表の＿＿に適切な英語を書きなさい。

アウトドア（Outdoor）	音楽（Music）	美術（Art）
□ ピクニックに行く 　 have[go on] a picnic □ ハイキングに行く 　 go hiking / go on a hike □ キャンプに行く　go camping □ 山登りに行く　go climbing □ 釣りに行く ①＿＿＿＿＿＿＿＿＿＿ □ 海水浴に行く 　 go swimming in the sea	□ 音楽を聴く　listen to music □ クラシック音楽 ②＿＿＿＿＿＿＿＿＿＿ □ ギター　guitar □ ドラム　drum □ バイオリン　violin □ トランペット　trumpet □ フルート　flute □ 楽器　(musical) instrument □ 練習する ③＿＿＿＿＿＿＿＿＿＿	□ 美術館　museum □ 展示会　exhibition □ （ペンで）描く　draw □ （絵具で）描く　paint □ 絵画 ④＿＿＿＿＿＿＿＿＿＿ □ 絵筆　paintbrush □ 水彩画　watercolor painting □ 油絵　oil painting □ 肖像画　portrait □ 風景画　landscape □ 彫刻　sculpture

映画（Movies）		テレビ（TV）
□ 映画　movie / film □ 映画を見に行く 　 go to (see) a movie / go to the movies □ 前売り券　advance ticket □ チケット売り場 ⑤＿＿＿＿＿＿＿＿＿＿ □ 上映時間　running time □ 主演俳優　leading actor □ 字幕 ⑥＿＿＿＿＿＿＿＿＿＿ □ 吹き替え映画　dubbed movie	□ アクション映画 　 action movie □ 冒険映画　adventure movie □ ファンタジー映画 　 fantasy movie □ SF映画 　 science fiction movie □ パニック映画 　 disaster movie □ 恋愛映画 ⑦＿＿＿＿＿＿＿＿＿＿ □ コメディー映画 　 comedy movie □ ミステリー映画 ⑧＿＿＿＿＿＿＿＿＿＿ □ サスペンス映画 　 suspense movie □ アニメ映画　animated movie	□ バラエティー番組 　 variety show □ 音楽番組　music show □ トーク番組　talk show □ クイズ番組 ⑨＿＿＿＿＿＿＿＿＿＿ □ スポーツ番組 　 sports program □ テレビドラマ　TV drama □ 再放送番組 ⑩＿＿＿＿＿＿＿＿＿＿ □ テレビ番組を録画する 　 record a TV program □ テレビをつける[消す] 　 turn on[off] the TV

解答
① go fishing　② classical music　③ practice　④ painting　⑤ box office
⑥ subtitle　⑦ romance movie　⑧ mystery movie　⑨ quiz show　⑩ rerun

Lesson 5 ◁ What do you want to do after high school?

Model Conversation

Mr. William is asking Misaki what she wants to do after high school.

W1: ①Misaki, **can I** ask you a question? ②What do you want to do after high school?

M1: ③I want to study abroad. ④I've found a study abroad program. ⑤Here is the brochure.

W2: ⑥It looks good. ⑦Look at this section on "how to apply." ⑧It says you **have to** write an essay about why you want to study abroad.

M2: ⑨That's right. ⑩So I **must** improve my writing skills. ⑪I'm going to write a practice essay this weekend. ⑫**Could you** check it for me?

W3: ⑬Of course. ⑭We **can** meet next week if you like.

M3: ⑮Thank you. ⑯That would be great.

ウィリアム先生が美咲に高校卒業後に何をしたいか尋ねています。

W1: ①美咲さん、質問してもいいですか。②卒業後は何がしたいですか。

M1: ③海外で勉強したいと思っています。④留学プログラムを見つけたんです。⑤パンフレットはこれです。

W2: ⑥良さそうですね。⑦「申込方法」のこの部分を見てください。⑧なぜ海外で勉強したいのかについてエッセイを書かなければいけないと書いてあります。

M2: ⑨そうなんです。⑩なので、ライティングスキルを向上させなければいけません。⑪今週末、練習用のエッセイを書こうと思っています。⑫校正していただけますか。

W3: ⑬もちろんです。⑭良ければ、来週時間を作ることができますよ。

M3: ⑮ありがとうございます。⑯とても助かります。

語句と語法のガイド

abroad [əbrɔ́:d]	副	海外に〔で〕，外国に〔で〕
brochure [brouʃúər]	名	パンフレット
section [sékʃən]	名	部分
apply [əplái]	動	申し込む，応募する ▶ application 名 申し込み
improve [imprú:v]	動	～を向上させる，改善する
skill [skíl]	名	技術，技能
check [tʃék]	動	～をチェックする，確認する

◀ 解説

① **Misaki, can I ask you a question?**

　Can I ～? で「～してもいいですか」と許可を求める表現。 **EB2** 　SVOO の文型。

⑧ **It says you have to write an essay about why you want to study abroad.**

It says (that) 〜. は「それ(＝パンフレット)には〜と書いてある」という意味。have to *do* は「〜しなければならない」という意味で，義務・必要を表す。　**EB6**　why you want to study abroad は間接疑問。

⑩ **So I must improve my writing skills.**

must は「〜しなければならない」という意味の助動詞で，義務・必要を表す。　**EB6**

⑫ **Could you check it for me?**

Can[Could] you 〜? で「〜してもらえ[いただけ]ませんか」と依頼する表現。Could you 〜? は Can you 〜? よりも丁寧な言い方。

⑭ **We can meet next week if you like.**

can は「〜することができる」という意味の助動詞で，能力・可能を表す。　**EB1**　if you like は「もしあなたがよければ」という意味。

⑯ **That would be great.**

That would be great. は「そうしてもらえるとありがたい」という仮定のニュアンスのある表現。

┃ Listening Task ┃

Circle T for True or F for False.　（正しければT，間違っていればFに○をつけなさい。）

（！ヒント）

1. 美咲はウィリアム先生の質問にはっきりと答えたか。（→②③）

2. 作文を書くのは誰か。（→⑪）

3. ウィリアム先生と美咲は来週会う予定があるか。（→⑭⑮⑯）

< ━━━ ＞＞＞＞＞ **Function（許可を求める・依頼する）** ＜＜＜＜＜ ━━━ ＞

1. "**Can[May] I** ask you a personal question?" "OK. / Sure."
「個人的な質問をしてもいいですか。」「いいですよ。/ もちろん。」

2. "**Can[Could] you** help me with my homework tonight?"
"Sorry, I already have plans."
「今晩，宿題を手伝ってくれませんか。」「ごめんなさい，すでに予定があります。」

3. "**Do you mind if** I take a picture?" "Not at all. Go ahead."
「写真を撮っても構いませんか。」「構いませんよ。どうぞ。」

◀ 解説

1. ・**Can[Could / May] I 〜?** で「〜してもいいですか」と許可を求める表現。I の後ろには動詞の原形を続ける。
　・許可の意味を表す場合は，Sure. / Certainly. / All right. / Yes, of course[you can]. / Why not? などを使う。
　・不許可の意味を表す場合は，I'm sorry[I'm afraid] you can't. / I'm afraid not. などを使う。Yes, you may. や No, you may not. はやや高圧的なイメージがある

ので，子どもや目下の人以外には使わないほうがよい。

2. ・**Can[Could] you ～?** で「**～してもらえ[いただけ]ませんか**」と依頼する表現。
　・承諾する場合は，Sure. / Certainly. / That's OK. / No problem. などを使う。
　・断る場合は，I'm sorry[I'm afraid] ～. などを使う。断る理由を添えるのがよい。

3. ・**Do you mind if ～?** で「**～しても構いませんか**」と許可を求める表現。元の意味は「あなたは～かどうか気にしますか」なので，許可する場合は，No, not at all.「全然構いません。」，Of course not. / Certainly not.「もちろん構いません。」など，否定で答えるのが原則。
　・不許可の意味を表す場合は，I'm sorry, but ～.「すみませんが，～。」など，理由を添えるのがよい。

語句と語法のガイド

personal [pə́ːrsənəl]	形 個人的な　▶名 person 人，personality 個性
help ～ with ...	熟 ～の…を手伝う
Go ahead.	熟 〈許可を与えて〉どうぞ。

≫≫≫≫≫ Example Bank ≪≪≪≪≪≪

A　can / could

1. She **can** play the piano.　彼女はピアノが弾ける。
2. You **can** use my cell phone.　私の携帯電話を使ってもいいですよ。
3. An accident **can**[**could**] happen at any time.　事故はいつでも起こり得る。

◀解説

助動詞

can「～することができる，～はあり得る」，**may**「～してもよい，～かもしれない」，**must**「～しなければならない，～に違いない」など，話し手の気持ちや判断を表すために動詞に添える語を**助動詞**と呼ぶ。助動詞は動詞の前に置かれる。

〔●基本的な助動詞と意味〕

助動詞	意味①	意味②
can / could	能力・可能(= be able to) / 許可 ～することができる / ～してよい	推量(可能性)　～はあり得る
may / might	許可　～してもよい	推量　～かもしれない
must	義務・必要(= have to) ～しなければならない	推量(確信)　～に違いない
should	義務・助言(= ought to) ～すべきだ，～したほうがよい	推量　～するはずだ
will / would	意志　～するつもりだ	推量　～だろう

〔●助動詞の基本的なルール〕

ルール①　助動詞の後には動詞の原形がくる。

　　　　　Tony **can swim**[×*swims*] fast.(トニーは速く泳げる。)

ルール②　主語の人称や数によって変化しない。

　　　　　Tony **can**[×*cans*] swim fast.

ルール③　否定文は助動詞の後に not を付ける。

　　　　　Tony **can't**[**cannot**] swim fast.(トニーは速く泳げない。)

ルール④　疑問文は主語の前に助動詞を置く。

　　　　　Can Tony swim fast?(トニーは速く泳げますか。)

ルール⑤　2 つの助動詞を並べることはできない。

　　　　　Tony ×will can swim fast.

能力・可能

　1. can は「**～することができる(能力がある)**」を表す。can の否定形は普通 **can't** か **cannot** を使う。過去形は **could**「～することができた」。

許可

　2. can は「**～してもよい**」という**許可**を表す。

　can't[**cannot**] ～は「**～してはいけない**」という**不許可・禁止**を表す。

⇨ You **can't**[**cannot**] use your cell phone here.(ここで携帯電話を使ってはいけません。)

　Can[**Could**] **I** ～? は「**～してもよいですか**〔よろしいですか〕」と許可を求める表現。

　Could I ～? は Can I ～? よりも丁寧な言い方になる。

⇨ **Can**[**Could**] **I** use your cell phone?(あなたの携帯電話を使ってもいいですか。)

依頼

　can[could]は相手に可能かどうか尋ねることで「**～してくれますか**〔いただけますか〕」という**依頼**を表す。Could you ～? は Can you ～? よりも丁寧な言い方になる。

⇨ "**Can**[**Could**] **you** open the door?" "All right."

　(「ドアを開けてくれますか〔いただけますか〕。」「わかりました。」)

推量(可能性)

　3. can / could は「**～はあり得る**」という**可能性**を表す。

　疑問文で「**～はあり得るだろうか**」という**強い疑い**を表す。could のほうが確信度は低い。

⇨ **Can**[**Could**] the rumor be true?(そのうわさは本当だろうか。)

　否定文で「**～のはずがない**」という**不可能性**を表す。couldn't のほうが確信度は低い。

⇨ It **can't**[**couldn't**] be true.(本当であるはずがない。)

　《注意》can't は must「～に違いない」の反対の意味で，強い打ち消しの推量を表す。

　　　　⇔ The rumor **must** be true.(そのうわさは本当に違いない。)

B　may / might

4. "**May** I ask you a question?" "Sure."

「質問してもよろしいですか。」「もちろんです。」

5. He **may**〔**might**〕 be at home.　彼は家にいるかもしれない。

◤解説

許可

肯定文は「**～してもよい**」という**許可**を，否定文は「**～してはいけない**」という**不許可・禁止**を表す。

4. 疑問文 **May I ～?** は「**～してもよろしいですか**」と**相手に許可を求める**表現になる。

〔● May I ～? ／ Can I ～? に対する返答例〕

いいですよ。		いいえ，だめです。
・Yes, of course.	・Yes, you can〔may〕.	・I'm sorry you can't.
・Sure.	・All right.	・I'm afraid you can't.
・Certainly.	・Go ahead.	・I'm afraid not.
・Why not?		・No, you can't.

《参考》can は may よりも口語的で日常的によく使われる。may は堅い表現で，目上の者が目下の者に許可を与えたり，目下の者が目上の者に許可を求めるときに使うことが多い。

推量

5. 肯定文は「**～かもしれない**」という**現在の推量**を表す。「**(ひょっとすると)～かもしれない**」という**確信度が低い推量**は might を用いる。

否定形 **may**〔**might**〕 **not** は「**～でないかもしれない**」という**否定の推量**を表す。

⇨ He **may**〔**might**〕 **not** be at home.（彼は家にいないかもしれない。）

C　must / have to *do*

6. You **must** get some sleep. / I **have to** go to the dentist today.
　あなたは少し寝ないといけません。/ 今日，私は歯医者に行かなければなりません。

7. You **must not** take pictures here.　ここで写真を撮ってはいけません。

8. You **don't have to** take off your shoes.　靴を脱ぐ必要はありません。

9. He **must** be tired.　彼は疲れているに違いない。

◤解説

義務・必要

6. must は「**～しなければならない**」という**義務・必要**を表す。「(話し手が主観的に)～しなければならない」と感じている場合に使われる表現。

have to *do*「**～しなければならない**」は「(状況として)～する必要がある」という意味で，客観的に見て，行う必要がある場合に用いられる。特に口語では must よりも好まれる。主語が3人称単数の場合は **has to *do***，疑問文は〈**Do**〔**Does**〕＋**主語**＋**have to *do* ～?**〉になる。

《注意》must は**話し手が主観的に感じている**義務・必要を，have to は**状況から客観**

的に判断した義務・必要を表す。

【禁止】

　7. **must not** は「**〜してはいけない**」という**強い禁止**を表す。短縮形は mustn't[mʌ́snt]。

【不必要】

　8. have to *do* の否定文 **don't have to *do*** は「**〜する必要はない, 〜しなくてもよい**」という**不必要**を表す。

《注意》must「〜しなければならない」の反意表現は don't have to *do*「〜する必要はない」。must not「〜してはいけない」ではない。

【推量（確信）】

　9.「**〜に違いない**」という**確信**を表す must。「（周りの状況から判断すると）間違いなく〜だ」という断定的な推量を表す。

《注意》must「〜に違いない」の反意表現は can't[cannot]「〜のはずがない」。must not「〜してはいけない」ではない。

〔●反意表現のまとめ〕

肯定形		否定形
「**〜してもよい**」 You **may** take pictures. You **can** take pictures.	⇔	「**〜してはいけない**」 You **may not** take pictures.〔不許可〕 You **can't**[**cannot**] take pictures.〔不許可〕 You **must not** take pictures.〔禁止〕
「**〜しなければならない**」 You **must** wait here. You **have to** wait here.	⇔	「**〜する必要がない**」 You **don't have to** wait here. You **need not** wait here.
「**〜に違いない**」 They **must** be tired.	⇔	「**〜であるはずがない**」 They **can't**[**cannot**] be tired.

《 ＝＝＝ ＞＞＞＞＞＞＞＞＞ **Try it out** ＜＜＜＜＜＜＜＜＜ ＝＝＝ 》

☐1　You are at your friend's house.　Practice in pairs.　Then, make your own requests. You can use the sentences in the box.　See **Function**.

（あなたは友達の家にいます。ペアになって練習しなさい。それから，あなた自身の依頼をしなさい。ボックスの文を使ってもかまいません。）

（！ヒント）

Function で提示されている「許可を求める・依頼する」表現への答え方や，ボックスの文を使うようにする。Do[Would] you mind if I 〜?「（私が）〜してもかまいませんか」。Can[Could ／ May] I 〜?「〜してもいいですか」。

1. Do you mind if I open the window?　（窓を開けてもかまいませんか。）

2. Oh, it's raining.　May I borrow your umbrella?

（ああ，雨が降っています。あなたの傘をお借りしてもよろしいですか。）

3. My phone is out of battery. Can I use yours?

(私の電話はバッテリーが切れています。あなたのを借りてもいいですか。)

a. Not at all. I also think it's hot here. （構いませんよ。私もここは暑いと思います。）

b. Sorry. I'm using it now. （すみません。私は今使っています。）

c. OK. Can you bring it back tomorrow? （いいですよ。明日返してくれますか。）

(会話例)

1. Do you mind if I open the window? ─ I'm sorry, but it's very windy.

2. Oh, it's raining. May I borrow your umbrella?

　　─ Certainly. You can return it anytime.

3. My phone is out of battery. Can I use yours? ─ Sure. Here it is.

2　 What qualities do you think a good class leader needs? Discuss your opinion with your partner. Then, change the underlined words to make your own conversation. Give reasons and examples. You can use the phrases in the box if necessary. See **Example Bank**.

(よいクラスのリーダーにはどのような資質が必要だとあなたは思いますか。パートナーとあなたの意見を議論しなさい。それから，下線部の単語を変えて，あなた自身の会話をしなさい。理由や例を述べなさい。必要ならば，ボックスの語句を使ってもかまいません。)

(！ヒント)

クラスリーダーの資質について，「～しなければならない」という意味の must や have to *do* を使って述べるとよい。

(例)

A: I think a class leader has to be kind to everyone.

(私はクラスリーダーはみんなにやさしくなければいけないと思います。)

B: I think so too. They must be responsible because it's important for good leaders.

(私もそう思います。よいリーダーにとって重要なので，彼らは責任感がなければいけません。)

A: That's right. But they don't have to take full responsibility.

(そのとおり。しかし彼らは全責任を負う必要はありません。)

(会話例)

A: I think a class leader has to have good communication skills.

B: I think so too. They must be hardworking because it's an important quality of good leaders.

A: That's right. But they don't have to do everything by themselves.

3　 In pairs, ask and answer the following questions about yourself. Give reasons or examples. Ask follow-up questions.

（ペアになって，自分自身についての次の質問を尋ね合いなさい。理由や例を述べなさい。追加の質問を尋ねなさい。）

(!ヒント)

演奏できる楽器や週末の予定について会話する。与えられた質問に対して答え，さらに具体的な説明を加える。追加の質問をして会話を続ける。

1.「あなたは楽器を演奏することができますか。」

（例）「はい，ハーモニカを吹くことができます。演芸会でそれを吹きました。」

2.「あなたは週末に予定がありますか。」

（例）「はい，家族と買い物に行かなければなりませんし，友達に会うかもしれません。」

(会話例)

1. Can you play any musical instruments? — Yes, I can play the guitar.

 (+1) How long have you been playing it?

2. Do you have any plans for the weekend?

 — Yes, I'm going to play basketball with my friends.

 (+1) What are you going to do after that?

 **Use it**

An exchange student is going to stay with you for a month. You should tell him what your home rules are. Write three sentences.

（交換留学生が1か月間あなたの家に滞在する予定です。あなたは彼に家のルールはどのようなものか伝えるべきです。3つの文を書きなさい。）

（例）　列挙　項目①：We have to come home by 8 o'clock.

　　　　　　　　　（私たちは8時までに帰宅しなければならない。）

　　　　　　項目②：We cannot use smartphones after 9 p.m.

　　　　　　　　　（私たちは午後9時以降スマートフォンを使うことはできない。）

　　　　　　項目③：We must go to bed before midnight.

　　　　　　　　　（私たちは深夜12時前に寝なければならない。）

(!ヒント)

・主語は we を使って一般的な言い方にする。

・ルールなので，have to *do*「〜しなければならない」（客観的状況による義務），must not「〜してはいけない」（禁止），cannot「〜することはできない」（不可能）などを使う。

〔盛り込む観点の例〕

・帰宅後しなければならないこと，食事中してはいけないこと　など

(作文例)

項目①：We have to get up before 7 o'clock.

項目②：We must take a bath just after we come back home.

項目③：We cannot watch TV while we eat dinner.

Model Conversation

Misaki and John are discussing what they want to do after high school.

M1: ①John, what do you want to do after high school?

J1: ②I want to go to university, but I don't know what I **should** study.

M2: ③What are you interested in?

J2: ④I'm really into video games. ⑤I'm busy with my studies now, but I **used to** play games all the time when I was in junior high school.

M3: ⑥Then, you might want to study game design at university.

J3: ⑦That sounds interesting. ⑧Maybe I **will** look into universities with game developer programs.

美咲とジョンは高校卒業後に何をしたいかについて議論しています。

M1:①ジョン, 高校卒業後は何をしたい?

J1: ②僕は大学に行きたいんだけど, 何を勉強するべきかわからないんだ。

M2:③何に興味があるの?

J2:④テレビゲームに夢中なんだ。⑤今は勉強で忙しいけれど, 中学の時はずっとゲームをしていたんだ。

M3:⑥それなら, 大学でゲームデザインを学んだらどうかな。

J3: ⑦おもしろそうだね。⑧ゲーム開発者向けのコースがある大学を調べてみようかな。

語句と語法のガイド

discuss [diskʌ́s]　動 ～を議論する　▶ discussion 名 議論

look into ～　熟 ～を調べる

developer [divéləpər]　名 開発者　▶ develop 動 ～を開発する

◀解説

② **I want to go to university, but I don't know what I should study.**
 should は「～すべきだ, ～したほうがよい」という意味の助動詞で, 義務・助言を表す。
 EB1　　what I should study は間接疑問。

⑤ **I'm busy with my studies now, but I used to play games all the time when I was in junior high school.**
 used to *do* は「(以前は)～したものだ」という過去の習慣を表す。「過去には～だったが今はしていない」という意味が含まれる。used to は[júːstə]と発音される。**EB8**

⑥ **Then, you might want to study game design at university.**
 助動詞 might は「(ひょっとすると)～かもしれない」という意味で, may よりも確信度が低い推量を表す。

⑧ **Maybe I will look into universities with game developer programs.**
 助動詞 will は「～するつもりだ」という現在の意志を表す。**EB4**

┃ Listening Task ┃

Circle T for True or F for False. （正しければT，間違っていればFに○をつけなさい。）

（！ヒント）

1. ジョンは高校卒業後に何をしたいのか。（→①②）
2. ジョンは現在よくテレビゲームをするか。（→④⑤）
3. 美咲はジョンが何をしたらよいと思っているか。（→⑥）

< ═══ >>>>>>> **Function（義務・必要を表す）** <<<<<<< ═══ >

1. "This book is overdue.　You **had better** return it today."　"OK, I will."
　「この本は返却期間を過ぎています。今日返したほうがいいですよ。」
　「はい，そうします。」
2. "We **should** take a taxi.　It's raining."　"Good idea."
　「タクシーに乗ったほうがいいですね。雨です。」「良い考えです。」
3. "I think students **need to** use smartphones."　"I'm not sure about that."
　「学生はスマートフォンを使う必要があると思います。」「それはどうでしょうか。」

解説

1. had better は「〜しなさい，〜するのがよい」という意味の助動詞で，**命令・忠告**を表す。You を主語にすると命令口調になるため，子どもや親しい人以外には使わないほうがよい。
2. should は「〜すべきだ，〜したほうがよい」という意味の助動詞で，**義務・助言**を表す。should は「〜すべき」という日本語が表すほど強い意味はなく，「〜したほうがよいと思う」くらいの意味を表す。
3.・**need to** *do* は「〜する必要がある」という意味で，have to *do* とほぼ同じ意味。
　・I'm not sure about that.（それはどうでしょうか。）は賛成ではないことを遠回しに伝える表現。

┃ 語句と語法のガイド ┃

overdue [òuvərdúː]　　　形 期限の過ぎた
smartphone [smáːrtfòun]　　名 スマートフォン

< ═══ >>>>>>>> **Example Bank** <<<<<<<< ═══ >

A　should / ought to *do*, had better *do*

1. You **should**［**ought to**］be more careful.　君はもっと気を付けるべきだ。
2. They **should**［**ought to**］arrive here soon.　彼らはもうすぐここに着くはずだ。
3. You **had better** see a doctor.　医者に診てもらいなさい。
　cf. You **had better not** go to school today.　あなたは今日学校に行ってはいけません。

解説

（義務・助言）

1. should は「～すべきだ，～したほうがよい」という**義務・助言**を表す。should は「～すべき」という日本語が表すほど強い意味はなく，must のような強制的な意味合いもない。「～したほうがよいと思う」くらいの意味を表す。

should の否定文は **should not[shouldn't]** で「～すべきではない，～しないほうがよい」の意味になる。

ought to の意味は should とほとんど変わらないが，やや堅い表現で，should を使うことのほうが多い。ought to は[ɔ́ːtə]と発音される。

《注意》ought to *do* の否定形は，**ought not to *do***。not の位置に注意。

⇨You **ought <u>not</u> to** park your bike here.(ここに自転車を止めないほうがよい。)

推量

2.「～するはずだ，～のはずだ」という**推量**を表す should[ought to]。話し手が「そうあるべきだ〔そうあってほしい〕」と期待することについての推量。must や will よりも確信度は低い。

命令・忠告

3. had better は「～しなさい，～するのがよい」という**命令・忠告**を表す。短縮形で使われることも多い。＝ You**'d better** see a doctor.

《注意》you を主語にすると命令口調になるため，子どもや親しい人以外には使わないほうがよい。

《参考》否定形は **had better not *do*** で，「～してはいけない，～するのはよくない」という意味を表す。not が had better の後にくることに注意。

You **had better <u>not</u> go** to school today.

×*had not better*

強制の度合い

You ☐ see a doctor. （医者に診てもら☐。）

must	～しなければならない
have to	
had better	～しなさい
should	～するほうがいい

強→弱　強制

B　will / would

4. I**'ll** do my homework after dinner.　私は夕食後に宿題をするつもりです。

5. My little sister **won't** eat vegetables.　私の妹はどうしても野菜を食べようとしない。

6. The door **wouldn't** open.　そのドアはどうしても開かなかった。

7. We **would** *often* go to the movies.　私たちはよく映画を見に行ったものだ。

◀ **解説**

未来の予測

「(未来において)**〜だろう**」という**未来の予測**を表し，**単純未来**と呼ばれる(cf. p.46)。話し手の意志にかかわらず，これから「自然の成りゆき」で起こりそうな事柄を表す。未来を表す副詞(句)を伴うことが多い。

⇨ It **will** rain this afternoon.(今日の午後は雨が降るだろう。)

現在の意志

4.「**〜するつもりだ**」という**現在の意志**を表し，**意志未来**と呼ばれる。

拒絶

5, 6. 否定形 **will not**, **won't** は「どうしても〜しようとしない」という**現在における拒絶**を，過去形の **would not[wouldn't]**は「どうしても〜しようとしなかった」という**過去における拒絶**を表す。人だけでなく物や事柄も主語になる。

現在における推量

will は「(今)**〜だろう**」という**現在における推量**を表す。確信度は高く，ほぼ確実だと思えるときに使う。would は will よりも確信度が低い。

⇨ They **will** be on the island by now.(彼らは今ごろその島に着いているだろう。)

⇨ She **would** be in bed by now.(彼女はおそらく今ごろ寝ているだろう。)

過去の習慣

7.「**(よく)〜したものだ**」という**過去の習慣**を表す。often などの頻度を表す副詞や，when I was a child(子どものとき)などのような過去を表す語句を伴うことが多い。would の後には動作動詞が続く。

《注意》used to *do* も過去の習慣を表す。

C used to *do*

8. I **used to** walk to school with my friends.
   私は(以前は)友だちと歩いて登校したものだ。

9. There **used to** be a theater in the town.
   以前は町に劇場があった。

◀ **解説**

過去の習慣

8.「**(以前は)〜したものだ**」という**過去の習慣**を表す。「過去には〜だったが今はしていない」という意味が含まれる。後に**動作動詞**が続く。used to は[júːstə]と発音される。

過去の状態

9.「**(以前は)〜だった**」という**過去の状態**を表す。「過去には〜だったが今はそうではない」という意味が含まれる。後に**状態動詞**が続く。

《注意》過去の習慣を表す would との違いは次のとおり。

① would は状態動詞を使って過去の状態を表すことができない。**状態を表す場合**は

used to *do* を使う。

⇨ I **used to** live in Tokyo. ×*I would live in Tokyo.*

（私は以前，東京に住んでいました。）

② 動作動詞の場合は used to *do* も would も使えるが，used to *do* は「**かつてはよく〜したが今はそうではない**」という**現在との対比**を含む表現なのに対し，would は過去のことを**回想的に述べる**表現。

⇨ I **used to** visit my grandmother every week.

（毎週，祖母を訪れたものだった〔が，今はしない〕。）

⇨ I **would** often go to London by bus when I was in the U.K.

（イギリスにいた時にはバスでよくロンドンに行ったものだった。）

	used to *do*	would
過去の状態（状態動詞）	○	×
過去の習慣（動作動詞）	○	○
ニュアンス	現在との対比	回想的

⟨ ══════ ⟩⟩⟩⟩⟩⟩⟩⟩⟩ **Try it out** ⟨⟨⟨⟨⟨⟨⟨⟨⟨ ══════ ⟩

1 If your friend said the following, how would you respond? Share your answers with your partner. You can use the sentences in the box. See **Function**.

（もし友達が次のことを言ったら，あなたはどのように応答しますか。答えをパートナーと共有しなさい。ボックスの文を使ってもかまいません。）

（！ヒント）

Function で提示されている「義務・必要を表す」表現に注意する。had better not *do*「〜してはいけない」。should「〜すべきだ」。need to *do*「〜する必要がある」。

1. You had better not go out today. （あなたは今日外出してはいけません。）

2. Where should I park my bike? （私はどこに自転車をとめるべきですか。）

3. I think he needs to apologize to her. （私は彼は彼女に謝る必要があると思います。）

a. In front of the building, please. （建物の前にお願いします。）

b. He should. He was very rude to her.

（彼はすべきです。彼は彼女にとても失礼でした。）

c. Why not? It's a beautiful day.

（なぜしてはいけないのですか。いい天気の日です。）

（会話例）

1. You had better not go out today. ― I see. I won't.

2. Where should I park my bike? ― You should park yours next to mine.

3. I think he needs to apologize to her. ― I agree. He should do it as soon as possible.

2 What words fit best? You can use the words in the box. See **Example Bank**.

（どの語句が最も適切に当てはまりますか。ボックスの語句を使ってもかまいません。）

!ヒント

1. ・「～するのがよい」「～しなくてはいけない」を表す。
   ・「ああ，もうこんな時間！私は行かなければいけません。」
2. ・「どうしても～しようとしない」を表す。
   ・「私はしばらくの間やっているのですが,一番下の引き出しがどうしても開きません。」
3. ・「～するつもりだ」と主語の意志を表す。
   ・「あなたは何が食べたいですか。」「私はチーズバーガーを食べます。」
4. ・ when my mother was out「母が外出していたとき」があることに注目。
   ・ often を伴って，「～したものだ」と過去の習慣的動作を表す。
   ・「母が外出しているときに，父と私はよくレストランに行ったものだ。」
5. ・「どうしても～しようとしなかった」を使う。
   ・「私は彼に来てくれるように何度も頼んだのですが，どうしても来ようとしませんでした。」
6. ・「～するはずだ」を表す。
   ・「今 10 時です。電車はもうすぐ来るはずです。」
7. ・「(以前は)～だった」を表す。
   ・「私のおじは以前パイロットでしたが，今はそうではありません。」

練習問題 What words fit best? You can use the words in the box. See **Example Bank**.

1. We cannot do anything for him. We _____ call the police.
2. I've been trying again and again, but the door _____ close.
3. "I _____ go shopping tomorrow. Do you want to come?" "Sure."
4. I _____ often play the piano when I was a child.
5. His mother wanted to clean his room, but he _____ get out of it.
6. Ann's house is not so far from here. She _____ arrive here soon.
7. I _____ visit my grandparents every week, but now I don't.

> should / had better / will / won't / would / wouldn't / used to

3   In pairs, ask and answer the following questions. Ask follow-up questions to continue the conversation.

（ペアになって，次の質問を尋ね合いなさい。追加の質問を尋ねて，会話を続けなさい。）

!ヒント

さまざまな助動詞を使って会話する。与えられた質問に対して答え，追加の質問をして会話を続ける。

1. 「友だちが困っているように見えたら，あなたは何をするべきですか。」
2. 「あなたは今日の放課後に何をする予定ですか。」
3. 「私は数学が嫌いでしたが，今はそれが好きです。あなたはどうですか。」

(会話例)

1. What should you do if your friend seems troubled?
　　－ I should listen to him / her and try to help him/her.
　　(+1) What should you say to him/her first?
2. What will you do after school today?
　　－ I will go shopping.
　　(+1) What will you do after that?
3. I used to hate math, but I like it now. How about you?
　　－ I used to hate it, too. But I hate science now.
　　(+1) Why did you hate it?

⟩⟩⟩⟩⟩⟩⟩⟩ **Use it** ⟨⟨⟨⟨⟨⟨⟨⟨

You are talking with your friend about your childhood. Tell him/her what you would often do when you were an elementary school student.
(あなたは友達とあなたの子ども時代について話しています。友達にあなたが小学生だったときによくしていたことを伝えなさい。)

(例)　説明　主題：　I would often play catch with my father when I was in elementary school.
　　　　　　　　　　(小学生のとき，私はよく父とキャッチボールをしたものでした。)
　　　　　詳述：　We played it in a park near our house.
　　　　　　　　　　(私たちは家の近くの公園でそれをしました。)
　　　コメント：I enjoyed it very much.
　　　　　　　　　　(私はそれをとても楽しみました。)

(！ヒント)

・would や used to *do* を使う。would は「昔は～したものだった」という意味で，used to *do* は「(以前は)～したものだが，今はしていない」という意味。
・過去のエピソードなどを書く場合には，過去形で表せばよい。
〔盛り込む観点の例〕
・クラブ活動など，放課後いつもしたこと
・夏休みなどの休暇中によくしたこと　など

(作文例)

主題：　When I was in elementary school, I would often play the violin.
詳述：　I used to practice for the summer concert during the summer vacation.
コメント：It was very hard, but I had a really good time.

Model Conversation

Misaki and Mr. William are discussing her essay.

M1: ①Thank you for your help with my essay, Mr. William. ②Here it is. ③**I'd like to** make it longer.

W1: ④It looks good. ⑤You **must have worked** hard on it. ⑥Let's add something to it. ⑦Didn't you win that speech contest this summer?

M2: ⑧Actually, I came second. ⑨I **should have practiced** more.

W2: ⑩I think you did your best. ⑪Why don't you write about that in your essay?

M3: ⑫OK. ⑬I'll do that. ⑭This "what I want to study" part was very difficult.

W3: ⑮I see. ⑯I'll make some comments on that part later, but overall, I think you've done a great job.

美咲とウィリアム先生は美咲の作文について議論しています。

M1: ①手伝っていただいてありがとうございます，ウィリアム先生。②これが作文です。③もっと長くしたいんです。

W1: ④良さそうですよ。⑤頑張りましたね。⑥何か追加してみましょうか。⑦今年の夏，あのスピーチコンテストで優勝していませんでしたか。

M2: ⑧実は，準優勝だったんです。⑨もっと練習すべきでした。

W2: ⑩全力を尽くしたと思いますよ。⑪そのことを作文に書いてはどうですか。

M3: ⑫はい。⑬そうしてみます。⑭この「何を勉強したいか」の部分がとても難しかったです。

W3: ⑮わかりました。⑯あとでその部分にいくつかコメントを書いておきますが，全体的にとても良くできていると思いますよ。

語句と語法のガイド

work on ～	熟	～に取り組む
add ～ to ...	熟	～を…に加える
come second	熟	2位になる
do one's best	熟	全力を尽くす
make a comment on ～	熟	～にコメントする
overall [òuvərɔ́:l]	副	全体的に

解説

① **Thank you for your help with my essay, Mr. William.**

　Thank you for your help with ～. で「～を手伝ってくれてありがとう」という意味。

② **Here it is.**

　Here it is. は「はい，ここにあります。」「さあどうぞ。」という意味で，品物や代金などを差し出す時の表現。

③ **I'd like to make it longer.**

　I'd は I would の短縮形。would like to *do* は want to *do*(～したい)よりも控えめで

丁寧な言い方。 **EB8**　make it longer は「それ(=作文)をより長くする」という意味で，SVOC の文型。

⑤ **You must have worked hard on it.**

〈must have ＋過去分詞〉は「〜したに違いない，〜だったに違いない」という意味で，過去のことについての現在の確信を表す。 **EB1**

⑨ **I should have practiced more.**

〈should have ＋過去分詞〉は「〜すべきだったのに(しなかった)」という意味を表す。主語が I と we のときには後悔を表すことが多い。 **EB5**

⑬ **I'll do that.**

I'll do that. は「そうするつもりです」という意味で，現在の意志を表す。that は，「作文でスピーチコンテストのために全力を尽くしたことを書くこと」を指す。

Listening Task

Circle T for True or F for False. （正しければ T，間違っていれば F に○をつけなさい。）

（!ヒント）

「主語」「動詞」「目的語」の部分に特に注意して聞き取ろう。

1. ウィリアム先生は美咲がもっと懸命に作文に取り組まないといけないと思っているか。（→④⑤）

2. 美咲は昨年，スピーチコンテストで優勝したか。（→⑦⑧）

3. ウィリアム先生は美咲の作文についてどう思ったか。（→④⑤⑯）

‹ ═══════ ››››››› **Function**（回想する・自省する） ‹‹‹‹‹‹ ═══════ ›

1. "Saki's birthday party was a lot of fun." "You **must have had** a good time there."
「サキの誕生日会はとても楽しかったよ。」「そこで楽しい時間を過ごしたに違いないね。」

2. "I **shouldn't have stayed** up all night." "That's why you look so sleepy today."
「一晩中，起きているべきではなかったよ。」「だから今日とても眠たそうなのね。」

3. "How was your volunteer work?" "**When I look back**, it was a good experience."
「ボランティア活動はどうだった？」「振り返ってみたら，良い経験だったよ。」

解説

1. 〈**must have ＋過去分詞**〉は「**〜したに違いない，〜だったに違いない**」という意味で，過去のことについての現在の確信を表す。

2. ・〈**should not have ＋過去分詞**〉は「**〜すべきではなかったのに(した)**」の意味になる。
自分のことについては「後悔」を，相手や第三者のことについては「非難」を表す。
・That's why 〜は「そういうわけで〜」という意味。（⇒ cf. p.187 関係副詞）

3. **When I look back, 〜**は「**振り返ってみたら，〜**」という意味。

語句と語法のガイド

have a good time　　　　　　熟 楽しい時間を過ごす

| stay up | 熟 （寝ないで）起きている |
| look back | 熟 振り返る |

《 ═══════ ＞＞＞＞＞＞＞ **Example Bank** ＜＜＜＜＜＜＜＜ ═══════ 》

A　助動詞＋ have ＋過去分詞

1. He **must have had** a good rest.
　彼は十分休息したに違いない。
2. I **may**〔**might**〕**have left** the key at home.
　私は家に鍵を置き忘れたのかもしれない。
3. She **can't**〔**couldn't**〕**have made** such a mistake.
　彼女がそんな間違いをしたはずがない。
4. He **should**〔**ought to**〕**have arrived** home by now.
　彼は今ごろもう家に着いているはずだ。
5. I **should**〔**ought to**〕**have taken** his advice.
　私は彼の忠告を聞くべきだったのに（聞かなかった）。
6. We **needn't have hurried**.　私たちは急ぐ必要はなかったのに（急いだ）。

◀ **解説**

〈must have ＋過去分詞〉
　1.「～したに違いない，～だったに違いない」という意味で，過去のことについての現在の確信を表す。

〈may〔might〕have ＋過去分詞〉
　2.「～したかもしれない，～だったかもしれない」という意味で，過去のことについての現在の推量を表す。might のほうが確信度は低い。
　「～しなかったかもしれない，～でなかったかもしれない」は助動詞 may〔might〕の後に not を置いて〈**may**〔**might**〕**not have** ＋**過去分詞**〉となる。
⇨ He **might not have known** about it.
　（ひょっとすると彼はそのことを知らなかったのかもしれない。）

〈can't〔couldn't〕have ＋過去分詞〉
　3.「～したはずがない，～だったはずがない」という過去のことについての現在の推量を表す。couldn't のほうが確信度は低い。

〈should〔ought to〕have ＋過去分詞〉
　4.「～したはずだ，～だったはずだ」という過去のことについての現在の推量を表す。
　5.「～すべきだったのに（しなかった）」という意味を表す。主語が I と we のときには**後悔**を，それ以外のときは**非難**の気持ちを表すことが多い。
　否定文は「～すべきではなかったのに（した）」の意味になる。
⇨ They **should not have bought** that house.

= They **ought not to have bought** that house.〔not の位置に注意〕

（彼らはあの家を買うべきではなかったのに（買った）。）

〈needn't have ＋過去分詞〉

6.「～する必要はなかったのに（した）」という意味を表す。

B would を含む慣用表現

7. I **would like** two tickets.

チケットを 2 枚欲しいのですが。

8. I **would like to** make a reservation.

予約をしたいのですが。

9. I **would rather** *stay home* **than** *go out*.

私は外出するよりもむしろ家にいたい。

📢 解説

would like ～

7. would like ～は want「～が欲しい」よりも控えめで丁寧な言い方。あまり親しくない人や目上の人には would like ～を使う。

《注意》〈主語＋ would〉は短縮形になることも多い。

I **would** like two tickets.

= **I'd** like two tickets.

《参考》**Would you like ～?** は「**～はいかがですか**」という意味を表す。相手に何かを勧めたり希望を尋ねたりするときの丁寧な表現。

⇨ "**Would you like** a drink**?**" "Yes, please." / "No, thanks."

（「飲み物はいかがですか。」「はい，お願いします。」/「いいえ，結構です。」）

would like to *do*

8. would like to *do* は want to *do*（～したい）よりも控えめで丁寧な言い方。あまり親しくない人や目上の人には would like to *do* を使う。

《注意》〈主語＋ would〉は短縮形になることも多い。

I **would like to** make a reservation.

= **I'd like to** make a reservation.

《参考》**Would you like to *do* ～?** は「**～しませんか**」という意味を表す。相手を誘ったり，何かを勧めたりするときの丁寧な表現。

⇨ "**Would you like to** join us**?**" "Yes, I'd like that." / "Sorry, I can't."

（「一緒にどうですか。」「ええ，喜んで。」/「すみません，ご一緒できません。」）

would rather *do* ～ (than *do* ...)

9.「（…するよりも）**むしろ～したい**」と希望を控えめに述べる表現。rather や than の後には**動詞の原形**がくる。than 以下が省略されることもある。

《参考》**would rather not *do* ～**は「**どちらかと言えば～したくない**」という意味で，

気が進まないことを控えめに伝える表現。not の位置に注意する。

⇨ I **would rather <u>not</u>** go out today.(私は今日，どちらかと言えば外出したくない。)

⟨ ═══════ ⟩⟩⟩⟩⟩⟩⟩⟩⟩ **Try it out** ⟨⟨⟨⟨⟨⟨⟨⟨⟨ ═══════ ⟩

1 If your friend said the following, how would you respond? Share your answers with your partner. You can use the sentences in the box. See **Function**.
(もし友達が次のことを言ったら，あなたはどのように応答しますか。答えをパートナーと共有しなさい。ボックスの文を使っても構いません。)

(！ヒント)
与えられた発言に，Function で提示されている「回想する・自省する」表現やボックスの文を使って答えるようにする。When I look back, ～「振り返ってみたら，～」。〈must have ＋過去分詞〉「～したに違いない，～だったに違いない」。〈should have ＋過去分詞〉「～すべきだったのに(しなかった)」。

1. I had to tell him the bad news yesterday.
(私は昨日彼に悪い知らせを伝えなければなりませんでした。)

2. I haven't finished my homework yet.
(私はまだ宿題を終えていません。)

3. How did the interview go?
(面接はどうでしたか。)

a. When I look back, I was very nervous.
(振り返ってみたら，私はとても緊張していました。)

b. He must have been very upset.
(彼はとてもろうばいしたに違いないです。)

c. You should have started earlier.
(あなたはもっと早く始めるべきだったのに。)

(会話例)
1. I had to tell him the bad news yesterday.
— It must have made him sad.
2. I haven't finished my homework yet.
— You shouldn't have watched TV so long.
3. How did the interview go?
— When I look back, it went well.

2 What words fit best? You can use the words in the box. See **Example Bank**.
(どの語句が最も適切に当てはまりますか。ボックスの語句を使っても構いません。)

(！ヒント)

〈助動詞＋ have ＋過去分詞〉の使い方に注意する。

1. ・「〜したに違いない」は過去のことについての現在の確信を表す。
　　・「彼女は幸せそうです。彼女は古い友達とよい時間を過ごしたに違いないです。」

2. ・「〜したはずがない」は過去のことについての現在の推量を表す。
　　・「トムは本当にそう言ったのですか。彼がそんなばかなことを言ったはずがありません。」

3. ・主語が we なので、「〜すべきだったのに（しなかった）」という後悔を表す。
　　・「私たちはその試合の写真が 1 枚もありません。私たちは何枚か撮るべきでした。」

4. ・「〜したかもしれない」は過去のことについての現在の推量を表す。
　　・「彼女はまだ着いていませんか。彼女に何が起こったのですか。彼女は電車に乗り遅れたのかもしれません。」

5. ・「〜したはずだ」という過去のことについての現在の推量を表す。
　　・「すでに 6 時半です。彼は今ごろもう学校を出ているはずです。」

6. ・「…するよりもむしろ〜したい」と希望を控えめに述べる表現。
　　・「私は今日ゲームをするより映画を見たいです。」

(練習問題) What words fit best? You can use the words in the box. See **Example Bank**.

1. I couldn't sleep last night. I _____ too much coffee.
2. Her answers were always correct. She _____ such a mistake.
3. Your favorite actor has already gone away. I _____ you earlier.
4. Mike hasn't come yet. He _____ a wrong bus.
5. Yumi left school at five o'clock. She _____ home by now.
6. It is raining hard. I'd _____ home _____ go out.

arrive / drink / make / stay / take / tell

3　In pairs, ask and answer the following questions. Ask follow-up questions to continue the conversation.

（ペアになって、次の質問を尋ね合いなさい。追加の質問を尋ねて、会話を続けなさい。）

(！ヒント)

過去にするべきだったことや、するべきでなかったことについて会話する。与えられた質問に対して答え、追加の質問をして会話を続ける。

1.「あなたが過去にするべきだったことは何ですか。」
2.「あなたが過去にするべきでなかったことは何ですか。」
3.「あなたは次の週末に何をしたいですか。」

(会話例)

1. What is something you should have done in the past?
　　— I should have studied more before the exam. My score was terrible.
　　(+1) Why didn't you do it?
2. What is something you shouldn't have done in the past?

― I shouldn't have quit piano lessons.

(+1) Why do you think so?

3. What would you like to do next weekend?

― I would like to go to Shibuya.

(+1) Who would you like to go there with?

《 ━━━━━━ ＞＞＞＞＞＞＞＞＞＞ **Use it** ＜＜＜＜＜＜＜＜＜＜ ━━━━━━ 》

What is something that you want to do one day? Write three sentences.
（あなたがいつかしたいことは何ですか。3つの文を書きなさい。）

（例）　主張　主張：I'd like to visit the African Savanna someday.
　　　　　　　　　　　（私はいつかアフリカのサバンナを訪れたいです。）

　　　　　　理由：I'm interested in wild animals.
　　　　　　　　　（私は野生動物に興味があります。）

　　　　　例：　I want to see wild lions for myself.
　　　　　　　　（私は自分で野生のライオンを見たいです。）

（！ヒント）

・してみたいことを would like to *do* で書くと，want to *do* よりも丁寧な表現になる。

・理由は，I'm interested in 〜.「〜に興味がある」，I heard (that) it is 〜.「〜と聞いた」，I think (that) it is 〜.「〜と思う」などの表現を使うとよい。

〔盛り込む観点の例〕

・子どものころからの夢

・会ってみたい人　など

（作文例）

主張：I'd like to go to Easter Island someday.

理由：I have wanted to see Moai statues since I was a child.

例：　If I have a chance to go there, I'd like to find out why they were made.

< ══════ >>>>>>>>>>> **Expressing** <<<<<<<<<< ══════ >

STEP 1

問題文の訳

それぞれの人物が以前何になりたいと思っていたか，また今，将来何になりたいかについて話している①～③の3つの話を聞きなさい。空欄に a. ～ f. を書きなさい。それぞれの人物が夢を叶えるためにする必要があることを書きなさい。

！ヒント

それぞれの人物の昔の夢と将来の夢を聞き，将来の夢の実現のために必要なことを聞き取る。

STEP 2

問題文の訳

あなたの将来の夢について交代で話しなさい。

！ヒント

1つ目の空所に合わせて自分の将来の夢を述べ，2つ目の空所に合わせてその夢の実現に必要な行為を述べる。

例

A: What is your dream for the future?（将来の夢は何ですか。）

B: I want to be a hotel concierge.

　（はい，私はホテルコンシェルジュになりたいです。）

A: What do you have to do for your dreams to come true?

　（夢を実現するために何をしなければなりませんか。）

B: I have to study about hospitality and learn foreign languages.

　（私はホスピタリティについて勉強し，外国語を学ばなければなりません。）

STEP 3

問題文の訳

あなたの将来の夢とその実現のために今あなたが何をするべきかについて書きなさい。

！ヒント

STEP 2 で書いたことをもとに，考えをまとめて書く。

作文例

　I would like to be a hotel concierge. I really enjoy talking with other people and I like to help them. I have stayed at many hotels in Japan and other countries. To become a hotel concierge, I have to study about hospitality, learn foreign languages besides English, and stay at as many hotels as I can.

Words & Phrases

次の表の＿＿に適切な英語を書きなさい。

仕事（Employment）	高等教育 （Higher education）	学問分野 （Academic fields）
□ 仕事に応募する 　apply for a job □ 就職する　get a job □ 仕事をやめる　quit a job □ 臨時の仕事　temporary job □ 給料のよい仕事　well-paid job □ 夢の仕事　one's dream job □ やりがいのある仕事 ① ＿＿＿＿＿＿＿＿＿	□ 大学　university / college □ 短大　junior college □ 大学院　graduate school □ 高等専門学校 　technical college □ 専門学校　vocational school □ 看護学校　nursing school □ 学部　faculty □ 学科 ② ＿＿＿＿＿＿＿＿＿ □ 必修科目 　compulsory subject	□ 文学 ③ ＿＿＿＿＿＿＿ □ 経済学　economics □ 心理学 ④ ＿＿＿＿＿＿＿ □ 法学　law □ 社会学　sociology □ 工学　engineering □ 薬学　pharmacy □ 医学　medicine □ 情報科学 　information science
職業（Occupations）		
□ 警官　(police) officer □ 外交官　diplomat □ 裁判官　judge □ 公務員　public employee / 　public [civil] servant □ 医師　doctor □ 看護師　nurse □ 薬剤師 ⑤ ＿＿＿＿＿＿ □ 歯科医 ⑥ ＿＿＿＿＿＿ □ 獣医　veterinarian / vet	□ 介護福祉士 ⑦ ＿＿＿＿＿＿ □ 美容師 　hairstylist / hairdresser □ 理容師　barber □ 漫画家 ⑧ ＿＿＿＿＿＿ □ 写真家　photographer □ タレント　TV personality □ 俳優　actor □ 映画監督　film director □ 記者　reporter / journalist	□ 弁護士　lawyer □ 宇宙飛行士 ⑨ ＿＿＿＿＿＿ □ 大工　carpenter □ 建築家　architect □ 会社員　office worker □ 秘書 ⑩ ＿＿＿＿＿＿ □ 司書　librarian □ 通訳　interpreter □ 客室乗務員　flight attendant

解答
① rewarding job　② department　③ literature　④ psychology　⑤ pharmacist
⑥ dentist　⑦ care worker　⑧ cartoonist　⑨ astronaut　⑩ secretary

Lesson 6 ◁ Did you hear about the new shop?

Model Conversation

Kaito and John are talking about a new store next to the station.

K1: ①Did you hear about the new store next to the station? ②It is opening next week.

J1: ③No, what kind of store?

K2: ④A clothes store. ⑤I saw the leaflet yesterday. ⑥The clothes looked very good. ⑦The clothing designs **are influenced by** the latest trends from America. ⑧They **are** also **sold** online.

J2: ⑨It sounds good. ⑩I was just thinking that I should buy some new shirts. ⑪I want to try some on in the store.

K3: ⑫Let's go next week then. ⑬There will be an opening sale. ⑭It looks like everything **will be discounted**.

J3: ⑮Sounds great. ⑯I hope I can find some nice shirts.

海斗とジョンは駅近くの新しいお店について話しています。

K1: ①駅近くの新しい店のこと聞いた？
②来週開店するんだって。

J1: ③いや、どんな店？

K2: ④洋服の店だよ。⑤昨日チラシを見たんだ。⑥良さそうな服だったよ。⑦洋服のデザインはアメリカの最新の流行の影響を受けているんだ。⑧オンラインでも売られているよ。

J2: ⑨良さそうだね。⑩ちょうど何枚か新しいシャツを買おうと思っていたところなんだ。⑪その店でいくつか試着したいな。

K3: ⑫じゃあ、来週行こうよ。⑬開店セールがあるんだって。⑭全部割引になるみたいだよ。

J3: ⑮最高だね。⑯何枚かすてきなシャツを見つけられるといいな。

語句と語法のガイド

leaflet [líːflit]	名 チラシ
clothing [klóuðiŋ]	名 衣服，衣類（＝ clothes）
influence [ínfluəns]	動 ～に影響を与える　▶名 影響
latest [léitist]	形 最新の
trend [trénd]	名 流行　▶ trendy 形 流行の
online [ánláin]	副 オンラインで　▶形 オンラインの
try on ～	熟 ～を試着する
sale [séil]	名 セール，特売　▶ sell 動 ～を売る
discount [dískaunt]	動 ～を割引する　▶名 割引

◀《解説

② **It is opening next week.**

未来の事柄について，そのために具体的な準備が進んでいるような場合には，現在進行

形を使って未来を表す。

⑦ **The clothing designs are influenced by the latest trends from America.**
　〈be 動詞＋過去分詞〉は「S は〜される」という受け身の意味を表す。動作主は by 〜
　で表す。 **EB1**

⑧ **They are also sold online.**
　受動態の文では，動作主が明らかな場合，by 〜は示さない。 **EB2**

⑭ **It looks like everything will be discounted.**
　〈It looks like ＋節（SV 〜）.〉は「〜になりそうだ」という意味。everything will be
　discounted は未来を表す受動態。〈will be ＋過去分詞〉で「〜されるだろう」という意味。
　EB6

‖ Listening Task ‖

Circle T for True or F for False. （正しければ T，間違っていれば F に○をつけなさい。）
（！ヒント）
1. 新しい洋服店はいつ開店するのか。（→②）
2. 洋服はオンラインで買うことができるのか。（→⑧）
3. 誰が開店セールで新しいシャツを手に入れたいと思っているのか。（→⑩⑬⑯）

〈 ＞＞＞＞＞＞＞ Function（原因・影響を表す）＜＜＜＜＜＜＜ 〉

1. "I waited for the bus for an hour."
　"I heard that the delay **was caused by** heavy traffic."
　「1時間バスを待ちましたよ。」「交通渋滞が遅れの原因となったと聞きました。」
2. "I **was inspired by** the story of his success."
　"So was I. It gave me a lot of courage."
　「彼の成功話に刺激を受けました。」「私もです。たくさん勇気をもらいました。」
3. Modern Japanese culture **has been influenced by** Western cultures.
　現代日本文化は西洋文化の影響を受けている。

◀ 解説

1. be caused by 〜は「〜によって引き起こされる」という意味。A was caused by B. は
　「A は B によって引き起こされた」という意味で，A の原因が B であることを表す。
2. ・be inspired by 〜は「〜に刺激を受ける」という意味。
　・So was I. は「私もです。」と相手に同調する表現。〈so ＋疑問文の語順〉で「〜もそ
　　うだ」という意味を表す。
3. 〈have［has］＋ been ＋過去分詞〉は現在完了形の受動態。have been influenced
　by 〜は「〜によって影響を受けている」という意味。

‖ 語句と語法のガイド ‖
delay［diléi］　　　　　　名 遅れ　▶ 動 〜を遅らせる

heavy traffic	名 交通渋滞（= traffic jam）
inspire [inspáiər]	動 ～に刺激を与える
courage [kə́:ridʒ]	名 勇気

〈〉〉〉〉〉〉〉〉〉 Example Bank 〈〈〈〈〈〈〈〈〈〉

A 基本的な受動態

1. She **is loved** *by the kids.*　彼女は子どもたちに愛されている。
2. German **is spoken** in Austria.　オーストリアではドイツ語が話されている。
3. **We were not invited** to the party.　私たちはパーティーに招待されなかった。
4. **Were** you **invited** to the party?　あなたはパーティーに招待されましたか。
5. Who **was invited** to the party?　誰がパーティーに招待されましたか。

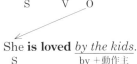解説

[能動態と受動態]

1. 受動態は〈**be 動詞＋過去分詞**〉の形で「**S は～される**」という受け身の意味を表す。能動態の目的語(O)が受動態では主語(S)になり，動作主は by ～で表す。

〔能動態〕　The kids **love** her.（子どもたちは彼女を愛している。）
　　　　　　　　S 　　　V 　　O

〔受動態〕　She **is loved** *by the kids.*
　　　　　　　S 　　　　　　　by ＋動作主

be 動詞は主語に合わせる。過去形の受動態は〈**was[were]＋過去分詞**〉の形。

⇨ *Imagine* **was composed** by John Lennon.
　（『イマジン』はジョン・レノンによって作曲された。）

[能動態と受動態]

2. 受動態の文では，次のように動作主が重要でない場合，by ～は示さない。

①動作主が we，you，they，people など「一般の人々」

German **is spoken** in Austria.　← *They* **speak** German in Austria.

動作主（ドイツ語を話す人）は「オーストリアの人々」(they)である。

②動作主が明らか

⇨ Mail **is delivered** every day.（郵便は毎日配達される。）

動作主が郵便配達人(mailperson)であることは明らかである。

③動作主がわからない，あるいは表しづらい

⇨ This bridge **was built** in 1988.（この橋は 1988 年に造られた。）

[受動態の否定文]

3. be 動詞の後に not を置いて，〈**be 動詞＋ not ＋過去分詞**〉の語順になる。

⇨ We **were**　　 invited to the party.（私たちはパーティーに招待された。）

➡ We **were** <u>not</u> **invited** to the party.

[受動態の Yes / No 疑問文]

4. be 動詞を主語の前に出して，〈be 動詞＋主語＋過去分詞 〜 ?〉の語順になる。

⇨　　You **were** **invited** to the party.（あなたはパーティーに招待された。）

➡ **Were** you 　　　**invited** to the party?

[疑問詞で始まる疑問文]

疑問詞が文の主語でない場合の受動態は〈**疑問詞＋ be 動詞＋主語＋過去分詞 〜 ?**〉の語順になる。

　　　　The party **was held at the hall**.（パーティーは講堂で開かれた。）

⇨ **Where was** the party 　　　**held**?

5. 疑問詞が文の主語の場合の受動態は，主語を疑問詞に置きかえた〈**疑問詞（主語）＋ be 動詞＋過去分詞 〜 ?**〉の語順になる。

⇨ **Tom** was invited to the party.（トムはパーティーに招待された。）

➡ **Who** was invited to the party?

《参考》〈**Who + be 動詞＋主語＋過去分詞 + by?**〉「誰によって〜されたのか」

⇨　　　*Norwegian Wood* **was written by** Murakami Haruki.

➡ **Who** was *Norwegian Wood* 　　　**written by**?
（『ノルウェイの森』は誰によって書かれましたか。）

by を文頭に出す場合は whom が用いられる。

➡ **By whom** was *Norwegian Wood* written?〔書き言葉〕

B　さまざまな受動態

6. This essay **must be finished** by tomorrow.
この作文は明日までに仕上げなければならない。

7. The fireworks **can't be seen** from my house.　私の家から花火は見えない。

8. A new building **is being built** on the corner.　新しい建物が角のところで建設中だ。

9. The wall **has** just **been painted**.　壁はペンキが塗られたばかりだ。

◢ 解説

[助動詞を含む受動態]

6. 助動詞を含む受動態は〈**助動詞＋ be ＋過去分詞**〉の形になる。

〔●助動詞を含む受動態〕

will be ＋過去分詞	〜されるだろう
can be ＋過去分詞	〜されることができる
may be ＋過去分詞	〜されるかもしれない
must be ＋過去分詞	①〜されなければならない　②〜されるに違いない
should be ＋過去分詞	①〜されるべきだ　②〜されるはずだ

⇨ His new movie **will be released** in May.(彼の新しい映画は 5 月に公開されるだろう。)

[助動詞を含む受動態の否定文・疑問文]

　7. 助動詞を含む受動態の否定文は〈**助動詞＋ not ＋ be ＋過去分詞**〉。疑問文は〈**助動詞＋主語＋ be ＋過去分詞 〜 ?**〉になる。

　　　　　⇨ The fireworks **can be seen** from my house.(私の家から花火が見える。)

　〔否定文〕 ➡ The fireworks **can't be seen** from my house.

　〔疑問文〕 ➡ **Can** the fireworks **be seen** from your house**?**

[進行形の受動態]

　8. 進行形の受動態は，主語が何らかの動作を受けている最中であることを表す。〈**be 動詞＋ being ＋過去分詞**〉の形で，「**〜されているところだ（った）**」という意味。

[完了形の受動態]

　9. 現在完了形の受動態は，〈**have[has]＋ been ＋過去分詞**〉。

⇨ Winners **have been selected**.(受賞者が選ばれました。)

《参考》過去完了形の受動態：〈**had been ＋過去分詞**〉

　　⇨ The picture **had** already **been stolen** when he reached the museum.

　　　(彼が美術館に到着したとき，その絵はすでに盗まれていた。)

《参考》未来完了形の受動態：〈**will have been ＋過去分詞**〉

　　⇨ The goods **will have been sent** to you by next week.

　　　(商品は来週までにあなたのところへ送られているでしょう。)

《参考》助動詞を使った完了形の受動態：〈**助動詞＋ have been ＋過去分詞**〉(cf. Lesson 5)

　　⇨ The job **should have been finished** yesterday.

　　　(その仕事は昨日終えられるべきだった。)

〈 ━━━━━ ⟩⟩⟩⟩⟩⟩⟩⟩⟩⟩ **Try it out** ⟨⟨⟨⟨⟨⟨⟨⟨⟨ ━━━━━ 〉

1　Suppose you are a popular cartoonist and your partner is an interviewer.　Answer the three questions from him/her in turns.　You can use the sentences in the box.　See **Function**.

(あなたが人気のある漫画家で，パートナーがインタビュアーだと仮定しましょう。順番にパートナーからの 3 つの質問に答えなさい。ボックスの文を使ってもかまいません。)

[！ヒント]

Function で提示されている「原因・影響を表す」表現に注意する。

[会話例]

1. Your comics are now best sellers! How do you come up with such interesting stories?
　— Well, I am inspired by things I see or hear in my daily life.

2. Can you tell me about your new comic?
　— Sure.　In this story, many problems are caused by the smartphones the

characters use.

3. Do you think your comics influence children?

— Yes.　I hope they will be influenced in a positive way.

2　What words fit best?　You can use the words in the box.　See **Example Bank**.

（どの語句が最も適切に当てはまりますか。ボックスの語句を使ってもかまいません。）

!ヒント

1.・疑問詞が文の主語でない場合の受動態は，〈疑問詞＋ be 動詞＋主語＋過去分詞〜 ?〉の語順。

　　・「その写真はいつ撮られましたか。」「3 年前です。」

2.・助動詞を含む受動態の否定文は〈助動詞＋ not ＋ be ＋過去分詞〉で表す。

　　・「すみません，ここでは携帯電話は使えません。」「ごめんなさい。」

3.・「〜される側」の it（＝ that picture）が主語となる受動態。

　　・「あの絵は美しいです。」「それは有名な画家によって描かれました。」

4.・疑問詞（ここでは＋名詞）が文の主語の場合の受動態は，〈疑問詞（主語）＋ be 動詞＋過去分詞 〜 ?〉の語順。

　　・「カナダではいくつの言語が話されていますか。」「2 つです。英語とフランス語です。」

5.・現在完了形の受動態は〈have[has] been ＋過去分詞〉で表す。

　　・「私の自転車はちょうど修理されました。」「それはよいですね。あなたはもう学校に歩いて行く必要がありません。」

6.・現在進行形の受動態は〈be 動詞＋ being ＋過去分詞〉で表す。

　　・「新しいプロジェクトが現在計画されています。」「どのようなものなのかと思います。」

練習問題　What words fit best?　You can use the words in the box.　See **Example Bank**.

1. "Where was _____ ?" "In the library."
2. "Can I sit here?" "No.　It _____ as a chair."
3. "Those pictures on the wall are beautiful." "They _____ by my sister."
4. "Who _____ to the party?" "Mr. White was."
5. "Don't touch the bench.　It has _____ ." "I see."
6. "A bridge _____ on the corner now." "When will it be finished?"

your wallet, find / just, paint / being, build / invite / cannot, use / take

3　In pairs, ask and answer the following questions.　Ask follow-up questions to continue the conversation.

（ペアになって，次の質問を尋ね合いなさい。追加の質問を尋ねて，会話を続けなさい。）

!ヒント

1.「コンビニエンスストアではどんな種類のものが売られていますか。」

2.「子どものときにあなたは誰に刺激を受けましたか。」

3.「あなたは何回海外から来た人に道を尋ねられたことがありますか。」

(会話例)

1. What kinds of things are sold in a convenience store?

— Sandwiches and rice balls.

(+1) How often do you buy them?

2. Who were you inspired by when you were a child?

— I was inspired by the Japanese soccer player Honda Keisuke.

(+1) What do you think about him now?

3. How many times have you been asked for directions by people from overseas?

— Over ten times.

(+1) Did you have any trouble when you answered them?

Recommend your favorite novel to your classmates.　Write three sentences including the writer and the title.

(あなたのお気に入りの小説をクラスメートに推薦しなさい。著者と題名を含めた3つの文を書きなさい。)

(例)　説明　主題：　My favorite novel is *Ryoma ga Yuku.*

　　　　　　　　　　　(私のお気に入りの小説は『竜馬がゆく』です。)

　　　　詳述①：It was written by Shiba Ryotaro.

　　　　　　　　　(それは司馬遼太郎によって書かれました。)

　　　　詳述②：It is an exciting story about Sakamoto Ryoma at the end of the Edo period.(それは江戸時代末期の坂本龍馬についてのわくわくする物語です。)

(！ヒント)

・好きな小説を強調するため，それを主語にした受動態の文にする。

・「～によって書かれた」は It was written by ～と表す。

〔盛り込む観点の例〕

・好きな小説の題名と著者，小説の内容　など

(作文例)

主題：　My favorite novel is *Harry Potter and the Philosopher's Stone.*

詳述①：It was written by J. K. Rowling, a British author.

詳述②：It is the first novel in the Harry Potter series.

Model Conversation

Misaki and John are talking about the clothes store they went to.

M1: ①Is that a new shirt?　②It looks really nice.

J1: ③Yes, I bought it yesterday.　④Kaito took me to a new clothes store.

M2: ⑤He told me about it, too.　⑥I went there this morning actually.　⑦It **was filled with** people!

J2: ⑧It was really busy when I went there, too.　⑨People **were lined up** around the corner to get in!　⑩When I got in, **I was amazed at** the selection of clothes.　⑪**I'm glad that** I went there.　⑫It was worth the wait.

M3: ⑬Definitely.　⑭I **was surprised at** the low prices, too.　⑮I got some good bargains.

J3: ⑯Yes, I really want to go back.　⑰Do you want to go tomorrow?

美咲とジョンは買い物に行った洋服の店について話しています。

M1:①それは新しいシャツ？②とてもすてきね。

J1: ③うん，昨日買ったんだ。④海斗が新しくできた洋服の店に連れて行ってくれたんだ。

M2:⑤私にも教えてくれたわ。⑥実は今朝，そこに行ったのよ。⑦人でいっぱいだったわ！

J2: ⑧僕が行った時もすごく混んでいたよ。⑨店に入るために角を曲がった所まで人が並んでいたからね！⑩店に入ってからは，洋服の品ぞろえに驚いたよ。⑪行って良かった。⑫待ったかいがあったよ。

M3:⑬間違いないわ。⑭値段の安さにも驚いたわ。⑮何枚か特売品を買えたの。

J3: ⑯そうだね，また行きたいな。⑰明日はどうかな？

語句と語法のガイド

get in	熟 中に入る	
selection [səlékʃən]	名 品ぞろえ　▶ select 動 ～を選ぶ	
worth [wə́ːrθ]	形 ～の価値のある	
definitely [défənətli]	副 （質問の答えとして）全くそのとおり	
price [práis]	名 値段　▶ a low[high] price 安い〔高い〕値段	
bargain [bɑ́rɡən]	名 特売品	

解説

⑦ **It was filled with people!**

fill ～ with ... で「～を…でいっぱいにする」という意味。be filled with ～は「～でいっぱいである」という意味の受動態。by 以外の前置詞が使われる場合，前置詞の後にくるものは，「原因・理由・手段・道具・材料・適用範囲」などを表す。 **EB7**

⑨ **People were lined up around the corner to get in!**

line up ～は「～を並べる」という意味の群動詞。群動詞は１つの動詞と考えて受動態にする。be lined up で「並んでいる」という意味。 **EB6**　　to get in は目的を表す不

定詞の副詞的用法。

⑩ **When I got in, I was amazed at the selection of clothes.**

amaze は「～を驚かせる」という意味の他動詞で,受動態にすることで「S は驚かされた」→「S は驚いた」となる。be amazed at ～で「～に驚く」という意味。 **EB8**

⑪ **I'm glad that I went there.**

I'm glad (that) ～は「～(ということ)がうれしい」という意味。

⑭ **I was surprised at the low prices, too.**

surprise は「～を驚かせる」という意味の他動詞。be surprised at ～で「～に驚く」という意味。be surprised が「不意の予期せぬことに驚く」ニュアンスであるのに対し,be amazed は「信じられないことに驚く」ニュアンス。 **EB8**

Listening Task

Circle T for True or F for False.　(正しければ T,間違っていれば F に○をつけなさい。)

(!ヒント)

1. 美咲は新しい洋服店に行ったことがあるか。(→⑥)

2. ジョンは洋服店に入るために待つ必要があったか。(→⑨⑫)

3. 美咲はなぜ洋服店が気に入ったのか。(→⑭⑮)

⟨ ═══════ ⟩⟩⟩⟩⟩⟩⟩⟩ **Function**(喜び・驚きを表す) ⟨⟨⟨⟨⟨⟨⟨⟨ ═══════ ⟩

1. "Congratulations! Your coach must **be pleased with** the result."

「おめでとう! 君のコーチもきっと結果に喜んでいるに違いないよ。」

2. "**We did it!**" "Yes, **I'm so glad** (**that**) we advanced to the final."

「やった!」「うん,決勝戦に進めてとてもうれしいよ。」

3. I am amazed at how intelligent dolphins are.

イルカがこんなに賢いとは驚きです。

◀〈解説

1. please は「～を喜ばせる」という意味の他動詞。**be pleased with ～**で「**～を喜ぶ**」という意味。with ～の代わりに⟨that + S' + V'⟩でも可。

2. ・**I'm glad[happy]** (**that**) ～は「**～(ということ)がうれしい**」を表す。

　　・**We did it!**(やった!)は目標を達成したときの喜びの表現。

3. be amazed at ～は「**～に驚く**」という意味。at ～の代わりに⟨that + S' + V'⟩でも可。

語句と語法のガイド

congratulation [kəngrǽtʃəléiʃən]	間	(Congratulations で)おめでとう
result [rizʌ́lt]	名	結果
advance [ədvǽns]	動	進む
final [fáinəl]	名	決勝戦　▶形 最終の
intelligent [intélidʒənt]	形	賢い　▶ intelligence 名 知能
dolphin [dálfin]	名	イルカ

< ══════ >>>>>>>>> **Example Bank** <<<<<<<<< ══════ >

A　SVOO, SVOC の受動態

1. Mary **was given** a gold medal.　　メアリーは金メダルを授与された。

2. The gold medal **was given to** Mary.　　その金メダルはメアリーに授与された。

3. The baby **was named** Catherine by her parents.

その赤ちゃんは両親にキャサリンと名付けられた。

◤◢ 解説

SVOO の〈give ＋ O ＋ O〉型

〈give ＋ O（人）＋ O（物）〉型の動詞を使った文は，2 つの目的語(O)それぞれを主語にした 2 つの受動態をつくることができる。

1. 1 つめの O（人）を主語にする場合は，〈**人＋ be 動詞＋過去分詞＋物**〉の語順になる。

⇨ They 　　 gave <u>**Mary**</u> <u>a gold medal</u>.

➡ <u>**Mary**</u> **was given** 　　 <u>a gold medal</u>.

2. 2 つめの O（物）を主語にする場合は，目的語の順序を入れかえて〈SVO ＋ to ＋人〉の形にしてから，〈**物＋ be 動詞＋過去分詞＋ to ＋人**〉の語順にする。

⇨ They 　　 gave <u>Mary</u> **<u>the gold medal</u>**.

⇨ They 　　 gave 　　 **<u>the gold medal</u>** to <u>Mary</u>.

➡ **<u>The gold medal</u> was given** 　　　　 to <u>Mary</u>.

《参考》上の文で to を省略した The gold medal was given Mary. も可能ではあるが，to を入れるほうが普通である。

SVOO の〈buy ＋ O ＋ O〉型

〈buy ＋ O（人）＋ O（物）〉型の動詞を使った文を受動態にするときは，目的語の順序を入れかえて〈SVO ＋ for ＋人〉の形にして，〈**物＋ be 動詞＋過去分詞＋ for ＋人**〉の語順にする。この場合，for は省略できない。

⇨ My aunt 　　 **bought** <u>me</u> **this bag**.

⇨ My aunt 　　 **bought** 　　 **this bag** for <u>me</u>.

➡ **<u>This bag</u> was bought** 　　　　 **for** <u>me</u> by my aunt.

（このバッグはおばが私のために買ってくれた。）

SVOC

3. SVOC の文を受動態にするときは，目的語(O)を受動態の主語(S)にする。補語(C)は〈be 動詞＋過去分詞〉の後にそのまま続ける。補語(C)を主語(S)にした受動態はつくれない。

⇨ Her parents **named the baby** Catherine.

➡ **The baby was named** Catherine by her parents.

×*Catherine was named the baby by her parents.*

B　say を使った受動態

4. **It is said** (**that**) he is very rich.　彼はとても金持ちだと言われている。

5. He **is said to** be very rich.　彼はとても金持ちだと言われている。

◀ 解説

It is said (that) 〜と S is said to *do*

They[People] say that 〜 (〜だと言っている)は次の2種類の受動態に書きかえることができる(この They[People]は「一般の人々」の意味)。

4. **It is said** (**that**) 〜は「**〜だと言われている**」という意味を表す。

⇨ They say **that he is very rich**.

➡ **It** is said **that he is very rich**.

5. **S is said to *do*** は「**S は〜する〔である〕と言われている**」という意味を表す。

⇨ It **is said** that **he** is very rich.

➡ **He** is said to be very rich.

think, believe, know, suppose, consider, expect, report なども同じように2種類の受動態に書きかえることができる。

⇨ They **thought** that the woman was a witch.

➡ **It was thought** that the woman was a witch.

➡ The woman **was thought to** be a witch.

(その女性は魔女だと思われていた。)

《参考》〈**S is said to have ＋過去分詞**〉は「**S は〜した〔だった〕と言われている**」という意味を表す。この場合, to 以下の示す事柄は「言われている」より前の事柄である。

⇨ They **say** that tea <u>originated</u> in China.
　　　　現在　　　　　　　　過去

➡ It **is said** that tea <u>originated</u> in China.

➡ Tea **is said to have originated** in China.

(お茶は中国が起源だと言われている。)

C　群動詞の受動態 / by 以外が使われる受動態

6. She **was brought up** in New York.　彼女はニューヨークで育った。

7. The road **is covered with** snow.　道路は雪で覆われている。

8. We **were surprised at** the news.　私たちはその知らせに驚いた。

9. He **was injured in** last night's game.　彼は昨夜の試合でけがをした。

◢◤解説

群動詞

　動詞に副詞・前置詞・名詞などが付いて，「1つのまとまり」で動詞のように使われる
　ものを**群動詞（句動詞）**という。

〔●自動詞の働きをする群動詞〕

break down（故障する）	break out（起こる，発生する）
come about（起こる＝ happen, occur）	come out（現れる，出版される）
go on（続く＝ last, continue）	

〔●他動詞の働きをする群動詞〕

bring about（～を引き起こす＝ cause）	bring up（～〔子ども〕を育てる＝ raise）
call off（～を中止する＝ cancel）	carry on（～を続ける＝ continue）

群動詞の受動態

　6. 群動詞は1つの動詞と考えて受動態にする。

　⇨ A foreigner **spoke to** me this morning.

　➡　　　I **was spoken to** by a foreigner this morning.
　　　　（今朝，私は外国人に話しかけられた。）

　《注意》群動詞を受動態にする場合，前置詞や副詞を省いたり離したりしてはいけない。

〔●群動詞の受動態〕

be brought up（育てられる）	be called off（中止される）
be laughed at（笑われる）	be looked up to（尊敬されている）
be put off（延期される）	be run over（〔車に〕ひかれる）
be spoken to（話しかけられる）	be taken care of（世話をされる）

　⇨ The game **was called off** because of the rain.（試合は雨で中止になった。）

　⇨ The athletic meeting **was put off** until next Tuesday.

　　（運動会は次の火曜日まで延期された。）

by 以外の前置詞が使われる受動態

　7. by 以外の前置詞が使われる場合，前置詞の後にくるものは，動作主というよりは「原
　因・理由・手段・道具・材料・適用範囲」などを表す。

〔●慣用的な表現〕

be covered with ～（～で覆われている）	be filled with ～（～でいっぱいである）
be known to ～（～に知られている）	be caught in ～（〔雨など〕にあう）

心理状態を表す受動態

　8. 日本語の「驚いた」などの**感情**は，英語では受動態で表すことが多い。surprise は

「～を驚かせる」という意味の他動詞で，受動態にすることで「S は驚かされた」→「S は驚いた」となる。

⇨ The news **surprised us**.(その知らせは私たちを驚かせた。)

➡ We were surprised at the news.〔受動態〕

〔●感情を表す受動態〕

be surprised at ～(～に驚く)	be amazed at[with] ～(～に驚く)
be shocked at ～(～にショックを受ける)	be pleased with[at] ～(～に喜ぶ)
be satisfied with ～(～に満足する)	be delighted with[at] ～(～に大喜びする)
be disappointed at[in, with] ～(～にがっかりする)	
be excited at[about] ～(～に興奮する)	be frightened of ～(～を怖がる)
be worried about ～(～を心配する)	be interested in ～(～に興味がある)

被害を表す受動態

9. 英語では「負傷する」などの被害を表す表現は受動態で表すことが多い。injure は「～を傷つける」という意味の他動詞で，「S は傷つけられる→S は負傷する」となる。

〔●被害を表す受動態〕

be hurt(傷つく)	be injured(けがをする)
be wounded(負傷する)	be killed(〔戦争や事故で〕死ぬ)
be delayed(遅れる)	

日本語では受け身の感覚がない表現

日本語と英語で，能動態・受動態の発想が異なる場合がある。これらの〈be 動詞＋過去分詞〉は〈be 動詞＋形容詞〉であると考えることもできる。

〔●英語では受動態で表される表現〕

be married to ～(～と結婚している)	be born(生まれる)
be crowded with ～(～で混んでいる)	be raised(育つ)
be dressed in ～(～を着ている)	be seated(座る)

⇨ He **was born** and **raised** in Osaka.(彼は生まれも育ちも大阪だった。)

⇨ Donna **was dressed in** a blue swimsuit.(ドナは青い水着を着ていた。)

〉〉〉〉〉〉〉〉〉〉 **Try it out** 〈〈〈〈〈〈〈〈〈〈

1 Imagine that you are a member of the art club. Talk to your friend who saw your exhibition. Practice in pairs. Then, make your own conversation to tell your feelings. You can use the sentences in the box. See **Function**.

(あなたが美術部の一員だと想像しなさい。あなたの展覧会を見た友達と話しなさい。ペアで練習しなさい。それから，あなた自身の会話をして，自分の気持ちを伝えなさい。ボックスの文を使ってもかまいません。)

(！ヒント)

Function で提示されている「喜び・驚きを表す」表現に注意する。I'm glad[happy] (that) ～「～（ということ）がうれしい」。be pleased with ～「～を喜ぶ」。be amazed at ～「～に驚く」。

(会話例)

1. **I'm glad that** you went to the gallery.
   — My pleasure. Thank you for inviting me.
2. What did you think?
   — **I was amazed at** the pictures you had painted. All of them were wonderful.
3. My art teacher seems to **be pleased with** my work.
   — That's good. I hope to see your next exhibition.

2　Talk with your partner about a city that you know. Give reasons and examples. You can use the phrases in the box if necessary. See **Example Bank**.

(パートナーとあなたが知っている都市について話しなさい。理由や例を述べなさい。必要ならば，ボックスの語句を使ってもかまいません。)

(！ヒント)

知っている都市について，It is said (that) ～「～だと言われている」を使って述べるとよい。Example Bank を参考にする。

(会話例)

A: What is often said about Kyoto?

B: **It is** often **said that** it was the capital for a period of one thousand years.

A: What can be found easily in Kyoto?

B: Temples, I guess. It seems like there are famous temples everywhere.

3　In pairs, talk about things that happened recently. Give reasons and details. Ask follow-up questions.

(ペアになって，最近起こったことについて話しなさい。理由や詳細を述べなさい。追加の質問を尋ねなさい。)

(！ヒント)

最近がっかりしたことや興奮したことについて会話する。与えられた質問に対して答え，追加の質問をして会話を続ける。

1.「あなたは最近何にがっかりしましたか。」

(例)「私は先週サッカーの試合を見ました。レッドカードが私のお気に入りの選手に出されました。」

2.「あなたは最近何に興奮しましたか。」

（例）「両親が私たちは来月キャンプに行くと言いました。私はそれを楽しみにしています。」

(会話例)

1. What **were** you recently **disappointed at**?

　— I was disappointed that our team lost the game last Sunday.

　(+1) How did you change your feelings?

2. What **were** you recently **excited about**?

　— I heard that my favorite singer would have a concert next year.

　(+1) Did you talk with anyone about it?

< ——————— >>>>>>>>>> **Use it** <<<<<<<<<< ——————— >

Write three sentences about what you were recently surprised at.

（あなたが最近驚いたことについて３つの文を書きなさい。）

（例）　説明　主題：　I went to Todai-ji Temple with my family last month.

　　　　　　　　　　（私は先月家族と東大寺に行きました。）

　　　　　詳述：　It was built in the 8th century and is one of the World Heritage Sites.

　　　　　　　　　　（それは８世紀に建てられ，世界遺産の１つです。）

　　　コメント：I was surprised at the size of the Great Buddha.

　　　　　　　　　（私は大仏の大きさに驚きました。）

(！ヒント)

・１文目は書き〔話し〕始めとして，驚いたことが起こった状況を，I went to 〜.「〜へ行った」，I saw 〜.「〜を見た」などを使って表す。

・２文目に，さらに細かい情報を述べる。

・３文目に，驚いた点や理由について，I was surprised at 〜.「〜に驚いた」，I was surprised (that) 〜.「〜ということに驚いた」などを使って表す。

〔盛り込む観点の例〕

・具体的な名前，場所，日時，理由

・驚いた対象についての情報　など

(作文例)

主題：　I went to see a Kyogen play last Friday.

詳述：　It was performed by Nomura Mansai.

コメント：I was surprised that it was a very interesting performance.

< ═══ >>>>>>>>>> **Expressing** <<<<<<<<<< ═══ >

STEP 1

(問題文の訳)

アメリカとケン，美咲は先週の日曜日に買い物に行ったことについて話している。下の空欄に適切な答えを書きなさい。

(!ヒント)

質問に対する答えを書く。(1)はどこに行ったのか，(2)は何を買ったのか，(3)は誰のために(2)を買ったのかを答える。

STEP 2

(問題文の訳)

パートナーと一緒に会話の練習をしなさい。

(!ヒント)

質問に対する答えを述べていく。1つ目の空所では買い物に行った場所を，2つ目の空所では買ったものを，そして3つ目の空所では誰のために買ったのかを述べる。

(例)

A: Did you go shopping recently?(最近買い物に行きましたか。)

B: Yes, I went to a big shopping mall near my house.
(はい，私は家の近くの大きなショッピングモールに行きました。)

A: What did you buy?(何を買いましたか。)

B: I bought a black hat.
(私は黒い帽子を買いました。)

A: Who was it for?(それは誰のためのものでしたか。)

B: It was a present for my father.(それは父へのプレゼントでした。)

STEP 3

(問題文の訳)

STEP 2 で述べたあなたの買い物について日記を書きなさい。

(!ヒント)

STEP 2 で書いたことをもとに，＿＿を埋める。

(作文例)
　　　　　　　　　　　　　　Oct. 19

I went to a big shopping mall near my house to do some shopping today. I stopped by a shop and bought a black hat. I asked the clerk for some advice, and they recommended me buying it. I'll give them to my father as a present for his 50th birthday. He has wanted a new hat since last month. I hope he will like it.

‹ ──── ››››››› Words & Phrases ‹‹‹‹‹‹‹‹ ──── ›

次の表の＿＿に適切な英語を書きなさい。

日常生活（Daily life）	家事（Housework）	感情・感覚 (Emotions, Feelings)
☐ 目覚める　wake up	☐ 家事を手伝う	☐ 怒っている　angry
☐ 起きる　get up	help with the housework	☐ 退屈している　bored
☐ 早起きする　get up early	☐ 皿を洗う	☐ 心配している　worried
☐ 寝過ごす　oversleep	do[wash] the dishes	☐ 安心している
☐ 歯を磨く　brush one's teeth	☐ 洗濯をする　do the laundry	④ ＿＿＿＿＿＿＿
☐ 昼寝する	☐ アイロンをかける　iron	☐ 満足している　satisfied
① ＿＿＿＿＿＿＿	☐ 掃除機をかける	☐ きまりが悪い　embarrassed
☐ テレビをつける	③ ＿＿＿＿＿＿＿	☐ 恥じている　ashamed
turn on the TV	☐ ごみを出す	☐ 怖がっている　scared
☐ 風呂に入る	take out the garbage	☐ 緊張している　nervous
take[have] a bath	☐ 犬を散歩させる	☐ 落ち着いている
☐ シャワーを浴びる	walk one's dog /	⑤ ＿＿＿＿＿＿＿
take[have] a shower	take one's dog for a walk	☐ 誇りに思っている　proud
☐ 夜更かしする	☐ 修理する　repair / fix	☐ 疲れている　tired
② ＿＿＿＿＿＿＿		
☐ 就寝する　go to bed		

街（Town）	買い物（Shopping）	
☐ レストラン　restaurant	☐ 買い物をする	☐ 値札
☐ パン屋	do the[one's] shopping	⑨ ＿＿＿＿＿＿＿
⑥ ＿＿＿＿＿＿＿	☐ 買い物に行く　go shopping	☐ 消費税
☐ 家具屋　furniture store	☐ お金を節約する　save money	consumption[sales] tax
☐ 衣料品店　clothing store	☐ 値段が高い	☐ 税込みで　including tax
☐ 電化製品店　electronics store	⑦ ＿＿＿＿＿＿＿	☐ ～の代金を払う　pay for ～
☐ 薬局　drugstore / pharmacy	☐ 値段が手ごろな　reasonable	☐ 現金で払う　pay (in) cash
☐ 美容院　beauty salon[shop]	☐ 値段が安い　cheap	☐ クレジットカードで払う
☐ 市役所　city[town] hall	☐ 値引き	pay by credit card
☐ 公民館　community center	⑧ ＿＿＿＿＿＿＿	☐ 硬貨
	☐ お買い得品　bargain	⑩ ＿＿＿＿＿＿＿
		☐ 紙幣　bill / note

解答
① take a nap　② stay up late　③ vacuum　④ relieved　⑤ calm
⑥ bakery　⑦ expensive　⑧ discount　⑨ price tag　⑩ coin

Lesson 7　I'm happy to have you with us.

Model Conversation

Misaki has just come to Emily's birthday party.

M1: ①**Thank you for** inviting me today, Emily.

E1: ②You're welcome, Misaki.　③I'm happy **to** have you with us.　④Wow, you're dressed up!　⑤You look nice in that blue dress.

M2: ⑥**It's very nice of you** to say so.　⑦This is a small present for you.

E2: ⑧Oh, really?　⑨Can I open it now?

M3: ⑩Sure.

E3: ⑪Oh, a *sensu* with my favorite color!　⑫Wasn't it difficult **to** find one like this?

M4: ⑬Not really.　⑭I wanted **to** give you something Japanese with your favorite color!

美咲はエミリーの誕生日会にやってきたところです。

M1:①今日は招待してくれてありがとう，エミリー。

E1: ②どういたしまして，美咲。③あなたが来てくれてうれしいわ。④わあ，おしゃれね！⑤その青いドレス，似合っているわ。

M2:⑥そう言ってもらえてうれしいわ。⑦これはちょっとしたプレゼントよ。

E2: ⑧まあ，本当に？⑨今，開けてもいい？

M3:⑩もちろん。

E3: ⑪わあ，私の好きな色の扇子ね！⑫こんな感じのものを見つけるのは大変じゃなかった？

M4:⑬そんなことないわ。⑭あなたの好きな色で和風なものをプレゼントしたかったの！

語句と語法のガイド

be dressed up	熟 おしゃれしている
small [smɔ́ːl]	形 ささやかな，取るに足らない
present [préznt]	名 プレゼント，贈り物

解説

③ **I'm happy to have you with us.**

to have は不定詞の副詞的用法。不定詞が感情を表す形容詞(ここでは happy)と結びついて感情の原因「〜して…」を表す。 **EB8**

⑥ **It's very nice of you to say so.**

〈It's nice[kind] of ＋人＋ to *do* 〜.〉で「〜していただき，ありがとうございます」という意味。〈It is ＋形容詞＋ of ＋名詞・代名詞＋ to 不定詞〉の形で「〜するなんて S' は…だ」という意味を表す(⇒ cf. p.123 不定詞の意味上の主語)。

⑪ **Oh, a *sensu* with my favorite color!**

with は付随・所有を表し，扇子に好きな色が付いていることを意味する。

⑫ **Wasn't it difficult to find one like this?**

　この it は形式的な主語で，真の主語は to 以下。It is 〜 to *do* ... で「…することは〜
である」の意味を表す。**EB1**　one は代名詞で，ここでは one = a *sensu* ということ。

⑭ **I wanted to give you something Japanese with your favorite color!**

　to give は名詞的用法。**EB3**　something Japanese は「日本的なもの」という意味。
something は形容詞を後ろに置くので注意する。

‖ Listening Task ‖

Circle T for True or F for False. （正しければ T，間違っていれば F に○をつけなさい。）

（！ヒント）

1. エミリーの誕生日会で，美咲は何色のドレスを着ているか。（→⑤）

2. 美咲はエミリーにどのようなものをプレゼントしたかったのか。（→⑭）

3. 美咲はエミリーのお気に入りの色を知っているか。（→⑪⑭）

‹ ══════ ⟩⟩⟩⟩⟩⟩⟩⟩⟩⟩ **Function（感謝する）** ‹‹‹‹‹‹‹‹‹‹ ══════ ›

1. "**Thank you for** your help." "You're welcome. / Anytime."
　「助けてくれてありがとう。」「どういたしまして。 / いつでもどうぞ。」

2. "Can I help you with those bags?" "Thanks. **It's very nice of you.**"
　「そちらのかばんを運びましょうか。」「ありがとう。ご親切ですね。」

3. "**I am** very **grateful** (**to** you) **for** your suggestion." "Don't mention it. / My pleasure."
　「あなたのご提案に感謝します。」「礼には及びません。 / 光栄です。」

◤ 解説

1. ・**Thank you for 〜.** は「〜をありがとう」という意味。前置詞の後ろには名詞か動
　　名詞がくるので，Thank you for *do*ing.「〜してくれてありがとう」としてもよい。

　　・感謝の表現に対して「どういたしまして。」と答えるときは，You are welcome. の
　　ほかに，Not at all. や Anytime.（いつでもどうぞ）などを使うこともできる。

2. ・〈**It's very nice[kind] of ＋人＋ to *do* 〜.**〉で「人が〜するのはとても親切だ」となり，こ
　　こでは「〜していただき,ありがとうございます」という意味。to の後ろの動詞は原形にする。

　　・Thanks. は Thank you. よりくだけた言い方。

3. ・〈**I am grateful (to ＋人)＋ for 〜.**〉は「〜に心から感謝いたします」という表現。
　　for の後ろには名詞を置く。to you は省略してもよい。

　　・Don't mention it. は「お礼の言葉はいらない」という意味。「どういたしまして。」
　　と答えるときはほかにも My pleasure. / It's my pleasure. などが使える。

‖ 語句と語法のガイド ‖

grateful [gréitfl]	形 感謝して，ありがたく思って
suggestion [səgdʒéstʃən]	名 提案　▶ suggest 動 〜を提案する
mention [ménʃən]	動 〜に言及する
pleasure [pléʒər]	名 喜び　▶ please 動 〜を喜ばせる

< ━━━━ >>>>>>>>> **Example Bank** <<<<<<<<< ━━━━ >

A　不定詞の名詞的用法

1. It's important **to** get enough sleep.　十分な睡眠をとることが大事だ。
2. Her dream is **to** be a singer.　彼女の夢は歌手になることだ。
3. I hope **to** go to university.　私は大学に行くことを希望しています。

📢 解説

不定詞
〈**to ＋動詞の原形**〉の形で，文中で**名詞・形容詞・副詞**の働きをするものを**不定詞**〔**to 不定詞**〕と呼ぶ。

名詞的用法
不定詞を含む語句が名詞の働きをして「**〜すること**」という意味を表し，文の中で主語・補語・目的語となる。この用法を不定詞の**名詞的用法**と呼ぶ。

主語
1. to get enough sleep が名詞の働きをして主語(S)として使われている。不定詞が主語になる場合，このように形式主語の it を本来の主語の位置に置き，真主語である不定詞は文末に置くことが多い。it は意味を持たない形式的なもので，「それは」と訳さない。

⇨　**To** get enough sleep is important.

➡　　　　　　**It** 　　　　　 is important **to** get enough sleep.
　　　　　形式主語　　　　　　　　　　　　　　　真主語

補語
2. 不定詞が主語の内容を説明する補語(C)として使われることもある。この例文では，Her dream が主語で，to be a singer が補語である。

目的語
3. 他動詞 hope の後に to go to university という不定詞が続いている。このように名詞用法の不定詞は目的語(O)として使われることもある。
《参考》SVOC(第5文型)の文で目的語(O)が不定詞の場合，形式目的語の it を置き，〈**SV ＋ it ＋ C ＋ to 不定詞**〉という形になる。次の例文では，it(＝ to book a hotel online)が目的語(O)，easy が補語(C)である。it を「それを」とは訳さない。

⇨　I found 　　　　**it** 　　　　easy **to** book a hotel online.
　　　　　　　形式目的語　　　C　　　　　真の目的語

（私はネットでホテルを予約することが簡単だとわかった。）

×*I found **to** book a hotel online easy.*

B　不定詞の形容詞的用法

4. Luckily, he had friends **to** help him.　幸運なことに，彼には助けてくれる友人がいた。
5. I have a lot of things **to** do today.　今日，私にはするべきことがたくさんある。
6. I made a promise **to** go to the movie with her.　彼女と一緒に映画に行く約束をした。

◀︎ 解説

形容詞的用法

　不定詞を含む語句が直前の名詞や代名詞を後ろから修飾し,「〜する…」「〜すべき…」「〜するための…」という意味を表すことがある。この用法を不定詞の**形容詞的用法**と呼ぶ。不定詞の形容詞的用法では,修飾される名詞(不定詞の直前の名詞)が不定詞の主語の働きをする場合と,目的語の働きをする場合がある。

直前の名詞が主語の働きをする

4. to help him が直前の名詞 friends を修飾しており,friends は help him の意味上の主語の働きをしている。

　　Luckily, he had friends **to help him**.
　　　　　　　　不定詞の主語

friends help him(友人たちが彼を助ける)という**主語と動詞の関係**。

⇨ He was the first person **to** reach the North Pole.
　(彼は北極に到達した最初の人だった。)

直前の名詞が目的語の働きをする

5. to do today が直前の名詞 a lot of things を修飾しており,a lot of things は do の意味上の目的語の働きをしている。

　　I have a lot of things **to do** today.
　　　不定詞の目的語

do a lot of things(たくさんのことをする)という**動詞と目的語の関係**。

⇨ Would you like something cold **to drink**?(何か冷たい飲み物はいかがですか。)

直前の名詞が前置詞の目的語の働きをする

　次の例文で,to write with が直前の代名詞 something を修飾している。something は前置詞 with の目的語の働きをしており,不定詞の後の with は省略できない。

⇨ Bring a notebook and something **to write with**.
　　　　　　　　前置詞 with の目的語　　　　　×to write

write with something(何かを用いて書く)という**前置詞とその目的語の関係**。

⇨ Mike has many friends **to talk to**.(マイクには話をする友達がたくさんいる。)

不定詞が直前の名詞の具体的な内容を説明する

6. to go to the movie with her は a promise の具体的な内容を説明している。不定詞と直前の名詞のこのような関係は**同格の関係**と呼ばれる。

　　a promise = to go to the movie with her 〔同格の関係〕
　　(約束=彼女と一緒に映画に行くこと)

不定詞と同格の関係で使われる名詞は限られており,多くは動詞や形容詞から派生したもので,抽象名詞が多い。派生元となる動詞や形容詞で言いかえられる場合が多い。

　　I made **a promise to go** to the movie with her.
＝　I **promised to go** to the movie with her.

⇨ Cats have the **ability to** see in the dark.（猫は暗闇で見る能力がある。）

= Cats **are able to** see in the dark.

〔●動詞から派生したもの〕

attempt（試み）	decision［determination］（決心，決意）	desire（強い願望）
failure（失敗）	plan（計画）	promise（約束）
tendency（傾向）	wish（願望）	

⇨ Joe made **a decision to** start his own business.（ジョーは商売を始める決心をした。）

〔●形容詞から派生したもの〕

ability（能力）	curiosity（好奇心）	eagerness（熱意）
freedom（自由）	reluctance（いやがること）	

⇨ Betty satisfied my **curiosity to** know the facts.

（ベティーは事実を知りたいという私の好奇心を満足させた。）

C　不定詞の副詞的用法

7. I got up early **to** catch the 6:30 train.　私は6時30分の列車に乗るために早く起きた。

8. I'm *glad* **to** see you.　私はあなたに会えてうれしいです。

9. He must be *clever* **to** answer that question.　あの問題を解くなんて，彼は賢いに違いない。

◥◣ 解説

副詞的用法

不定詞を含む語句が名詞以外の語句（動詞・形容詞・副詞など）や文全体を修飾する用法を不定詞の**副詞的用法**と呼ぶ。

目的

7. 不定詞が動作や行為の**目的**「〜するために…」を表す。to catch the 6:30 train は，早く起きたという行為の目的を表している。強調したい場合には文頭に置くこともできる。

I got up early **to** catch the 6:30 train.
　　　　　　　　　　　　　目的

感情の原因

8. 不定詞が感情を表す形容詞と結びついて**感情の原因**「〜して…」を表す。

I'm glad **to** see you.
　　　　　原因

〔●感情の原因を表す不定詞と共に用いられる形容詞：be ____ to *do*〕

glad / happy / delighted / pleased（〜してうれしい）	
sorry（〜して残念な）	disappointed（〜してがっかりした）
thankful（〜して感謝している）	surprised（〜して驚いた）
proud（〜して誇りに思っている）	upset（〜してうろたえた）

⇨ I'm *sorry* **to** hear that.（それを聞いて残念です。）

判断の根拠

9. 不定詞は clever「賢い」や stupid「愚かな」などの「人の性質や人柄，能力を示す形容詞」と結び付いて**判断の根拠「〜するなんて…，〜するとは…」**を表す。must「〜に違いない」やcan't「〜のはずがない」などの助動詞と共に用いられたり，感嘆文の形で用いられることが多い。

He must be │*clever*│ **to** answer that question.
判断の根拠

⇨ How *careless* he is **to** do such a thing!
（そんなことをするなんて，彼はなんて不注意なんだ！）

結果

不定詞が動作や行為の**結果「…して（その結果）〜」**を表すことがある。次の例文は「目覚めた」結果，「自分が病院にいることに気が付いた」という関係。「結果」を表す用法は，予想外の出来事が起こったことを示す，意志を伴わない動詞が to の後に続くことが多い。

⇨ He **woke up to** find himself in the hospital.（彼は目覚めて病院にいることに気
結果　　　　　　　　　　　　　　　が付いた。）

〔●結果を表す不定詞の慣用表現〕

wake up[awake] to find 〜（目を覚ますと〜と気付く）
grow up to be 〜（成長して〜になる）　　　live to be 〜（〜歳まで生きる）
…, only to *do*（…したが，結局〜するだけ）　　…, never to *do*（…して，二度と〜しない）

‹ —————— ⟩⟩⟩⟩⟩⟩⟩⟩⟩⟩ **Try it out** ⟨⟨⟨⟨⟨⟨⟨⟨⟨⟨ —————— ⟩

1 You have just helped your grandmother with her shopping. Practice in pairs. Then, make your own conversation to express gratitude. You can use the sentences in the box. See **Function**.

（あなたはちょうどおばあさんの買い物を手伝ったところです。ペアになって練習しなさい。それから，あなた自身の会話をして，感謝の気持ちを表現しなさい。ボックスの文を使ってもかまいません。）

！ヒント

Function で提示されている「感謝する」表現とその答え方に注意する。〈I am grateful (to ＋人)＋ for 〜.〉「〜に心から感謝いたします」。〈It's nice[kind] of ＋人＋ to *do* 〜.〉「〜していただき，ありがとうございます」。Thank you for 〜.「〜をありがとう」。

1. **I'm** very **grateful** for your help today. （今日のあなたの助けに感謝します。）
2. Would you like to stay for coffee and cake? （コーヒーとケーキを食べて行きませんか。）
3. Why don't we go to a movie this Sunday? （今度の日曜日に映画に行きませんか。）
a. Sorry. **It's nice of you** to ask, but I already have plans.
（すみません。誘ってくれてありがたいのですが，私はすでに予定があります。）
b. It was my pleasure. （どういたしまして。）

c. That would be great. (later) Thank you for that. It was delicious.
(それはありがたいです。(後に)ありがとうございました。おいしかったです。)

(会話例)

1. **I'm** very **grateful** for your help today. ― Don't mention it.

2. Would you like to stay for coffee and cake?
   ― Yes, I'd like that. (later) Thank you for the delicious cake.

3. Why don't we go to a movie this Sunday?
   ― I'm sorry I can't. Maybe some other time. Thank you for asking, anyway.

2   Talk with your partner about important things for high school students to do. Give your opinion. Give reasons and examples. Then, change the underlined words to make your own conversation. You can use the phrases in the box if necessary. See **Example Bank**.

(パートナーと高校生がするべき大切なことについて話しなさい。あなたの意見を述べなさい。理由や例を述べなさい。それから、下線部の語句を変えて、あなた自身の会話をしなさい。必要ならば、ボックスの語句を使っても構いません。)

(！ヒント)

高校生がするべき大切なことを，need to *do* A to *do* B「B するために A する必要がある」や It is important for us〔high school students〕to *do*.「私たち〔高校生〕が〜することは大切だ」を使って述べるとよい。Example Bank で提示されている表現を使うようにする。

(例)

A: Do you think high school students should study hard?
   (あなたは高校生は一生懸命に勉強するべきだと思いますか。)

B: Yes, we need to study hard to do well at school.
   (はい，私たちは学校でよい成績をおさめるために一生懸命に勉強する必要があります。)

A: What other things are important for students **to** do?
   (ほかにどんなことをするのが生徒には大切ですか。)

B: It is important for us **to** look things up for ourselves because we can learn more.
   (より多くのことが学べるので，私たちが自分で物事を調べることが大切です。)

(会話例)

A: Do you think high school students should take part in club activities?

B: Yes, we need to take part in club activities to learn more from other members.

A: What other things are important for students to do?

B: It is important for us to do volunteer work because we can help the community.

3   In pairs, ask and answer the following questions. Give reasons or examples. Ask follow-up questions.

（ペアになって，次の質問を尋ね合いなさい。理由や例を述べなさい。追加の質問を尋ねなさい。）

(!ヒント)

自分の高校を選んだ理由や子どものときになりたかった職業について会話する。与えられた質問に対して答え，さらに具体的な説明を加える。追加の質問をして会話を続ける。

1.「あなたはなぜこの高校を選んだのですか。」

（例）「私は自宅から近いのでこの学校を選びました。私は私たちの学校の評判が良いと聞いて驚きました。」

2.「あなたは子どものとき何になりたかったのですか。」

（例）「私は警察官になりたかったです。地域社会の人々を助けることは良いことでしょう。」

(会話例)

1. Why did you choose this high school?

　— Because I liked the school uniform very much. It looks very cute.

　(+1) What do you recommend about the school?

2. What did you want **to** be when you were a child?

　— I wanted **to** be a pianist. I practiced playing the piano every day.

　(+1) What do you want **to** be now?

‹ ════════ ⟩⟩⟩⟩⟩⟩⟩⟩⟩ **Use it** ⟨⟨⟨⟨⟨⟨⟨⟨⟨ ════════ ›

Write three sentences about your dream.（あなたの夢について３つの文を書きなさい。）

（例）　主張　主張：　My dream is to be a vet.

　　　　　　　　　　（私の夢は獣医になることです。）

　　　　　理由①：The main reason is that I like animals very much.

　　　　　　　　　　（主な理由は私は動物が大好きだからです。）

　　　　　理由②：I also hope to help sick and injured animals.

　　　　　　　　　　（私はまた，病気の動物や傷ついた動物を助けたいです。）

(!ヒント)

・書き出しは例文のように，My dream is to be ～.「私の夢は～になることです」と不定詞の名詞的用法を用いて表すとよい。

・２文目で，The main reason is that ～.「主な理由は～だからです」と具体的な理由を述べ，さらに３文目で，I want to ～., I hope to ～.「～したい」などを使って説明する。

(作文例)

主張：　My dream is to have my own bakery in the future.

理由①：The main reason is that I like bread very much.

理由②：I want to make many kinds of delicious bread and sell them in my shop.

Model Conversation

Nami is a little late for Emily's birthday party.

N1: ①Hi, Emily.　②**Sorry**, I'm a bit late.　③My dog didn't **let** me go.

E1: ④No problem, Nami.　⑤We've just started the party.

N2: ⑥Here is a present.　⑦It's something **for** you **to** use at school.

E2: ⑧Thank you so much.　⑨I'll open it in front of my friends.　⑩Nami, I **want** you **to** meet them.

N3: ⑪Oh, are other exchange students here?　⑫I hear one of them likes Japanese martial arts.

E3: ⑬Sara?　⑭She isn't here yet, but yes she is learning judo.　⑮She is a black belt.

N4: ⑯Wow.　⑰Do you think she can teach me?　⑱I'd like to learn the art of self-defense.

奈美はエミリーの誕生日会に少し遅れています。

N1: ①こんにちは，エミリー。②ごめんなさい，少し遅れてしまって。③うちの犬が行かせてくれなかったの。

E1: ④問題ないわ，奈美。⑤ちょうど誕生日会を始めたところよ。

N2: ⑥これはプレゼント。⑦学校で使うものよ。

E2: ⑧本当にありがとう。⑨私の友達みんなの前で開けるわね。⑩奈美，みんなに会ってほしいの。

N3: ⑪あら，ほかの留学生たちがここにいるの？⑫そのうちの1人は日本の武術が好きだって聞いたわ。

E3: ⑬サラのこと？⑭彼女はまだ来ていないの，でも確かに柔道を習っているわ。⑮彼女は黒帯なのよ。

N4: ⑯わあ。⑰彼女，私に教えてくれると思う？⑱私も護身術を習ってみたいの。

■ 語句と語法のガイド ■

a bit	熟 少し（= a little）
martial arts	名 武術，武道　▶ art 名 技術
black belt	名 （柔道などの）黒帯，有段者
self-defense	名 護身，自己防衛

解説

③ **My dog didn't let me go.**

let は使役動詞。〈let + O + 原形不定詞(*do*)〉の形で，「O に～させる，O が～することを許す」という意味。 **EB8**

⑤ **We've just started the party.**

完了・結果を表す現在完了形。

⑦ **It's something for you to use at school.**

to use は形容詞的用法で，something を修飾している。for you は to use の意味上の主語。意味上の主語〈for + 名詞・代名詞〉は不定詞の前に置く。 **EB1**

⑩ **Nami, I want you to meet them.**

〈want + O + to 不定詞〉で「O に～してほしい」という意味を表す。you は meet の意味上の主語である。 **EB4**

‖ Listening Task ‖

Circle T for True or F for False. （正しければ T，間違っていれば F に○をつけなさい。）

(! ヒント)

1. 奈美はペットとして何を飼っているのか。（→③）
2. 柔道を学んでいて，黒帯なのは誰か。（→⑬⑭⑮）
3. 奈美は護身術を学ぶことに興味があるか。（→⑱）

≪ ≫≫≫≫≫ Function（謝罪する）≪≪≪≪≪≪ ≫

1. "**I'm sorry to** bother you." "That's OK."
「お手数をおかけしてすみません。」「大丈夫です。」
2. "**Sorry**, I'm late." "No problem. Come in."
「遅れてすみません。」「問題ありません。お入りください。」
3. "**I apologize to** you **for** what I said yesterday." "Don't worry about it."
「昨日言ったことについて，申し訳ありませんでした。」「心配しないでください。」

▶解説

1. **I'm sorry to *do* ～.** は「～してすみません〔申し訳ありません〕」という表現。
2. ・**Sorry (that) ～. / I'm sorry (that) ～.** で「～してすみません」という意味になる。
   I'm sorry (that) I'm late. = I'm sorry to be late.
   ・謝罪の表現に対して許す場合は，That's OK. や That's all right. のほかに，No problem.「問題はない。」/ Never mind.「気にするな。」などと答えてもよい。
3. ・**I apologize to you for ～.** は「～について申し訳ありません」という意味。
   ・what は「～ということ」という意味の関係代名詞。（⇒ cf. L.10 関係代名詞）

‖ 語句と語法のガイド ‖

bother [bάðər]	動 ～を悩ます，困らせる
apologize [əpάlədʒàiz]	動 謝る　▶ apology 名 謝罪
worry about ～	熟 ～を心配する

≪ ≫≫≫≫≫ Example Bank ≪≪≪≪≪≪ ≫

A　不定詞の意味上の主語

1. It is dangerous **for** *the children* **to** stay here.　子どもたちがここにとどまるのは危険だ。
2. It was kind **of** *you* **to** help me.
   私を助けてくれるなんてあなたは親切だった。
   →ご親切にも助けてくださり，ありがとうございました。
3. I turned on the TV **to** watch the news.　私はニュースを見るためにテレビをつけた。

解説

〔for で示す不定詞の意味上の主語〕

　不定詞は述語動詞ではないが，動詞の性質を持っており，その動作や状態の主語にあたるものがある。これをその文の主語と区別して，不定詞の**意味上の主語**という。意味上の主語を示す場合，〈for ＋名詞・代名詞〉を不定詞の直前に置き，〈**It is ＋形容詞＋ for ＋名詞・代名詞＋ to 不定詞**〉になる。

1. the children と stay here の間には意味の上で S'V' の関係が成立している。

　　It's dangerous 　　　　　　　　**to** stay here.（ここにとどまるのは危険だ。）

　　It 's dangerous ｜**for** *the children*｜ **to** stay here.
　　S　V　　　　　　　　　　　　S'　　　　 V'
　　（文全体の主語と動詞）　　　　（不定詞の主語と動詞）

意味上の主語を〈for ＋名詞・代名詞〉で不定詞の前に置く形は，1 の例文のような名詞的用法だけではなく，形容詞的用法や副詞的用法においても用いられる。

⇨ This is a good book ｜**for** *beginners*｜ **to** read.〔形容詞的用法〕

　　（これは初心者が読むには良い本だ。）

〔of で示す不定詞の意味上の主語〕

　不定詞の意味上の主語は for ～で表すのが一般的だが，〈of ＋名詞・代名詞〉で表す場合もある。〈**It is ＋形容詞＋ of ＋名詞・代名詞＋ to 不定詞**〉の形で「～するなんて S' は…だ」という意味を表す。

2. of の後の you が，help me の意味上の主語である。**人の性質や人柄，能力**などを示す形容詞はこの用法で使われることが多い。

人の性質を表しているので，意味上の主語を文の主語にすることも可能。

➡ *You were kind* **to** help me.

〔意味上の主語を示さない場合〕

3. 意味上の主語が文の主語(S)と同じ場合は示さない。

また，意味上の主語が一般の人々の場合であったり，文脈から明らかな場合も示さないことがある。

⇨ It's important **to** eat properly.（きちんと食べることが大切です。）

B　SVO ＋ to 不定詞・原形不定詞

4. I **want** *you* **to** come to tomorrow's party.　私はあなたに明日のパーティーに来てほしい。

5. My parents won't **allow** *me* **to** study abroad.　両親は私が留学するのを許さないだろう。

6. My mother **made** *me* clean my room.　母は私に部屋の掃除をさせた。

7. I **had** *the porter* carry my baggage.　私はポーターに荷物を運んでもらった。

8. My father **let** *me* go to the movies.　父は私を映画に行かせてくれた。

9. I **saw** *the man* get out of the car.　私はその男が車から降りるのを見た。

解説

〈SVO + to 不定詞〉

　　〈**SVO + to 不定詞**〉では，O が不定詞の意味上の主語になり，「**O が～する**」という関係が含まれている。

〈want + O + to *do*〉型

　　4. want は〈SVO + to 不定詞〉の形をとり，「**O に～してほしい**」という**希望・願望**の意味を表す。you は come の意味上の主語である。

　　I want　　　 to come to tomorrow's party.　　〔パーティーに来るのは I〕
　　I want you to come to tomorrow's party.　　〔パーティーに来るのは you〕

〔●〈**want + O + to *do***〉型の動詞（**希望・願望**）〕

hate（～をするのを嫌う）	want / would like（～してほしい）

〈allow + O + to *do*〉型

　　5. allow は〈SVO + to 不定詞〉の形をとり，「**O が～するのを許す，O に～させる**」という**許可・使役**の意味を表す。me は study abroad の意味上の主語である。

〔●〈**allow + O + to *do***〉型の動詞（**許可・使役**）〕

allow / permit（許す）	cause（原因となる）
enable（可能にする）	encourage（促す，励ます，勧める）
force / compel（強制的に～させる）	get（～させる）

〈tell + O + to *do*〉型

　　tell は〈SVO + to 不定詞〉の形をとり，「**O に～するように言う**」という**命令・依頼**の意味を表す。次の例文では，me は save a seat の意味上の主語である。

　　⇨ He **told** *me* to save a seat for him.（彼は私に彼の席を取っておくように言った。）

〔●〈**tell + O + to *do***〉型の動詞（**命令・依頼**）〕

advise（勧める）	ask（頼む）	persuade（説得する）
order（命じる）	request / require（要求する）	

原形不定詞

　　to が付かずに**動詞の原形で不定詞の働きをするもの**を**原形不定詞**という。使役動詞や知覚動詞と共に使われて，〈**SVO +原形不定詞**〉の形をとり，O が原形不定詞の意味上の主語になる。

使役動詞

　　6, 7, 8. make, have, let などの**使役動詞**は，〈**使役動詞＋ O ＋原形不定詞(*do*)**〉の形で，「**O に～させる**」という意味を表す。

〔●使役動詞：□ O *do*〕

強制	強	make	「（強制的に）O に～させる」＝〈force / compel + O + to *do*〉
	▼	have	「（O がすべきであることを）O に～させる，～してもらう」
	弱	let	「O が～することを許す」＝〈allow + O + to *do*〉

《注意》意味上の主語が 3 人称単数の場合でも原形不定詞は原形のままである。

⇨ She made her son go to the dentist.（彼女は息子を歯医者に行かせた。）
意味上の主語［× *goes*］

知覚動詞

see，hear，feel などの**知覚動詞**は，〈**知覚動詞＋ O ＋原形不定詞(*do*)**〉の形で，「**O が～するのを…する**」という意味を表す。O が原形不定詞の意味上の主語になる。

9.〈**see ＋ O ＋ *do***〉は「**O が～するのが見える**」という意味を表す。

〔●知覚動詞：⬚ **O *do***〕

see(O が～するのが見える)	look at(O が～するのを見る)
watch(O が～するのをじっと見る)	notice / observe(O が～するのに気付く)
hear(O が～するのが聞こえる)	listen to(O が～するのを聞く)
feel(O が～するのを感じる)	

⇨ I **heard** *Ms. Kimura* call my name.（木村先生が私の名前を呼ぶのが聞こえた。）

‹ ═══════ ⟩⟩⟩⟩⟩⟩⟩⟩⟩ **Try it out** ‹‹‹‹‹‹‹‹‹ ═══════ ›

1 If your friend said these things, how would you respond? Share your answers with your partner. You can use the sentences in the box. See **Function**.
（もし友達がこれらのことを言ったら，あなたはどのように応答しますか。答えをパートナーと共有しなさい。ボックスの文を使ってもかまいません。）

(!ヒント)

Function で提示されている「謝罪する」表現に注意する。I'm sorry to *do* ～.「～してすみません〔申し訳ありません〕」。apologize to *A* for *B*「*A* に *B* について謝罪する」。I'm sorry (that) ～.「～してすみません」。

1. I'm sorry to disappoint you, but I can't come to today's karaoke party.
（あなたをがっかりさせてすみませんが,私は今日のカラオケパーティーに行けません。）

2. Why were you late for school?
（あなたはなぜ学校に遅れたのですか。）

3. You should apologize to him before it is too late.
（あなたは手遅れになる前に彼に謝るべきです。）

a. I'm really sorry. I missed the train.
（本当にすみません。私は電車に乗り遅れました。）

b. I know, but I'm too embarrassed.
（わかっていますが，私はあまりにも気まずいです。）

c. That's too bad. I wanted to sing with you.
（それは残念です。私はあなたと一緒に歌いたかったです。）

会話例

1. I'm sorry to disappoint you, but I can't come to today's karaoke party.
— Don't worry about it. We can have another party soon.

2. Why were you late for school?

　— I'm sorry. The train was delayed because of heavy rain.

3. You should apologize to him before it is too late.

　— I know I should. Can you tell me how to apologize?

2　Make sentences by putting the following words in order. See **Example Bank**.

（次の語句を並べかえて，文を作りなさい。）

（！ヒント）

1. ・「私たちが世界史を学ぶことは重要です。この知識によって，私たちは世界のニュースをより深く理解できます。」

2. ・目的を表す不定詞の副詞的用法。

　・「ケイトはテレビでサッカーの試合を見るために3時に起きました。私はその試合を見逃しました。」

3. ・let は使役動詞で，〈let ＋ O ＋ do（原形不定詞）〉の形で「O が〜することを許す」という意味。

　・「両親は私が海外に行くのを許しません。私は彼らから自立したいです。」

4. ・saw は知覚動詞 see の過去形。〈知覚動詞＋ O ＋原形不定詞〉を使う。

　・「私は彼がバスに乗るのを見て，窓越しで彼にお別れを言いました。」

5. ・「本気ですか。私はあなたがそんなひどいことをするのを許可することはできません。」

6. ・have を使役動詞として V に置く。

　・「あなたは歯が痛いです。あなたは歯医者に歯の検査をしてもらうべきです。」

7. ・「あなたがお母さんに『ありがとう』と言ったのはすばらしかったです。私は彼女はうれしいと思います。」

（練習問題）Make sentences by putting the following words in order. See **Example Bank**.

1. There are a lot of problems. It is (for / to / difficult / carry / us) out the plan.

2. Kate arrived here first. She left home early (catch / train / to / the first).

3. You look very busy. (help / me / let / you).

4. I (a girl / heard / shout / the crowd / in). I thought she needed help.

5. I want to study abroad, but my parents (won't / to / me / allow / do) so.

6. The boy (cut / the / had / hair / the barber / his) day before yesterday.

7. It was kind (to / of / her / me / lend) the book. It was very useful.

3　In pairs, talk about your parents. Ask follow-up questions.

（ペアになって，あなたの両親について話しなさい。追加の質問を尋ねなさい。）

（！ヒント）

両親について会話する。与えられた質問に対して答え，追加の質問をして会話を続ける。

1.「あなたの両親は普段あなたに何をさせますか。」

2. 「あなたの両親が最初にあなたにスマートフォンを持たせてくれたのはいつでしたか。」

3. 「あなたは両親にあなたのために何をしてほしいですか。」

(会話例)

1. What do your parents usually make you do?

— My parents always make me wash the dishes after dinner.

(+1) If you don't do it, what is their reaction?

2. When did your parents first let you have a smartphone?

— When I entered high school, my father bought me one.

(+1) What did he say to you then?

3. What do you want your parents to do for you?

— I want them to let me play video games all day on Sundays.

(+1) Have you ever asked them?

 **Use it**

What is important for high school students to do in their daily life? Write three sentences about it.

（高校生が日常生活で行うことが大切なのは何ですか。それについて3つの文を書きなさい。）

（例）　主張　主張：　I think it's important for high school students to get up early.

（私は高校生は早起きすることが大切だと思います。）

理由①：If we get up early, we can have enough time for breakfast.

（もし早起きすれば、私たちは朝食に十分な時間があります。）

理由②：We also don't have to rush to school.

（私たちはまた学校に急いで行く必要がありません。）

(！ヒント)

・例文の書き出しは、形式主語を用いた it is important for high school students to ～.「高校生が～することは大切だ」の文を I think の後ろに置き、自分の意見であることを示している。

・一般的な話をする場合は we を主語にする。

〔盛り込む観点の例〕

・家の手伝いをすること

・物やお金を浪費しないこと　など

(作文例)

主張：　I think it's important for high school students to have the "*mottainai*" mind.

理由①：We must not waste things in our daily lives.

理由②：We also should think about the importance of energy.

Model Conversation

At the party, Emily receives a phone call from Sara.

S1: ①Hello, Emily. ②This is Sara. ③Can you hear me? ④The party sounds pretty lively.

E1: ⑤Yeah. ⑥Everyone seems **to be enjoying** it. ⑦What's up?

S2: ⑧Sorry, Emily. ⑨I planned to join it, but I don't think I can make it tonight. ⑩I have **too** much math homework **to** finish. ⑪I need to learn **not to** put off things I have to do.

E2: ⑫That's too bad. ⑬I wanted you to meet Nami, my good friend. ⑭I told her you are a black belt. ⑮She seems interested in the art of self-defense.

S3: ⑯Really? ⑰Shall we all meet this weekend?

E3: ⑱OK. ⑲I am free on Saturday. ⑳I'll ask her if she can join us.

誕生日会の途中，エミリーはサラから電話を受けます。

S1: ①もしもし，エミリー。②サラよ。③聞こえる？④誕生日会はとても盛り上がっているみたいね。

E1: ⑤ええ。⑥みんな誕生日会を楽しんでくれているみたい。⑦どうしたの？

S2: ⑧ごめんなさい，エミリー。⑨行くつもりだったんだけど，今夜は誕生日会に行けそうになくて。⑩終わらせないといけない数学の宿題がたくさんあるの。⑪やるべきことを先延ばしにしない習慣を身につけないと。

E2: ⑫とても残念だわ。⑬あなたに私の友だちの奈美と会ってほしかったの。⑭あなたが黒帯だと彼女に話したの。⑮彼女は護身術に興味があるみたいよ。

S3: ⑯本当？⑰この週末にみんなで会わない？

E3: ⑱いいわね。⑲土曜日は空いているわ。⑳彼女が来れるか聞いてみるわね。

語句と語法のガイド

pretty [príti]	副	かなり
lively [láivli]	形	活気がある
make it	熟	都合がつく，時間に間に合う
put off 〜	熟	〜を延期する，延ばす（＝ postpone）

解説

⑥ **Everyone seems to be enjoying it.**

to be enjoying は不定詞の進行形。〈seem to be ＋ *doing*〉は「〜しているようだ」という意味。 **EB4**

⑦ **What's up?**

What's up? は「どうしたの，何かあったの」と相手に尋ねる表現。

⑨ **I planned to join it, but I don't think I can make it tonight.**

I don't think (that) 〜 . で「私は〜ではないと思う」という意味を表す。英語では think, believe, suppose などを使って「〜ではないと思う」と表現するとき，that

節の中の動詞を否定するのではなく主節の動詞を否定して，I don't think〔believe, suppose〕(that) 〜. とするのが普通。

⑩ **I have too much math homework to finish.**

〈too ＋形容詞〔副詞〕＋ to do〉は「〜するには…すぎる／あまりに…なので〜できない」という意味。 **EB6**

⑪ **I need to learn not to put off things I have to do.**

learn to do で「〜するようになる，〜できるようになる」という意味。不定詞の否定形は，不定詞の直前に not, never を置く。learn <u>not</u> to put off 〜で「〜を延ばさないようになる」という意味になる。 **EB1**　things と I の間に目的格の関係代名詞が省略されている。

⑫ **That's too bad.**

That's too bad.「それは残念ですね」という意味。

⑬ **I wanted you to meet Nami, my good friend.**

〈want ＋ O ＋ to 不定詞〉で「O に〜してほしい」という意味。Nami と my good friend は同格の関係。

⑰ **Shall we all meet this weekend?**

Shall we 〜? は「(一緒に)〜しませんか」と相手に提案するときに使う。

⑳ **I'll ask her if she can join us.**

SVOO の文型。if は「〜かどうか」という意味で，if she can join us は間接疑問。

Listening Task

Circle T for True or F for False. （正しければ T，間違っていれば F に○をつけなさい。）

（！ヒント）

「主語」「動詞」「目的語」の部分に特に注意して聞き取ろう。

1. サラはなぜエミリーの誕生日会に出席できないのか。（→⑨⑩）

2. 奈美は武術に興味があって，以前にサラに会ったことがあるか。（→⑬⑮）

3. エミリーとサラはいつ奈美に会う計画をしているのか。（→⑰⑱⑲）

< ═══ >>>>>>>>>> **Function(弁解する)** <<<<<<<<<< ═══ >

1. "Why didn't you come to our party?" "Sorry, but I had **too** much homework **to** do."

「なぜパーティーに来なかったのですか。」

「すみません，しないといけない宿題があまりにもたくさんあったのです。」

2. "Sorry, I **didn't mean** to hurt you." "I don't mind. / Forget it."

「ごめんなさい，あなたを傷つけるつもりはありませんでした。」

「気にしないで。／忘れてください。」

3. "You are late."

"I'm so sorry, but **it's not my fault**. The train was delayed because of an accident."

「遅いよ。」「申し訳ない，でも僕の責任じゃないんだ。事故で電車が遅れたんだよ。」

◀ 解説

1. 〈too ＋形容詞〔副詞〕＋ to *do*〉は「〜するには…すぎる，あまりに…なので〜できない」という意味。

2. mean to *do* は「〜するつもりだ」という意味。**I didn't mean to *do*.「〜するつもりはなかった。」**は，「わざとではない」と釈明する表現。

3. ・fault は「責任」という意味の名詞。**It's not my fault.** で「**それは私の責任ではない。**」という意味。

   ・The train was delayed because of an accident. のように，事情を説明するほうが丁寧。

▌ 語句と語法のガイド ▐

hurt [hə́ːrt]	動	〜を傷つける
because of 〜	熟	〜のために，〜が原因で

‹ ━━━━━ ››››››››› **Example Bank** ‹‹‹‹‹‹‹‹‹ ━━━━━ ›

A 不定詞の否定形

1. She told me **not to** be late.　彼女は私に遅れないようにと言った。

◀ 解説

不定詞の否定形

1. **不定詞の否定形**は，不定詞の直前に not, never を置く（never は not より強い否定）。

⇨ Tom promised **never to** tell a lie.(トムは決してうそをつかないと約束した。)

not の位置によって，文の意味が違ってくる。

She told me **not to** be late.〔不定詞を否定〕

➡ She **didn't tell** me **to** be late.〔述語動詞を否定〕

（彼女は私に遅れるようにとは言わなかった。）

《注意》目的を表す否定形は in order not to *do* や so as not to *do* で表すことが多い。

B 不定詞が表す〈時〉

2. He seems **to be** ill.　彼は(今)病気であると(今)思われる。

3. He seems **to have been** ill.　彼は(以前 / これまで)病気だったと(今)思われる。

◀ 解説

〈to ＋動詞の原形〉

〈to ＋動詞の原形〉は**述語動詞と同じ時**を表す。

2. 述語動詞は現在形(seems)で「現在」を表し，不定詞(to be ill)も同様に「現在」を表す。彼が「今」病気であると，話し手は「今」思っている。

It **seems** that he **is** ill. ＝ He **seems** **to be** ill.
現在　　　　現在　　　　　現在　↑同じ「現在」を表す
└── 同じ時 ──┘

次の例文では，述語動詞は過去形(seemed)で「過去」を表し，不定詞(to be ill)も同様に「(同じ時である)過去」を表す。彼が「その時」病気だったと，話し手は「その時」思ったのである。

He seemed **to be** ill.(彼は病気であると思われた。)

It **seemed** that he **was** ill. = He **seemed** **to be** ill.
過去　　　　　過去　　　　　　　　過去　　↑同じ「過去」を表す
└── 同じ時 ──┘

〈to have ＋過去分詞〉

〈**to have ＋過去分詞**〉は**述語動詞よりも前の時**を表す。

3. 述語動詞は現在形(seems)で「現在」を表し，不定詞(to have been ill)は述語動詞よりも前の時，つまり「過去」を表している。彼が「以前」病気だったと，話し手は「今」思っている。

It **seems** that he **was** ill. = He **seems to have been** ill.
現在　　　　　過去　　　　　　　　現在　↑1つ前の時(過去)を表す
└── 違う時 ──┘

次の例文では，述語動詞は過去形(seemed)で「過去」を表し，不定詞(to have been ill)は述語動詞よりも前の時，つまり「それ以前(さらに過去)」を表している。彼が「それ以前」に病気だったと，話し手は「その時」思ったのである。

⇨ He seemed **to have been** ill.(彼は病気だったと思われた。)

➡ It **seemed** that he **had been** ill. = He **seemed to have been** ill.
過去　　　　　さらに過去　　　　　　過去　↑1つ前の時(さらに過去)を表す
└── 違う時 ──┘

《参考》〈to have ＋過去分詞〉が現在完了の意味を表す場合もある。

⇨ It **seems** that he **has been** ill since last month.
　　現在　　　　　現在完了

＝ He **seems to have been** ill since last month.
　　現在　↑現在までの継続

(彼は先月からずっと病気であると思われる。)

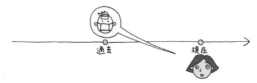

C 不定詞の進行形・受動態

4. She seems **to be enjoying** her holiday.　彼女は休日を楽しんでいるようだ。

5. Children need **to be accompanied** by an adult.

　　子どもは大人に同行してもらう必要がある。

解説

不定詞の進行形

　4. 不定詞の出来事が進行中であることを示す場合は，**不定詞の進行形**〈to be ＋ **doing**〉で表す。〈seem to be ＋ doing〉は「〜しているようだ」という意味になる。

不定詞の受動態

　5. 不定詞の出来事を受動態で表す場合は，**不定詞の受動態**〈to be ＋過去分詞〉とし，完了不定詞の受動態は〈to have been ＋過去分詞〉の形になる。

　⇨ The stone seems **to have been used** in the sixth century.

　（その石は 6 世紀に使われていたと思われる。）

D 不定詞を使った慣用表現

6. I'm **too** tired **to** walk.　　　　　　　　　私はあまりにも疲れていて歩けない。

7. He is smart **enough to** solve the puzzle.　彼はそのパズルを解くほど賢い。

8. We arrived early **in order to** get good seats.

　　私たちは良い席を確保するために早く到着した。

9. To tell (you) the truth, I woke up late this morning.

　　実を言うと，今朝は寝坊したのです。

解説

〈too ＋形容詞〔副詞〕＋ to do〉

　6.「〜するには…すぎる / あまりに…なので〜できない」という意味。形の上では肯定文だが**否定の内容**を表す。too と to do の間には形容詞や副詞が入る。**so ... that 〜**を使って，ほぼ同じ意味を表すことができる。that 以下は否定形(can't)になる。

　　= I'm **so** tired **that** I **can't** walk.

〈形容詞〔副詞〕＋ enough to do〉

　7.「〜するほど(十分)…/(十分)…なので〜する」という意味。**肯定の内容**を表す。enough は形容詞や副詞の直後に置かれる。**so ... that 〜**を使って，ほぼ同じ意味を表すことができる。that 以下は肯定形(can)になる。

　　= He is **so** smart **that** he **can** solve the puzzle.

in order to do ／ so as to do

　8.「〜するために」という意味。in order to do や so as to do を用いると，to do の「目的」の意味をより明確に表す。to の直前に not を置くと，「〜しないように」という意味になる。

　⇨ I got up early **so as not to** be late for the first train.

（始発列車に乗り遅れないように私は早起きした。）

独立不定詞

9. 不定詞が文のほかの要素から離れて独立した位置に置かれ，文全体を修飾することがある。この用法を**独立不定詞**と呼ぶ。前置きや挿入として使われ，文頭に置かれるほか，文中や文尾に置かれることもある。

〔●独立不定詞の慣用表現〕

to tell (you) the truth（実を言うと）	to make matters worse（さらに悪いことには）
to begin[start] with（まず第一に）	to be frank with you（率直に言うと）
needless to say（言うまでもなく）	strange to say（奇妙なことに）

〈疑問詞＋ to 不定詞〉

〈疑問詞＋ to 不定詞〉は，「疑問詞の意味＋〜すべきか」を表す。主に動詞の目的語として用いられる。why to *do* は普通，用いない。

〔●〈疑問詞＋ to 不定詞〉〕

what to *do*（何を〜すべきか）　　　　what ＋名詞＋ to *do*（何の…を〜すべきか）
which to *do*（どちらを〜すべきか）
which ＋名詞＋ to *do*（どちらの…を〜すべきか）
who[whom] to *do*（誰を〔誰に〕〜すべきか）
when to *do*（いつ〜すべきか）　　　　where to *do*（どこで〔どこへ〕〜すべきか）
how to *do*（どのように〜すべきか〔〜する方法〕）

〈 ＞＞＞＞＞＞＞＞＞＞ **Try it out** ＜＜＜＜＜＜＜＜＜＜ 〉

1　Imagine something broke by accident. Talk about what happened. Practice the sentences and responses with a partner. Then, change the underlined words to make your own conversation. See **Function**.

（何かが偶然に壊れたと想像しなさい。何が起こったのか話しなさい。パートナーと文と応答を練習しなさい。それから，下線部の語句を変えて，あなた自身の会話をしなさい。）

!ヒント

何かが偶然に壊れたことを話題にして会話する。Function で提示されている「弁解する」表現を使うようにする。It's not my fault.「それは私の責任ではない」。

（例）
A: Oh, did you <u>break the mug</u>?　（ああ，あなたがそのマグカップを壊したのですか。）
B: Yes, but it's **not my fault**.　（はい，でも私の責任ではありません。）
A: What do you mean?　（どういうことですか。）
B: <u>My brother bumped into me and it slipped</u>.
　（兄〔弟〕が私にぶつかって，それが滑り落ちました。）

会話例

A: Oh, did you <u>break the chair</u>?

B: Yes, but it's **not my fault**.

A: What do you mean?

B: <u>My sister told me to put the box on the chair. It was too heavy.</u>

2　Talk with your partner. What do students do? Does it seem to be working? Give your opinion with reasons and examples. Then, change the underlined words to make your own conversation. You can use the phrases in the box if necessary. See **Example Bank**.
（パートナーと話しなさい。生徒は何をしますか。それはうまくいっていると思いますか。理由や例とともにあなたの意見を述べなさい。それから，下線部の語句を変えて，あなた自身の会話をしなさい。必要ならば，ボックスの語句を使ってもかまいません。）

！ヒント

生徒が普段していることは，〜 *do* A in order to *do* B「〜は B するために A している」などを使って言うことができる。Does it seem to be working? で「それはうまくいっているようですか。」という意味。〈seem to be + *doing*〉は「〜しているようだ」という意味。Example Bank で提示されている表現を使うようにする。

（例）

A: What do students in your class do **in order to** <u>get better grades</u>?
（あなたのクラスの生徒はより良い成績をとるために何をしていますか。）

B: <u>Many students do extra study. Some study from books after school.</u>
（多くの生徒が追加の勉強をしています。中には放課後本で勉強する人もいます。）

A: Does it seem **to be working**?
（それはうまくいっているようですか。）

B: <u>I think so. Their results on tests seem</u> **to be** <u>improving.</u>
（私はそう思います。彼らのテストの結果はよくなっているようです。）

会話例

A: What do students in your class do **in order to** <u>achieve their goals</u>?

B: <u>Many students make their plans and try to carry them out. Some make efforts even in their free time.</u>

A: Does it seem **to be working**?

B: <u>I think so. They seem</u> **to be** <u>getting closer to their goals.</u>

3　In pairs, ask and answer the following questions about your friends. Give reasons and examples. Ask follow-up questions.
（ペアになって，友達についての次の質問を尋ね合いなさい。理由や例を述べなさい。追加の質問を尋ねなさい。）

教科書 p.69

(!ヒント)

友達について会話する。与えられた質問に対して答え，追加の質問をして会話を続ける。

1.「あなたは友達に何をしてほしくないですか。」

(例)「彼らはときどきおしゃべりです。私は彼らに話しすぎないでほしいです。」

2.「あなたは自分が友達と旅行するのに十分な年齢だと思いますか。」

(例)「はい。私たちはときどき一緒に1日を過ごすので，私は一緒に旅行することもできるだろうと思います。」

(会話例)

1. What do you want your friends **not to** do?

― They sometimes speak ill of others. I don't think it is a good thing.

(+1) Have you ever told them **not to** do so?

2. Do you think you are old **enough to** travel with your friends?

― No. I think it is sometimes dangerous.

(+1) What do you think about traveling with your friends?

‹ ━━━━━ ›››››››› **Use it** ‹‹‹‹‹‹‹‹ ━━━━━ ›

Write three sentences about something you are trying not to do in your daily life.

(あなたが日常生活でしないようにしていることについて3つの文を書きなさい。)

(例) 主張 主張： I'm trying not to eat too many sweets.

(私は甘いものをたくさん食べすぎないようにしています。)

理由①：They are not good for my health.

(それらは私の健康によくありません。)

理由②：I also don't want to gain weight.

(私はまた太りたくありません。)

(!ヒント)

・例文の書き出しは，I'm trying not to 〜.「私は〜しないようにしている」という文。不定詞を否定形にする場合は to の前に not[never]を置くことに注意する。

・1文目で述べた自分が気を付けていることについて，その理由や根拠を2文目以降で書くとよい。

(作文例)

主張： I'm trying not to study until very late at night before the test.

理由①：It isn't effective to study when we feel sleepy late at night.

理由②：I always try to go to bed early and study in the morning.

< ━━━━━━ >>>>>>>>> **Expressing** <<<<<<<<< ━━━━━━ >

▌ STEP 1 ▌

(問題文の訳)

①と②の2つの会話を聞き，表の空欄を埋めなさい。

(!ヒント)

それぞれの人物がどのような贈り物をもらったのか，またその色，特徴を聞き取る。

▌ STEP 2 ▌

(問題文の訳)

もう一度会話を聞き，空欄を埋めなさい。

(!ヒント)

会話でエミリー，陸が述べていることを聞き取る。

① be glad to ～（～してうれしく思う）

② Thank you for ～（～をありがとう）

③ favorite（お気に入りの）

④ What (a[an])＋形容詞＋名詞～!（なんて～だろう!）

⑤ It is ～ of A to ...（…するとは A は～だ）

▌ STEP 3 ▌

(問題文の訳)

あなたが受け取った贈り物の詳細をパートナーに話しなさい。そのあと,お礼の手紙を書きなさい。

(!ヒント)

贈り物を誰からもらったのか，贈り物の内容や詳細（色，サイズなど），コメントについて話したあと，それをもとにお礼の手紙を書く。

(例) a. one of my friends, Ayaka（友達のアヤカ）

   b. mug（マグカップ）

   c. colorful, beautiful（カラフル，きれい）

   d. I will use it when I drink coffee every morning.
      （毎朝コーヒーを飲むときにそれを使います。）

(作文例)

   Dear ₐ. Ayaka.

   Thank you for ᵦ. giving me the mug. ᵪ. The flowers on the mug are colorful and beautiful. ₔ. I will use it when I drink coffee every morning.

   Thanks again.

                                                             Sincerely,

                                                             Misato

Words & Phrases

次の表の＿＿に適切な英語を書きなさい。

食事（Meals）		友人（Friends）
□ ハンバーガー　hamburger	□ メインコース　main course	□ 知り合いになる
□ ピザ　pizza	□ 日替わりおすすめメニュー	get to know
□ スパゲッティ	the day's special	□ ～と友だちになる
① ＿＿	□ デザート	make friends with ～
□ チャーハン　fried rice	② ＿＿	□ ～と仲直りする
□ 焼きそば　fried noodle	□ お弁当　packed [box] lunch	make (it) up with ～
□ おにぎり　rice ball	□ マグカップ　mug	□ ～と仲良くする
□ もち　rice cake	□ 外食する　eat out	get along with ～
□ 目玉焼き	□ 注文する	□ 友だちとおしゃべりをする
sunny-side up / fried egg	③ ＿＿	chat with a friend
□ フライドポテト	□ 食べ過ぎる　eat too much	□ 親友
French fries	□ 勘定の支払いをする	④ ＿＿
□ ホットケーキ	pay the check[bill]	□ 共通の友だち　mutual friend
hot cake / pancake	□ 割り勘にする　split the bill	

交際・付き合い（Relationships）		
□ あいさつする	□ 招待状	□ 謝る　apologize
⑤ ＿＿	⑦ ＿＿	□ 励ます
□ 握手する　shake hands	□ 祝う　congratulate	⑨ ＿＿
□ お辞儀する	□ パーティーを開く	□ ほめる　compliment
⑥ ＿＿	have[hold] a party	□ 不平を言う　complain
□ 紹介する　introduce	□ ～と連絡を取る	□ 口論する　quarrel
□ 贈り物をする	get in touch with ～	□ 言い争う　argue
give a gift [present]	□ 会う約束	□ 議論する
□ 手紙を受け取る	⑧ ＿＿	⑩ ＿＿
receive a letter	□ ～とデートをする	□ 同意する　agree
□ お礼の手紙　thank-you letter	go (out) on a date with ～	□ 同意しない　disagree

解答
① spaghetti　② dessert　③ order　④ close friend　⑤ greet
⑥ bow　⑦ invitation　⑧ appointment　⑨ encourage　⑩ discuss

Lesson 8 ◀ What sport do you like playing?

Model Conversation

Nami is talking about lacrosse with an exchange student, Sara.

N1: ①What sport do you like **playing**?

S1: ②I love tennis! ③I have been playing it since I was eight. ④Do you play tennis?

N2: ⑤No. ⑥I like playing lacrosse, so I'm on the school lacrosse team. ⑦Have you ever heard of it?

S2: ⑧Yes, but I know almost nothing about it. ⑨It's a team sport played with a ball and a long stick with a net, isn't it?

N3: ⑩Yes. ⑪I hear it was originally played by Native Americans. ⑫The number of lacrosse players has tripled in the past ten years.

S3: ⑬Sounds interesting!

N4: ⑭Why don't you try playing it? ⑮**How about joining** our team**?**

S4: ⑯OK, let me think a bit about it.

奈美は留学生のサラとラクロスについて話しています。

N1: ①どんなスポーツをするのが好き?

S1: ②私はテニスが好きなの!③8歳の時からやっているのよ。④あなたはテニスする?

N2: ⑤しないわ。⑥私はラクロスをするのが好きで,学校のラクロス部に所属しているの。⑦ラクロスって聞いたことがある?

S2: ⑧ええ,でもほとんど何も知らないわ。⑨ボールと網の付いた長い棒でするチームスポーツよね?

N3: ⑩ええ。⑪もともとアメリカの先住民族がしていたそうよ。⑫過去10年間でラクロスをする人は3倍に増えたって聞いているわ。

S3: ⑬おもしろそうね!

N4: ⑭試しにやってみない?⑮私たちの部に入るのはどう?

S4: ⑯わかったわ,少し考えさせて。

語句と語法のガイド

lacrosse [ləkrɔ́s]	名 ラクロス	
hear of ~	熟 ~のことを聞く	
stick [stík]	名 棒	
net [nét]	名 網	
originally [ərídʒənəli]	副 もともと ▶ original 形 元の	
native [néitiv]	形 原住民の	
triple [trípl]	動 3倍になる ▶ 形 3倍の	
past [pǽst]	形 過去の ▶ 名 過去	

📢 解説

① **What sport do you like playing?**

動名詞 playing は他動詞 like の目的語になっている。 **EB3**

③ **I have been playing it since I was eight.**

現在完了進行形の文。ここでの since は接続詞で、後に節が続いている。

⑨ **It's a team sport played with a ball and a long stick with a net, isn't it?**

a team sport を played with a ball and a long stick with a net が修飾している。
過去分詞の形容詞的用法（⇒ cf. L.9 分詞）。

⑫ **The number of lacrosse players has tripled in the past ten years.**

the number of ～は「～の数」という意味で、単数扱いなので、has となっている。a number of ～「たくさんの～」との違いに注意する。

⑭ **Why don't you try playing it?**

try *do*ing で「試しに～してみる」という意味。

⑮ **How about joining our team?**

How about *do*ing? で「～するのはどうですか」と提案しながら誘いかける表現。about は前置詞なので後ろに名詞がくる。ここでは動名詞が置かれている。 **EB4**

⑯ **OK, let me think a bit about it.**

〈let + O +原形不定詞(*do*)〉で「O に～させる、O が～することを許す」という意味。

‖ Listening Task ‖

Circle T for True or F for False. （正しければ T、間違っていれば F に○をつけなさい。）
（！ヒント）

1. サラは今までにラクロスについて聞いたことがあるか。（→⑦⑧）
2. 奈美はサラにラクロス部に参加するように誘ったか。（→⑮）
3. 奈美はアメリカの先住民族の伝統に興味があるか。（→⑪）

< ━━━ >>>>>>> **Function（誘う・申し出る）** <<<<<<< ━━━ >

1. "**Let's** play football together." "Sure. / OK."
「一緒にサッカーをしよう。」「もちろん。/ ええ。」

2. "**How about** going to see a baseball game this weekend**?**"
"Sounds good. / Sorry, I have other plans."
「今週末に野球の試合を見に行きませんか。」
「いいですね。/ すみません、他の予定があります。」

3. "**Would you like to** join our team?"
"Yes, I'd love to. / Sorry, I'm not really into sports. / Let me think about it."
「私たちのチームに加わりませんか。」
「ええ、喜んで。/ すみません、スポーツはあまり好きではありません。/ 考えさせてください。」

◀ 解説

1. **Let's** *do*. で「～しましょう」と相手を誘う表現。動詞の原形を用いる。

2. ・**How about _do_ing?** で「**〜するのはどうですか**」と提案しながら誘いかける表現。about の後ろには動名詞を置く。

　・勧誘に肯定的に答える場合は，OK. / All right.「いいですよ。」，Sure.「もちろん。」，That sounds good[Sounds good]. / Great.「いいね。」などを使う。

　・勧誘に否定的に答える場合は，I'm sorry, but 〜.「すみませんが，〜。」，I'm afraid 〜.「残念ですが〜。」などを使う。

3. ・**Would you like to _do_?** は「〜しませんか」という丁寧な申し出の表現。

　・肯定的には，I'd like[love] to (join you). などと答える。

　・Let me think about it.「考えさせてください。」の let は使役動詞。

‹ ━━━━━ ⟩⟩⟩⟩⟩⟩⟩⟩⟩⟩ **Example Bank** ‹‹‹‹‹‹‹‹‹ ━━━━━ ⟩

A　動名詞の用法

1. **Playing** baseball is[×are] fun.　野球をすることは楽しい。
2. My favorite pastime is **watching** movies.
　私のいちばん好きな娯楽は映画を見ることです。
3. I like **listening** to music.　私は音楽を聴くことが好きです。
4. Thank you _for_ **coming**[×to come] today.　今日は来てくれてありがとう。

◀《解説

[動名詞]

　動詞の原形に -ing が付いて「〜すること」という名詞の働きをするものを**動名詞**と呼ぶ。動名詞は，目的語を伴ったり，副詞を伴ったりするという動詞の性質を持ちながら，文中で主語・補語・目的語・前置詞の目的語になるという**名詞の働き**をする。

[主語]

　1. Playing baseball が文の中で主語になっている。動名詞 playing は baseball という目的語を伴っている。

名詞の働き：主語になる　　**Playing** baseball is fun.
　　　　　　　　　　　　　　　　文の主語
動詞の性質：目的語をとる　　**Playing** baseball is fun.
　　　　　　　　　　　　　　playing の目的語

《参考》不定詞の名詞的用法と同様，動名詞が主語のときに形式主語の it を使うことがある。
　　⇨ **It** was a lot of fun **talking** with his brother.
　　　（彼のお兄さん[弟さん]と話をするのはとても楽しかった。）

[補語]

　2. watching movies は，主語がどのようなものかを説明している。すなわち be 動詞 is の補語になっている。

[動詞の目的語]

　3. listening to music は他動詞 like の目的語になっている。

前置詞の目的語

　4. coming today が前置詞 for の目的語になっている。

〔●〈前置詞＋動名詞〉でよく使われる表現〕

> be fond of *doing*（～するのが好きである）　be good at *doing*（～するのが上手である）
> be interested in *doing*（～することに興味がある）　before *doing*（～する前に）

B　動名詞の意味上の主語

5. I don't like **him〔his〕going** out at night.　私は彼が夜に外出することを好まない。
　　cf. I don't like **going** out at night.　私は夜に外出することを好まない。

6. **Getting** regular exercise is a good habit.　定期的な運動をすることは良い習慣だ。

◀ 解説

動名詞の意味上の主語

　動詞の性質を持つ動名詞は，動詞と同じようにその主語が存在する。これを動名詞の**意味上の主語**という。意味上の主語は示す場合と示さない場合がある。

意味上の主語が代名詞

　意味上の主語が代名詞の場合，**目的格**か**所有格**を動名詞の直前に置く。動詞や前置詞の後に続く場合，目的格のほうが口語的である。

5. I don't like **him〔his〕 going** out at night.〔外出するのは彼〕
　　S　V　　　　　S'　　V'
　（文全体の主語と動詞）（動名詞の主語と動詞）

　　I don't like **going** out at night.〔外出するのは私〕
　S＝S'　V　　V'

《注意》代名詞の主格を意味上の主語として用いることはできない。
　　　　×*I don't like he going out at night.*

意味上の主語が名詞

　意味上の主語が名詞の場合，**そのままの形**か，あるいは**所有格**を動名詞の直前に置く。

⇨ He is anxious about **Lucy('s) staying** home alone.
　S　V　　　　　　　　S'　　V'　　　　〔1人で家にいるのはルーシー〕
　（文全体の主語と動詞）　（動名詞の主語と動詞）

　（彼はルーシーが1人で家にいるのを心配している。）

《注意》動名詞が文全体の主語となっている場合は，意味上の主語は所有格で表す。目
　　　　的格やそのままの形は使えない。

　　　　⇨ **His** speaking Japanese surprised us all.〔×*Him speaking* ～〕
　　　　⇨ **The boy's** speaking Japanese surprised us all.〔×*The boy speaking* ～〕
　　　　（彼〔その少年〕が日本語を話したので，私たちはみんな驚いた。）

意味上の主語を示さない場合

　6. 動名詞の意味上の主語が「一般の人々」の場合は示さない。

C 動名詞の否定形・受動態

7. I'm sorry for not **writing** sooner.　もっと早く手紙を書かなくてすみません。

8. My little sister is tired of **being treated** like a child.

　私の妹は子ども扱いされることにうんざりしている。

◀『解説

[動名詞の否定形]

　7. 動名詞を否定する場合, 動名詞の直前に否定語の not や never を置き,〈**not[never]** **+ doing**〉の形で,「～しないこと」の意味となる。

[動名詞の受動態]

　8. 動名詞の受動態は,〈**being ＋過去分詞**〉の形で,「～されること」の意味となる。動名詞の受動態を完了形にする場合は,〈**having been ＋過去分詞**〉の形で,「～されたこと」の意味となる。

⇨ She **is** angry at <u>having been called</u> by that nickname.
　　　現在　　　　　　　　　過去

　（彼女はそのあだ名で呼ばれたことに怒っている。）

《注意》動名詞の受動態を否定する場合も, 動名詞の直前に not や never を置く。

　　　⇨ Mr. Ryan complained of <u>not being respected</u> by the students.

　　　（ライアン氏は生徒から尊敬されていないと不平を言った。）

‹ ━━━━━ ⟩⟩⟩⟩⟩⟩⟩⟩⟩ **Try it out** ‹‹‹‹‹‹‹‹‹ ━━━━━ ›

① You are talking with a classmate about how to spend your lunch break. Practice in pairs. Then, make your own suggestions. You can use the sentences in the box. See **Function**.

（あなたは昼休みの過ごし方についてクラスメートと話しています。ペアになって練習しなさい。それから, あなた自身の提案をしなさい。ボックスの文を使ってもかまいません。）

(！ヒント)

Function で提示されている「誘う・申し出る」表現とその答え方に注意する。Would you like to *do*?「～しませんか」。How about *doing*?「～するのはどうですか」。Let's *do*.「～しましょう」。

1. Would you like to play baseball?　（野球をしませんか。）

2. OK then. **How about** taking a break from sports?

　（わかりました。スポーツをひと休みしませんか。）

3. Let's go to the library.　（図書館に行きましょう。）

a. Sounds good. I want to borrow a book.　（いいですね。私は本を借りたいです。）

b. Sorry, I don't feel like it today.　（すみません, 私は今日そんな気分ではありません。）

c. OK. What do you have in mind?　（わかりました。あなたは何を考えていますか。）

会話例
1. **Would you like to** play baseball? ― Sorry, I can't. I have to do my homework.
2. OK then. **How about** taking a break from sports? ― OK. Do you have any idea?
3. Let's go to the library. ― Let me think about it.

2   Talk with your partner. What do students in your class like doing in their free time?
Share your ideas. Then, change the underlined words to make your own conversation.
Give reasons and examples. You can use the phrases in the box if necessary. See
Example Bank.
（パートナーと話しなさい。あなたのクラスの生徒は暇なときに何をするのが好きです
か。考えを共有しなさい。それから，下線部の語句を変えて，あなた自身の会話をしな
さい。理由や例を述べなさい。必要ならば，ボックスの語句を使ってもかまいません。）
！ヒント
like *doing*（～するのが好きだ）のような動名詞を用いた表現を使うとよい。Example
Bank で提示されている表現を使うようにする。
（例）
A: What things do most students in our class like **doing** in their free time?
（私たちのクラスのほとんどの生徒は暇なときどのようなことをするのが好きですか。）
B: Most students like **listening** to music. They like **relaxing** when they have
free time. （ほとんどの生徒は音楽を聞くのが好きです。彼らは暇なときにリラック
スするのが好きです。）
A: Do students in this class complain about **not being** able to do things?
（このクラスの生徒たちはすることができないことについて不満を言っていますか。）
B: Yes. I think some students complain about **not having** enough time to do
homework. （はい。私は生徒の中には宿題をする十分な時間がないと不満を言って
いる人がいると思います。）
会話例
A: What sports do most students in our class like **playing** in their free time?
B: Most students like **playing** soccer. Some of them go to the park to play it.
A: What do students in our class complain about **not being** able to do?
B: I think that some students complain about not having enough time to enjoy
sports.

3   In pairs, ask and answer the following questions. Give reasons and examples. Ask
follow-up questions.
（ペアになって，次の質問を尋ね合いなさい。理由や例を述べなさい。追加の質問を尋
ねなさい。）

【！ヒント】

得意な料理や最後にお礼を言ったのはいつかについて会話する。与えられた質問に対して答え、さらに具体的な説明を加える。追加の質問をして会話を続ける。

1.「あなたはどんな種類の食べ物を料理するのが得意ですか。」

（例）「私はカレーをつくるのが得意です。私はそれをとても辛くするのが好きです。」

2.「あなたが最後に誰かにお礼を言ったのはいつでしたか。」

（例）「私は今朝、母に朝食をつくってくれることにお礼を言いました。母はパンケーキをつくってくれました。」

【会話例】

1. What kind of food are you good at **cooking**?

　— I'm good at **cooking** soup. I sometimes cook different kinds of soup at one time.

　(+1) How did you learn how to cook soup?

2. When was the last time you thanked someone?

　— I thanked our coach for **giving** some advice yesterday. Thanks to his advice, our team won.

　(+1) What did you say to him?

‹ ══════════ ⟩⟩⟩⟩⟩⟩⟩⟩⟩ **Use it** ‹‹‹‹‹‹‹‹‹ ══════════ ›

Tell your classmates about your favorite sport or activity. Write three sentences.

（お気に入りのスポーツや活動についてクラスメートに伝えなさい。3つの文を書きなさい。）

（例）　説明　主題：　My favorite sport is baseball.

　　　　　　　　　　（私のお気に入りのスポーツは野球です。）

　　　　　詳述①：I started playing it when I was six.

　　　　　　　　　　（私は6歳のときにそれをし始めました。）

　　　　　詳述②：Now I belong to the baseball team in my school and practice five days a week.（現在、私は学校の野球部に所属して、1週間に5日練習しています。）

【！ヒント】

自分のお気に入りのスポーツや活動を述べるには、my favorite 〜, like *doing* などの表現を使うとよい。

〔盛り込む観点の例〕

・お気に入りのスポーツや楽器について、趣味について　など

【作文例】

主題：　I'm good at drawing pictures.

詳述①：I like drawing animals very much.

詳述②：I go to the zoo to draw some pictures when I have free time.

Model Conversation

Nami and Sara are talking about the lacrosse team.

N1: ①Do you think you'll join our lacrosse team?

S1: ②I'm not sure yet, but I'll come to the practice this Saturday and see how it goes.

N2: ③That's good.　④We **start practicing** at two every Saturday.　⑤I **highly recommend** joining the team.

S2: ⑥Thanks.　⑦Do you often play against other teams?

N3: ⑧Sure.　⑨Next month we have a big tournament with dozens of teams. ⑩I think it**'s worth** watching. ⑪You'll get a good idea about the sport.

S3: ⑫That sounds great!　⑬I'll be there. ⑭I'm **looking forward to seeing** it.

奈美とサラはラクロス部について話しています。

N1: ①ラクロス部に入ってくれる?

S1: ②まだわからないの, でも今度の土曜日に練習に行って, どんな様子なのか見てみるつもりよ。

N2: ③よかったわ。④毎週土曜日の2時から練習を始めているわ。⑤ぜひ私たちの部に入ってほしいわ。

S2: ⑥ありがとう。⑦よくほかのチームと試合をするの?

N3: ⑧もちろん。⑨来月, たくさんのチームが出る大きなトーナメントがあるの。⑩見る価値があると思うわ。⑪ラクロスのことがよくわかるようになるわ。

S3: ⑫すごいわね!⑬見に行くわ。⑭見るのが楽しみよ。

語句と語法のガイド

highly [háili]	副	大いに, 非常に
recommend [rèkəménd]	動	〜を推薦する
play against 〜	熟	〜と対戦する
tournament [túərnəmənt]	名	トーナメント
dozens of 〜	熟	多数の〜　▶ dozen 名 ダース
get a good idea about 〜	熟	〜についてよくわかる

解説

④ **We start practicing at two every Saturday.**

　start は動名詞も to 不定詞も目的語とする。 **EB6**

⑤ **I highly recommend joining the team.**

　I highly recommend 〜. で「私は〜を本当にお薦めします」。joining は動名詞。

⑩ **I think it's worth watching.**

　be worth *doing* は「〜する価値がある」という意味。

⑭ **I'm looking forward to seeing it.**

　look forward to *doing* は「〜するのを楽しみに待つ」という意味。進行形で用いられることが多い。 **EB7**

▌ Listening Task ▌

Circle T for True or F for False. （正しければ T, 間違っていれば F に◯をつけなさい。）

（！ヒント）

1. サラはラクロス部に体験として参加するつもりか。（→②）

2. サラはラクロス部に参加することを決めているのか。（→①②）

3. 奈美のチームは毎週土曜日に何をしているのか。（→④）

‹ ════ ›››››››››› **Function（推薦する）** ‹‹‹‹‹‹‹‹‹‹ ════ ›

1. "Have you ever seen that movie?" "Yeah, I **highly recommend** it."
   「あの映画を見たことはありますか。」「ええ，本当にお薦めですよ。」

2. "This book **is worth** reading." "Thanks. I'll try it."
   「この本は読む価値がありますよ。」「ありがとう。読んでみます。」

3. "Can you **suggest** something from the menu?"
   "Oh, this hamburg steak is good."
   「おすすめのメニューは何ですか。」「そうですね，このハンバーグはおいしいですよ。」

◀️ 解説

1. **I highly recommend 〜.** で「私は〜を本当にお薦めします」という意味。

2. **be worth** *doing* は「〜する価値がある」という意味。この例文の主語は動名詞の意味上の目的語でもある。

3. suggest は「（良いと考えられるもの）を提案する，推薦する」という意味の動詞。 **Can you suggest something?** で「何かすすめてもらえますか」という意味。

▌ 語句と語法のガイド ▌

hamburg steak　　　　　　　　　　　名 ハンバーグステーキ（= hamburger steak）

‹ ════ ›››››››››› **Example Bank** ‹‹‹‹‹‹‹‹‹‹ ════ ›

A　動名詞が表す〈時〉

1. She *is* proud of **being** a nurse.　彼女は看護師であることを誇りに思っている。

2. She *was* proud of **being** a nurse.　彼女は看護師であることを誇りに思っていた。

3. She *is* proud of **having been** a nurse.　彼女は看護師だったことを誇りに思っている。

4. She *was* proud of **having been** a nurse.　彼女は看護師だったことを誇りに思っていた。

◀️ 解説

（動詞の原形＋ing）

　動名詞を表す〈**動詞の原形＋ing**〉は**述語動詞と同じ時**を表す。

　1. 述語動詞は現在形（is）で「現在」を表し，動名詞（being）も同様に「現在」を表す。
彼女は「今」看護師であることを「今」誇りに思っている。

　　　She **is** proud of **being** a nurse.

　　= She **is** proud that she **is** a nurse.
　　　　現在　　　　　　　　現在

2. 述語動詞は過去形(was)で「過去」を表し，動名詞(being)も同様に「(同じ時である)過去」を表す。彼女が看護師だったのも，それを誇りに思っていたのも同じ「過去」である。

　　　She **was** proud of **being** a nurse.

　= She **was** proud that she **was** a nurse.
　　　　　過去　　　　　　　　　　　過去

〔〈having ＋過去分詞〉〕

　動名詞を表す〈**having ＋過去分詞**〉は**述語動詞よりも前の時，またはその時点まで**を表す。**完了形の動名詞**と呼ばれる。

3. 述語動詞は現在形(is)で「現在」を表し，動名詞(having been)は述語動詞よりも前の時，またはその時点までを表している。つまり，彼女は「過去」に看護師だったこと，または「現在まで」看護師であることを，「今」誇りに思っている。

　　　She **is** proud of **having been** a nurse.

　= She **is** proud that she **was** a nurse.
　　　　　現在　　　　　　　　　過去

4. 述語動詞は過去形(was)で「過去」を表し，動名詞(having been)は述語動詞よりも前の時，つまり「それ以前(さらに過去)」を表している。「(誇りに思った時点よりもさらに)過去」に看護師だったことを表している。

　　　She **was** proud of **having been** a nurse.

　= She **was** proud that she **had been** a nurse.
　　　　　過去　　　　　　　　さらに過去

B　動名詞・不定詞を目的語とする動詞

5. We **enjoyed playing** cards.　　私たちはトランプをして楽しんだ。

6. I **like to** play soccer. / I **like playing** soccer.　　私はサッカーをすることが好きです。

7. I am **looking forward to hearing** from you.

　　あなたからの便りを楽しみに待っています。

8. I **remember seeing** him at the party.　　私はパーティーで彼に会ったのを覚えている。

9. Remember to turn off the lights.　　忘れずに照明を消してね。

◀◁ 解説

〔動詞の目的語になる動名詞と不定詞〕

　動名詞と to 不定詞はどちらも動詞の目的語になる。どちらを目的語にするかは動詞によって決まる。動名詞のみを目的語とする動詞，to 不定詞のみを目的語とする動詞，どちらも目的語にする動詞がある。

〔動名詞のみを目的語とする動詞〕

5. 次の動詞は動名詞のみを目的語とする。動名詞は**すでに起こったこと，当面の事柄**を表すことが多い。

admit *doing*（〜を認める）	avoid *doing*（〜を避ける）
consider *doing*（〜を熟考する）	deny *doing*（〜を否定する）
enjoy *doing*（〜を楽しむ）	escape *doing*（〜を免れる）
finish *doing*（〜を終える）	give up *doing*（〜をあきらめる）
mind *doing*（〜を気にする）	miss *doing*（〜をし損なう）
practice *doing*（〜を練習する）	quit *doing*（〜をやめる）
stop *doing*（〜をやめる）	suggest *doing*（〜を提案する）

⇨ The man **admitted having** stolen the money.（その男は金を盗んだことを認めた。）

不定詞のみを目的語とする動詞

　次の動詞は to 不定詞のみを目的語とする。to 不定詞以下の内容は**未来のこと**を表すことが多い。

agree to *do*（〜に同意する）	attempt to *do*（〜を試みる）
decide to *do*（〜を決める）	expect to *do*（〜すると期待する）
fail to *do*（〜し損なう）	hope to *do*（〜することを望む）
learn to *do*（〜するようになる）	offer to *do*（〜を申し出る）
plan to *do*（〜を計画する）	refuse to *do*（〜を断る）
wish to *do*（〜したいと思う）	

⇨ I **hope to** see you again.（あなたにまた会いたい。）

動名詞も不定詞も目的語とする動詞

6. 次の動詞は動名詞も to 不定詞も目的語とする。どちらを使ってもほとんど意味は変わらない。

① 「好き・嫌い」を表す動詞

like *doing* / to *do*（〜が好きである）	love *doing* / to *do*（〜が大好きである）
prefer *doing* / to *do*（〜がより好きである）	hate *doing* / to *do*（〜を嫌う）

② 「開始・継続」を表す動詞

start *doing* / to *do*（〜を始める）	begin *doing* / to *do*（〜を始める）
continue *doing* / to *do*（〜を続ける）	

⇨ Misaki **started to** learn the piano at the age of five.

＝ Misaki **started learning** the piano at the age of five.

　（美咲は 5 歳のときにピアノを習い始めた。）

動名詞を使った慣用表現

7. look forward to *doing* は「〜するのを楽しみに待つ」という意味。進行形で用いられることが多い。to の後に名詞がくることもある。

⇨ I **am looking forward to** *your reply*.（お返事を楽しみにしています。）

be worth *doing* は「**〜する価値がある**」という意味。次の例文の主語は動名詞の意味上の目的語でもある。

⇨ That movie **is worth seeing**.（その映画は見る価値がある。）

= **It is worth[worthwhile] seeing** that movie.(その映画を見ることは価値がある。)

be used to *doing* は「**～することに慣れている**」という意味。be 動詞の代わりに get を用いると「～することに慣れる」という変化を表す。

⇨ You will **get used to living** here soon.(すぐにここでの生活に慣れますよ。)

目的語が動名詞と不定詞で意味が異なる動詞

8, 9. 次の動詞は，動名詞を目的語とするか to 不定詞を目的語とするかで意味が違ってくるので注意が必要。

remember *doing*(～したことを覚えている)
remember to *do*(～することを覚えておく，忘れずに～する)
forget *doing*(～したことを忘れる)　forget to *do*(～することを忘れる)
regret *doing*(～したことを後悔する)　regret to *do*(残念ながら～する)
try *doing*(試しに～してみる)　try to *do*(～しようとする)

〉〉〉〉〉〉〉〉 **Try it out** 〈〈〈〈〈〈〈〈〈

1 　You want to buy a book and are talking with the shop staff. Practice in pairs. Then, make your own recommendations. You can use the sentences in the box. See **Function**. (あなたは本を買いたいと思い，店員と話しています。ペアになって練習しなさい。それから，あなた自身の推薦をしなさい。ボックスの文を使ってもかまいません。)

(！ヒント)

Function で提示されている「推薦する」表現を使うようにする。I highly recommend ～.「私は～を本当におすすめします」。What would you suggest?「何かおすすめはありますか」。be worth *doing*「～する価値がある」。

1. Hello. Can I help you?　(こんにちは。何かお探しでしょうか。)

2. I **highly recommend** this book.　(この本は本当におすすめですよ。)

3. What did you think?　(あなたはどう思いましたか。)

a. Yes. I'm looking for a book. Something that will make me laugh. What would you **suggest**?　(はい。私は本を探しています。私を笑わせてくれるものです。何かおすすめはありますか。)

b. It's really funny. It **is worth** seeing.
(それはとてもおもしろいです。それは見る価値があります。)

c. OK. I haven't read it, but I've seen the movie.
(わかりました。私はそれを読んだことがありませんが，映画を見たことがあります。)

(会話例)

1. Hello. Can I help you?
　— Yes. I'm looking for a science fiction novel. Do you have any books to **recommend**?

2. I **highly recommend** this book.
　— Looks nice. I heard the story from one of my friends.

3. What did you think? — I thought it was an exciting story.

2　Talk with your partner about your favorite pastime. What do you enjoy? Share your ideas. Then, change the underlined words to make your own conversation. Give reasons and examples. See **Example Bank**.
（パートナーとお気に入りの娯楽について話しなさい。あなたは何をするのを楽しみますか。考えを共有しなさい。それから，下線部の語句を変えて，あなた自身の会話をしなさい。理由と例を述べなさい。）

！ヒント
enjoy のあとには（動）名詞がくることに注意する。Example Bank を参考にする。
（例）
A: What kind of movies do you **enjoy watching**?
　（あなたはどんな種類の映画を見るのを楽しみますか。）
B: I like anime, but I also enjoy watching science fiction.
　（私はアニメが好きですが，SF を見るのも楽しみます。）
A: What is your favorite anime movie?
　（あなたのお気に入りのアニメの映画は何ですか。）
B: I recently watched *Demon Slayer*. It was a very moving story. I cried.
　（私は最近『鬼滅の刃』を見ました。それはとても感動的な物語でした。私は泣きました。）

会話例
A: What kind of movies do you **enjoy watching**?
B: I like foreign romantic movies.
A: What is your favorite romantic movie?
B: I recently watched *Roman Holiday*. It was an old movie, but I was moved by the story. I cried.

3　In pairs, ask and answer the following questions. Give reasons and examples. Ask follow-up questions.
（ペアになって，次の質問を尋ね合いなさい。理由や例を述べなさい。追加の質問を尋ねなさい。）

！ヒント
誇りに思っていることや，6 歳以下のときにしたことについて会話する。与えられた質問に対して答え，追加の質問をする。
1.「あなたは今何を誇りに思っていますか。」
　（例）「私は以前 1 等賞をとったことを誇りに思っています。私はそれを決して忘れな

いでしょう。」

2.「あなたは 6 歳以下のときにしたことを何か覚えていますか。」

(例)「私は幼稚園で演技をしたことを覚えています。私たちは劇をして歌を歌いました。」

(会話例)

1. What are you proud of now?

— I'm proud of **having been** the captain of the basketball club in junior high school.

(+1) Did you have any good experiences when you were the captain?

2. What do you **remember doing** when you were six or younger?

— I remember **playing** with my friends in the park when I was about four years old.

(+1) Do you remember their names?

⟨ ━━━━━━ ≫≫≫≫≫≫≫≫≫ **Use it** ⟨⟨⟨⟨⟨⟨⟨⟨⟨ ━━━━━━ ⟩

Tell your classmates about something you are looking forward to doing.　Write three sentences.

(あなたがするのを楽しみにしていることについてクラスメートに伝えなさい。3 つの文を書きなさい。)

(例)　説明　主題：　I'm looking forward to skiing in Hokkaido again with my family this winter.(私はこの冬に，家族と再び北海道でスキーをすることを楽しみにしています。)

　　　　　　　詳述①：We plan to visit Niseko and stay there for two days.
　　　　　　　　　　　(私たちはニセコを訪れ，2 日間そこに滞在するつもりです。)

　　　　　　　詳述②：We also plan to visit Sapporo for sightseeing.
　　　　　　　　　　　(私たちはまた，観光で札幌を訪れるつもりです。)

(！ヒント)

・1 文目は例文のように，look forward to *doing*「〜することを楽しみにして待つ」を使うとよい。

・2 文目以降は，hope to 〜などの未来志向を表す不定詞の表現を使うとよい。

〔盛り込む観点の例〕

・次の休日にしたいと思っていることについて

・年末年始にする予定について　など

(作文例)

主題：　I'm looking forward to going to see a movie with my friends this weekend.

詳述①：It's a romantic comedy and very popular among young people.

詳述②：I hope to talk about it with them after watching it.

< ━━━━━ >>>>>>>>>> **Expressing** <<<<<<<<<< ━━━━━ >

▌ STEP 1 ▐

(問題文の訳)

①～③の３つの会話を聞き，次の質問に対する答えを書きなさい。

(！ヒント)

質問に対する答えを書く。1.はそれぞれの人物の一番好きなスポーツまたは活動を書き，2.はそれぞれの人物がスポーツをすることで可能になると考えていることを書く。

▌ STEP 2 ▐

(問題文の訳)

スポーツをすることの利点は何か。下のリストから３つの選択肢を選びなさい。パートナーにあなたが選んだ選択肢について話しなさい。

(！ヒント)

スポーツをすることの利点を３つ選ぶ。その際に，その理由も考えること。

a.　体形や健康を保つこと　　　　b.　チームワークを学ぶこと

c.　ストレスを軽減すること　　　d.　よりよく眠ること

e.　新しい友だちを作ること　　　f.　リーダーシップのスキルを学ぶこと

g.　より強い関係をはぐくむこと　h.　ただ楽しむこと

▌ STEP 3 ▐

(問題文の訳)

スポーツをすることの利点についてパラグラフを１つ書きなさい。そのあと，クラスに対して発表しなさい。

(！ヒント)

STEP 2で選んだ選択肢とその理由をもとに，詳細を考えながら＿＿を埋める。

(作文例)

　I strongly believe that playing sports has several benefits. First, playing sports can help us reduce stress. We sometimes feel very stressed after studying at school and at home. In addition, by playing sports, we can make new friends. Doing the same things with other students can help us know each other well. In conclusion, playing sports is really good for our lives.

‹ ══════ ≫≫≫≫≫≫≫ Words & Phrases ‹‹‹‹‹‹‹ ══════ ›

次の表の＿＿に適切な英語を書きなさい。

スポーツ（Sports）		運動・健康 （Exercise, Health）
□ サッカー　soccer / football □ バレーボール　volleyball □ ラグビー ① ＿＿＿＿＿ □ 野球　baseball □ ドッジボール　dodge ball □ 水泳　swimming □ スキー　skiing □ テニスをする　play tennis □ 空手をする　do karate □ スキーに行く　go skiing □ 野球の試合を見る 　watch a baseball game	□ スポーツ選手 ② ＿＿＿＿＿＿＿＿＿＿ □ 選手　player □ 水泳選手　swimmer □ プール　swimming pool □ ゲレンデ　ski slopes □ 1点入れる 　score a goal[point] □ 記録を破る ③ ＿＿＿＿＿＿＿＿＿＿ □ ラケットでボールを打つ 　hit a ball with a racket □ 手でボールを打つ 　hit a ball with one's hand	□ 運動する 　exercise / work out □ 運動不足 ④ ＿＿＿＿＿＿＿＿＿＿ □ 肥満　obesity / 　being overweight □ 健康診断　physical checkup □ バランスの取れた食事をする 　have a well-balanced meal □ 体重が増える 　gain[put on] weight □ 体重が減る　lose weight □ ダイエット中 ⑤ ＿＿＿＿＿＿＿＿＿＿ □ 体調が良い　be in good shape
病気（Sickness）	けが（Injury）	医学（Medicine）
□ 病気 　illness / sickness / disease □ 胃痛・腹痛　stomachache □ 風邪を引く ⑥ ＿＿＿＿＿＿＿＿＿＿ □ 風邪を引いている 　have a cold □ 熱がある　have a fever □ 痛みがある 　hurt / have an ache □ 気分が良くなる　feel better	□ けがをする 　be[get] injured[hurt] □ 指を切る　cut one's finger □ 手をやけどする 　burn one's hand □ 足を折る　break one's leg □ 手術を受ける ⑦ ＿＿＿＿＿＿＿＿＿＿	□ 内科医 □ 外科医 ⑨ ＿＿＿＿＿＿＿＿＿＿ □ 患者 ⑩ ＿＿＿＿＿＿＿＿＿＿ □ 医者に診てもらう 　see a doctor □ 熱を測る 　take one's temperature □ 薬を飲む　take medicine □ 入院している 　be in (the) hospital

医学（Medicine）列の⑧は「内科医」の行に対応。

医学（Medicine）
□ 内科医 ⑧ ＿＿＿＿＿＿＿＿＿＿

解答
① rugby　② athlete　③ break the record　④ lack of exercise　⑤ be on a diet
⑥ catch a cold　⑦ have an operation　⑧ physician　⑨ surgeon　⑩ patient

Lesson 9 Digital media has come a long way.

Model Conversation

Emily is talking with Ms. Suzuki, her host mother, about a picture on her cell phone.

S1: ①Emily, what are you looking at?

E1: ②A picture of my family. ③Here. ④Take a look!

S2: ⑤Oh, what a lovely family!

E2: ⑥Thanks. ⑦The girl **wearing a white dress** is my sister, and the woman **sitting next to her** is my mother. ⑧They said they **had** it **taken** just now.

S3: ⑨Really? ⑩That was impossible when I was abroad in college. ⑪It took days for letters to arrive.

E3: ⑫We exchange messages and pictures many times a day, so I'm not so homesick.

S4: ⑬That's good. ⑭I really think that digital media has come a long way.

エミリーはホストマザーの鈴木さんとスマートフォン上のエミリーの家族の写真について話しています。

S1: ①エミリー，何を見ているの？

E1: ②家族の写真です。③ほら。④見てください！

S2: ⑤まあ，なんてすてきな家族なの！

E2: ⑥ありがとうございます。⑦白いドレスを着ている女の子が妹で，その隣に座っている女性が母です。⑧ちょうどいまその写真を撮ったばかりだそうですよ。

S3: ⑨本当に？⑩私が大学留学中はそんなことは不可能だったわ。⑪手紙が届くのに数日かかったのよ。

E3: ⑫1日に何回もメッセージや写真のやりとりをしているから，それほどホームシックにはなっていません。

S4: ⑬良かったわ。⑭デジタルメディアは大きく進歩したと本当に思うわ。

語句と語法のガイド

cell phone	名	携帯電話
take a look	熟	見る（= have a look）
lovely [lʌ́vli]	形	すてきな，すばらしい
impossible [impásəbl]	形	不可能な（⇔ possible 可能な）
homesick [hóumsìk]	形	ホームシックの
digital media	名	デジタルメディア
come a long way	熟	大きく進歩する

解説

⑦ **The girl wearing a white dress is my sister, and the woman sitting next to her is my mother.**

wearing a white dress が直前の the girl を，sitting next to her が直前の the woman を，それぞれ修飾している。現在分詞の形容詞的用法。 **EB3**

⑧ **They said they had it taken just now.**

〈have ＋ O ＋過去分詞〉は，過去分詞の表す行為をしてもらう場合は使役の意味を，そ
うでない場合は被害の意味を表す。ここでは「写真を撮ってもらう」という使役の意味
を表す。 **EB9**

⑪ **It took days for letters to arrive.**

〈It takes ＋時間＋(for ―) to *do*〉で「(―が)～するのに(時間が)…かかる」という意味。

| Listening Task |

Circle T for True or F for False. （正しければ T，間違っていれば F に○をつけなさい。）

(！ヒント)

1. 携帯電話上の写真の中で，エミリーの妹は何色のドレスを着ているのか。(→⑦)

2. エミリーはなぜそれほどホームシックになってはいないのか。(→⑫)

3. 鈴木さんは海外留学をしたことがあるか。(→⑩)

‹ ═══════ ›››››››››› **Function(描写する)** ‹‹‹‹‹‹‹‹‹ ═══════ ›

1. "What's this?" "It's a picture of my family **taken during this summer vacation**."
「これは何ですか。」「この夏休みの間に撮った家族の写真です。」

2. "I saw Kaito **talking with a long-haired girl**." "I know. That was his sister."
「海斗が髪の長い女の子と話しているのを見たよ。」
「知っているよ。あの子は海斗の妹だよ。」

3. "Look at the girl in the T-shirt **with a picture of Doraemon on it**." "Yes, but why?"
「ドラえもんの絵の付いた T シャツを着ている女の子を見て。」「うん，でもどうして？」

◀ 解説

1. **過去分詞の形容詞的用法**。taken during this summer vacation が a picture (of
my family)を修飾している。

2. 〈see ＋ O ＋現在分詞〉の形で「O が～しているのが見える」という意味を表す。「海
斗が髪の長い女の子と話している」と進行中の場面を描写している。

3. **付帯状況**を表す〈with ＋ O ＋ *α*〉の *α* には，形容詞・副詞・前置詞句がくる場合もある。
(⇒ cf. 教科書 p.88)ここでは，*α* は前置詞句の on it(＝ the T-shirt)。

| 語句と語法のガイド |

long-haired   形 髪の長い

────────────────────────────────────

‹ ═══════ ›››››››››› **Example Bank** ‹‹‹‹‹‹‹‹‹ ═══════ ›

A　名詞を修飾する分詞

1. Firefighters entered the **burning** house.   消防士たちは燃えている家に入った。

2. Be careful of the **broken** glass.   割れたガラスに注意しなさい。

3. Do you know the girl **talking** to Sally?　サリーと話している少女を知っていますか。

4. They have a son **named** Chris.　彼らにはクリスと名付けられた息子がいる。

◀ 解説

分詞

　分詞とは動詞が形を変えたもので，**現在分詞**と**過去分詞**がある。

　分詞が形容詞の働きをして名詞を修飾し，その意味を限定することがある。この用法を**限定用法**という。現在分詞の場合，「**～している，～する**」という能動の意味を表し，過去分詞の場合，「**～される，～された**」という受動の意味を表す。

分詞の前置修飾

　1, 2. 分詞が1語で名詞を修飾する場合，普通は**名詞の前に置かれる**。1の文では burning という現在分詞が house を，2の文では broken という過去分詞が glass を修飾している。修飾される名詞と修飾する分詞との間には意味上の SV の関係がある。

　the **burning** house → the house is burning（家が燃えている）〔能動の意味〕
　　　　　　　　　　　　　S'　　　V'

　the **broken** glass → the glass is broken（ガラスが割られる）〔受動の意味〕
　　　　　　　　　　　　　S'　　　V'

分詞の後置修飾

　3, 4. 分詞が目的語や補語や副詞句を伴い，2語以上の句（分詞句）となって名詞を修飾する場合，例文のように**分詞句は名詞の後ろに置かれる**。3の文では talking to Sally が直前の the girl を，4の文では named Chris が直前の a son を修飾している。

　Do you know the girl **talking** to Sally?

　They have a son **named** Chris.

形容詞化した分詞

　分詞の中には形容詞化したものがあり，**分詞形容詞**と呼ぶ。**感情に影響を与える他動詞**は分詞形容詞になっているものが多い。現在分詞では「（人を）～させる」，過去分詞では「（人が）～させられる」を意味する。

　⇨ This will be an **exciting** game.（これははらはらする試合になるだろう。）

　⇨ There were a lot of **excited** fans in the train.
　　（その列車の中には興奮したファンがたくさんいた。）

〔●感情を示す形容詞化した分詞〕

exciting / excited（興奮させる / 興奮した）
interesting / interested（興味深い / 興味を持った）
surprising / surprised（驚くべき / 驚いた）
amazing / amazed（驚嘆すべき / 驚嘆した）
boring / bored（退屈させる / 退屈した）
shocking / shocked（衝撃的な / ショックを受けた）

B　V（＋O）＋現在分詞 / 過去分詞

5. The mall will remain **closed** until Thursday.

そのショッピングモールは木曜日まで閉まったままだろう。

6. She kept me **waiting** for an hour.　彼女は私を1時間待たせた。

7. I **saw** Steve **waiting** for a bus.　私はスティーブがバスを待っているのを見かけた。

8. I **saw** the book **advertised** in the paper.

私はその本が新聞で広告されているのを見かけた。

9. She **had**［**got**］her hair **cut**.　彼女は髪を切ってもらった。

10. She **had**［**got**］her bag **stolen**.　彼女はバッグを盗まれた。

◀ 解説

SVC（C＝分詞）

　形容詞には a beautiful flower のような直接的に名詞を修飾する用法（**限定用法**）だけではなく，The flower is beautiful. のような補語として用いられる用法（**叙述用法**）がある。分詞にも叙述用法があり，この場合も現在分詞は能動の意味を表し，過去分詞は受動の意味を表す。

5. the mall と closed は受動の関係。SVC の文型では主語と補語の間にイコールの関係があり，S と C を be 動詞で結ぶことができる。（**the mall** is **closed**）

SVC の形で C（補語）に分詞をとることができる自動詞は，次のように2つの種類に分けることができる。

①もともと補語を伴う自動詞が，補語として分詞を伴う。

remain / stay（〜のままでいる）	keep（〜し続ける）
look（〜に見える）	feel（〜に感じる）
seem / appear（〜のようだ）	

②補語がなくても文が成り立つ動詞の後に，「〜しながら」の意味で分詞を補語として続ける。

come（来る）	walk（歩く）	sit（座る）
stand（立つ）	lie（横になる）	

⇨ He came **running** to us.（彼は私たちのところへ走ってやって来た。）

SVOC（C＝分詞）

　keep は SVOC の文型で用いられた場合，「S は O を C の状態にしておく」という意味を表し，C（補語）に分詞が用いられることがある。O と C（分詞）の間には「O は C だ」という意味上の SV の関係が成り立つ。「O（目的語）が〜している」という関係ならば現在分詞を，「O（目的語）が〜される」という関係ならば過去分詞を使う。

6. She kept *me* **waiting** for an hour.

　　 S　V　O　C ⟶ *I* was **waiting**（私は待っていた）

〔● SVOC(C =分詞)の形をとる動詞：　　　 O *doing* ／ *done*〕

keep(O を C〔の状態〕にしておく)	want(O が C する〔される〕のを望む)
leave(O を C〔の状態〕に放っておく)	catch(O が C しているところを見つける)
find(O が C〔の状態〕であるとわかる)	

⇨ Don't **leave** *anything* half **done**.(何事も中途半端にしておいてはいけません。)

〔知覚動詞＋ O ＋現在分詞〕

　see などの知覚動詞は SVOC(C =分詞)の形をとることができる。C が現在分詞の場合，O と C の間には能動の関係がある。

　7.〈see ＋ O ＋現在分詞〉の形で「O が～しているのが見える」という意味を表す。次の例文で O と現在分詞の間には「スティーブが待っている」という能動の関係がある。

　I **saw** *Steve* **waiting** for a bus.
　S V 　O 　　C ⟶ *Steve* was **waiting** (スティーブが待っていた)

〔知覚動詞＋ O ＋過去分詞〕

　SVOC(C =分詞)で C が過去分詞の場合，O と C の間には受動の関係がある。

　8.〈see ＋ O ＋過去分詞〉の形で「O が～されるのが見える」という意味を表す。次の例文で O と過去分詞の間には「本が広告された」という受動の関係がある。

　I **saw** *the book* **advertised** in the paper.
　S V 　O 　　　C ⟶ *the book* was **advertised** (本が広告された)

〔●知覚動詞：　　　 O *doing* ／ *done*〕

・see(O が～している〔される〕のが見える)
・feel(O が～している〔される〕のを感じる)
・look at(O が～している〔される〕のを見る)
・watch(O が～している〔される〕のをじっと見る)
・hear(O が～している〔される〕のが聞こえる)
・listen to(O が～している〔される〕のを聞く)
・notice / observe(O が～している〔される〕のに気づく)

⇨ I **heard** *someone* **calling** my name.(私は誰かが私の名前を呼んでいるのが聞こえた。)
⇨ I **heard** *my name* **called**.(私は自分の名前が呼ばれるのが聞こえた。)

〈have[get] ＋ O ＋過去分詞〉

　〈**have[get] ＋ O ＋過去分詞**〉は，主語が過去分詞の表す行為をしてもらう場合は**使役**の意味を，そうでない場合は**被害**の意味を表す。

「使役」を表す

　主語に意志がある場合は，「**O を～してもらう〔させる〕**」という使役の意味を表す。使役を意味する場合，have や get が強く発音される。

　9.「髪を切ってもらう」という使役の意味を表す。

　She **had** *her hair* **cut**.
　S V 　　O 　　C ⟶ *her hair* was **cut** (彼女の髪は切られた)

《注意》「彼女は髪を切ってもらった」を ×*She was cut her hair.* にはできない。

《参考》get は口語的でアメリカ英語で使われる。

「被害」を表す

主語の意志と関係ない場合は，「**O を～される**」という被害の意味を表す。被害を意味する場合，過去分詞が強く発音される。

10. 「バッグを盗まれた」という被害の意味を表す。

She had *her bag* stolen.
　S　V　　O　　　C　→ *her bag* was stolen（彼女のバッグが盗まれた）

≪ ━━━━━ ≫≫≫≫≫≫≫≫ **Try it out** ≪≪≪≪≪≪≪≪ ━━━━━ ≫

1 　If your friend said these things, how would you respond? Share your answers with your partner. You can use the sentences in the box. See **Function**.

（もし友達がこれらのことを言ったら，あなたはどのように応答しますか。答えをパートナーと共有しなさい。ボックスの文を使ってもかまいません。）

！ヒント

〈see ＋ O ＋現在分詞〉「O が～しているのが見える」，過去分詞の形容詞的用法，付帯状況を表す〈with ＋ O ＋ α〉など，Function で提示されている「描写する」表現に注意する。

1. What happened to Chika? I saw her crying during the lunch break in the classroom.

（チカに何が起きたのですか。私は昼休みに教室で彼女が泣いているのを見ました。）

2. Here are some of the pictures taken at the picnic last Sunday.

（ここにこの前の日曜日にピクニックで撮った写真のうちの何枚かがあります。）

3. Do you know the girl with a pink ribbon in her hair?

（あなたは髪にピンク色のリボンをつけた女の子を知っていますか。）

a. Yes. She is Emily's sister.

（はい。彼女はエミリーのお姉〔妹〕さんです。）

b. I don't know what made her so sad.

（私は何が彼女をそんなに悲しくさせたのかわかりません。）

c. Oh, everyone looks happy.

（ああ，みんな幸せそうです。）

会話例

1. What happened to Chika? I saw her crying during the lunch break in the classroom.

　— Wasn't she reading a book? She sometimes cries when she reads sad stories.

2. Here are some of the pictures taken at the picnic last Sunday.

　— Great! I like this one. Tom is holding rice balls in both hands, with a big smile.

3. Do you know the girl with a pink ribbon in her hair?

　— You mean the long-haired girl in white? She is Emily's sister.

2 　Make sentences by putting the following words in order. See **Example Bank**.

（次の語句を並べかえて，文を作りなさい。）

!ヒント

1.・「男の子」を「赤い T シャツを着ている」が修飾している。

　　・「赤い T シャツを着ている男の子はジョンです。彼の隣にいるのは私の兄〔弟〕のボブ
　　　です。」

2.・exciting「興奮させる」は分詞形容詞。

　　・「あなたは昨日野球の試合を見ましたか。」「はい。それは興奮させる試合でした。」

3.・〈had ＋ O ＋過去分詞〉は，ここでは「O を〜される」という被害の意味を表す。

　　・「私の父は貴重な腕時計を盗まれました。父はとても不注意でした。」

4.・stolen「盗まれた」が wallet「財布」を修飾している。

　　・分詞 1 語のみが前から名詞を修飾する限定用法。

　　・「3 日後，警察はリサイクルショップでその盗まれた財布を見つけました。しかしな
　　　がら，彼らは(その中の)お金を見つけることはできませんでした。」

5.・sleeping「眠っている」が baby「赤ん坊」を修飾している。

　　・分詞 1 語のみが前から名詞を修飾する限定用法。

　　・「静かにしてください。ゆりかごで眠っている赤ん坊を起こさないで。」

6.・saw は知覚動詞で，あとに O ＋現在分詞を続ける。

　　・「私は彼らが長い間お互いに話をしているのを見ました。彼らは深刻な話し合いをし
　　　ているようでした。」

練習問題 　Make sentences by putting the following words in order. See **Example Bank**.

1. He made a wonderful speech. The (to / it / were / students / listening) all excited.

2. "This novel is worth reading. (an / it's / story / interesting)." "Thanks. I'll try it."

3. "(my / I / umbrella / stolen / had)." "Really? You might have left it somewhere."

4. "(at / the / look / broken / window). Who did such a thing?" "I heard some
   boys playing soccer."

5. There was a big fire last night. I saw (the / house / some firefighters / enter /
   burning).

6. Ms. Green (by / surrounded / her students / stood there). She looked so happy.

3 　In pairs, ask and answer the following questions. Give details. Ask follow-up
questions.

（ペアになって，次の質問を尋ね合いなさい。詳細を述べなさい。追加の質問を尋ねな
さい。）

!ヒント

現在分詞と過去分詞を使って会話する。与えられた質問に対して答え，さらに具体的な説
明を加える。追加の質問をして会話を続ける。

1.「あなたは今までに誰かが盲導犬と歩いているのを見たことがありますか。いつ，どこ
　　ででしたか。」

2.「あなたは今までに誰かを1時間以上待たせたことがありますか。何が起きましたか。」

3.「どんな写真があなたにとって大切ですか。それらの1つを述べなさい。」

(会話例)

1. Have you ever seen anyone walking with a guide dog? When and where?
　　— Yes. I saw a man walking with a guide dog at the station this morning.
　　(+1) What was the dog like?

2. Have you ever kept anyone waiting more than one hour? What happened?
　　— Yes. When I kept one of my friends waiting for two hours, he was really angry.
　　(+1) Why were you late at that time?

3. What photos are important to you? Describe one of them.
　　— A photo taken when I went to Tokyo with my family is important. It was
　　　taken at Tokyo Station. Everybody looks happy in it.
　　(+1) Why were you there?

‹ ══════════ ≫≫≫≫≫≫≫≫ **Use it** ‹‹‹‹‹‹‹‹‹ ══════════ ›

Tell your classmates about a picture taken with your family or friends. Answer in three
sentences.

(家族や友達と一緒に撮った写真についてクラスメートに伝えなさい。3つの文で答えな
さい。)

(例)　説明　主題：　This picture was taken when we went to a beach this summer.
　　　　　　　　　　（この写真は私たちがこの夏に海水浴場に行ったときに撮られました。）
　　　　　　詳述①：The girl dressed in white is my sister, Ai.
　　　　　　　　　　（白色の服を着た女の子は私の姉〔妹〕のアイです。）
　　　　　　詳述②：The couple standing behind us is my father and mother.
　　　　　　　　　　（私たちの後ろに立っている二人は私の父と母です。）

(！ヒント)

・修飾する名詞が「～している」と動作する場合は，現在分詞を使う。

・修飾する名詞が「～された」と動作を受ける場合は，過去分詞を使う。

〔盛り込む観点の例〕

・写真がいつ，どこで，誰に撮られたものなのか

・写真に写っている人や物は何をしているのか，または何をされているのか　など

(作文例)

主題：　This is a picture taken by my brother when we went to Australia.

詳述①：The man wearing glasses is my father.

詳述②：The woman surrounded by kangaroos is my mother.

Model Conversation

Mr. Takeshita is talking with Emily about her life in Japan.

T1: ①Emily, eight months have passed since you came to Japan. ②Have you got used to living here?

E1: ③Yes. ④**Feeling** puzzled at first, I sometimes found life here difficult to get used to because there are a lot of differences in lifestyle, but now I enjoy Japanese school life.

T2: ⑤That's good. ⑥**From what you said**, I am sure you have made good friends.

E2: ⑦Of course. ⑧My classmates are all friendly and positive.

T3: ⑨**Generally speaking**, Japanese like to speak modestly. ⑩So I think people from other cultures may sometimes feel confused when communicating with us. ⑪Do you agree?

E3: ⑫It is not always so. ⑬Most of my friends say what they think quite clearly.

竹下先生はエミリーと日本での生活について話しています。

T1: ①エミリー，日本に来て8か月が過ぎましたね。②ここでの生活に慣れましたか。

E1: ③はい。④最初は戸惑いましたし，生活様式の違いがたくさんあるので，時々ここでの生活に慣れるのは難しいと思いましたが，今は日本の学校生活を楽しんでいます。

T2: ⑤それはよかったです。⑥君の言ったことからすると，良い友だちができたんですね。

E2: ⑦もちろんです。⑧クラスメートはみんな親しみやすくて明るいです。

T3: ⑨一般的に，日本人は控えめに話すことを好むので，⑩ほかの文化圏からきた人が困惑する原因になるようですね。⑪君もそう思いますか。

E3: ⑫必ずしもそうだとは思いません。⑬ほとんどの友だちは自分の考えていることをはっきりと言ってくれます。

語句と語法のガイド

get used to ～	熟	～に慣れる
puzzled [pʌ́zld]	形	戸惑って，困惑して　▶ puzzle 動 ～を当惑させる
lifestyle [láifstàil]	名	生活様式
positive [pázətiv]	形	前向きな，積極的な
generally speaking	熟	一般的に言って
modestly [mádəstli]	副	控えめに　▶ modest 形 控えめな
confused [kənfjú:zd]	形	困惑した，混乱した　▶ confuse 動 ～を混乱させる
clearly [klíərli]	副	はっきりと　▶ clear 形 はっきりした

◀解説

② **Have you got used to living here?**

　get used to *do*ing で「～することに慣れる」という意味。

④ **Feeling puzzled at first, I sometimes found life here difficult to get used to because** there are a lot of differences in lifestyle, but now I enjoy Japanese school life.

Feeling 〜は，現在分詞を使った分詞構文。 **EB1**　I 〜 used to は SVOC の文型。

<u>I</u> sometimes <u>found</u> <u>life here</u> difficult to get used to
S　　　　　V　　　O　　　　　　C

⑥ **From what you said, I am sure you have made good friends.**

from what you said は「あなたの言ったことからすると」という意味。what は「〜すること」という意味の関係代名詞(⇒ cf. L.10 関係代名詞)。

⑨ **Generally speaking, Japanese like to speak modestly.**

generally speaking は「一般的に言えば」という意味の慣用的な分詞構文。 **EB6**

| **Listening Task** |

Circle T for True or F for False.　（正しければT，間違っていればFに○をつけなさい。）

(！ヒント)

1. エミリーが日本に来てからどのくらい経ったのか。（→①）
2. エミリーはまだ日本の生活に慣れることに苦労しているのか。（→④）
3. エミリーの日本の友達のほぼ全員が率直に話すのか。（→⑬）

< ＝＝＝ ＞＞＞＞＞ **Function**（判断の根拠を述べる）< < < < < < ＝＝＝ >

1. "Where is the Chinese restaurant?" "**According to** this map, it's around the corner."
「中華料理店はどこだろう？」「この地図によると，その角を曲がった所だよ。」

2. "I hear Riku speaks three languages."
"Really? That's amazing **considering** his age."
「陸は3カ国語を話せるそうだよ。」「本当に？彼の年齢を考えるとすごいね。」

3. "**From what you said**, I think that is a serious problem." "I'm glad you agree."
「君の言ったことからすると，それは深刻な問題だと思う。」「同意してもらえてうれしいよ。」

解説

1. according to 〜で「〜によると」という表現。to は前置詞で，後ろには名詞がくる。
2. considering 〜は「〜を考慮すれば」という意味の慣用的な分詞構文。ここでは不利な条件の割には良い評価であることを表している。
3. from what you said は「あなたの言ったことからすると」という意味。what は「〜すること」という意味の関係代名詞。（⇒ cf. Lesson10 関係代名詞）

| **語句と語法のガイド** |

amazing [əméiziŋ]	形 驚くほどの，すごい　▶ amaze 動 〜を驚かす
age [éidʒ]	名 年齢
serious [síəriəs]	形 深刻な

< ━━━━ >>>>>>>>> **Example Bank** <<<<<<<<< ━━━━ >

A　分詞構文の形と働き

1. We sat up all night, **talking** on the phone.　電話で話しながら, 私たちは夜を明かした。
2. **Playing** soccer, he hurt his leg.　サッカーをしている時に, 彼は脚にけがをした。
3. **Written** in plain English, this book is easy to read.
　 わかりやすい英語で書かれているので, この本は読みやすい。
4. I just stood there, not **knowing** what to do.
　 何をしてよいかわからないまま, 私はただそこに立っていた。
5. **Having finished** my homework, I went to bed.　宿題を終えてから, 私は寝た。

◥◣ 解説

分詞構文

　 分詞が導く句が, 文を修飾する副詞の働きをするものを**分詞構文**と呼ぶ。「〜しながら」「〜なので」などと訳せるが, どのような意味を表すかは文脈によって決まる。分詞構文は一般的に書き言葉の表現であるが, 話し言葉で用いられる用法もある。

現在分詞を使った分詞構文

　 1. talking on the phone が, We sat up all night を副詞句として修飾している。接続詞を用いた文は分詞構文で表現することができる。

⇨ We sat up all night *and* we talked on the phone.
　　　　　　 ┌─────同じ時─────┐
　　　　　　 └──同じ主語──┘

　　　　　　　　　　　　　　　　③現在分詞にする
➡ We sat up all night, ┊ ┊ **talking** on the phone.
　　　　　　①接続詞をとる┘　└②主語をとる

　《参考》分詞構文は文末にくる場合, コンマが置かれることもある。

分詞構文が表す意味

　 ①I walked around the town **taking** pictures.(写真を撮りながら, 私は町を散策した。)
　　 分詞構文が「**〜しながら, 〜の状態で**」という意味を表す。このような2つの動作が**同時進行である状態**を**付帯状況**と呼ぶ。付帯状況は分詞構文の中では最もよく使われる用法であり, 話し言葉でも用いられる。例文は, walked と taking が同時に行われていたことを表す。

　 ②The train leaves Nagoya at eight, **arriving** in Tokyo at ten.
　　 (その列車は8時に名古屋を出発し, 10時に東京に着く。)
　　 分詞構文が「**〜して(それから)…する**」という**連続的な動作や出来事**を表す。情報として重要なほうを主節に, 軽いほうを分詞構文にする。and を用いて書きかえることもできる。この用法の場合, 分詞構文の前にコンマが置かれることが多い。
　　 = The train leaves Nagoya at eight **and** *arrives* in Tokyo at ten.

　 ③**Playing** soccer, he hurt his leg.(サッカーをしている時に, 彼は脚にけがをした。)

2. 分詞構文が「〜する時に，〜している時に」という意味を表す。when や while などの接続詞を用いて書きかえることができる。

= **While** *he was playing* soccer, he hurt his leg.

④**Feeling** sick, I went to see a doctor.（気分が悪かったので，私は医者に診てもらった。）

分詞構文が「〜なので，〜だから」という**原因や理由**を表す。because, since, as などの接続詞を用いて書きかえることができる。

= **Because**［**Since**, **As**］*I felt* sick, I went to see a doctor.

《参考》分詞構文が「条件」「譲歩」を表すこともある。

⇨ **Understanding** this problem, he will change his mind.〔条件〕
（この問題を理解すれば，彼は考えを変えるだろう。）

⇨ **Discouraged**, he didn't give up his dream.〔譲歩〕
（落胆したものの，彼は夢をあきらめなかった。）

[過去分詞を使った分詞構文]

3. Written in plain English が this book is easy to read を修飾している。being が省略されて，過去分詞で始まる形になることが多い。

⇨ *Because* it **is written** in plain English, this book is easy to read.

➡ ＿＿＿＿ (Being) **written** in plain English, this book is easy to read.

[分詞構文の否定形]

4. 分詞構文を否定形にする場合，分詞の直前に not あるいは never を置く。

⇨ I just stood there *because* I didn't know what to do.

➡ I just stood there, ＿＿＿ **not** knowing what to do.

[完了形の分詞構文]

5. 分詞構文の表す内容が，主節の動詞が表す時よりも「前」の時である場合は，〈**having ＋過去分詞**〉という**完了形の分詞構文**となる。

従属節	主節
———時制のズレ———	
After I had finished my homework,	I went to bed.
➡ **Having finished** my homework,	I went to bed.
さらに過去	過去

完了形の分詞構文の否定形は，〈**not**［**never**］**having ＋過去分詞**〉の形になる。

B 慣用的な分詞構文

6. **Judging** from this picture, he is very tall.
この写真から判断すると，彼はとても背が高い。

解説

[独立分詞構文]

主節の主語と分詞構文の主語が一致しない場合，意味上の主語を明確にするために，分詞の前に意味上の主語を置く。このような分詞構文を**独立分詞構文**と呼ぶ。次の例文で，being の意味上の主語は時を表す It であり，主節の主語 the train と一致しない。

従属節	主節
Because *it* was the holiday season,	*the train* was full.
━━━異なる主語━━━	
➡　　　　*It* **being** the holiday season,	*the train* was full.

[慣用的な分詞構文]

主節の主語と分詞構文の意味上の主語が違うにもかかわらず，分詞構文の意味上の主語を明示しない慣用的な分詞構文がある。意味上の主語が「不特定多数の人々」や「話者」などで，わざわざ明示しなくてもわかるためである。

6. judging の意味上の主語は話者(I)であり，明示しなくても相手にはわかる。

⇨ If *I* **judge** from this picture, *he* is very tall.

➡ **Judging** from this picture, *he* is very tall.

〔●慣用的な分詞構文〕

・judging from[by] ～（～から判断すると）　　・considering ～（～を考慮すれば）
・generally[frankly, strictly, roughly] speaking（一般的に［率直に，厳密に，大ざっぱに］言えば）
・speaking[talking] of ～（～と言えば）　　・depending on ～（～によって）
・provided[providing, supposing] (that) ～（もし～ならば）
・granted[granting] (that) ～（仮に～だとしても）
・weather permitting（天気が許せば）　　・compared with[to] ～（～と比較すると）
・taking ～ into consideration（～を考慮に入れると）

C　付帯状況を表す〈with ＋ 名詞 ＋ 現在分詞 / 過去分詞〉

7. He waited for her to come back **with** *the engine* **running**.

車のエンジンをかけたまま，彼は彼女が戻ってくるのを待った。

解説

〈with ＋ O ＋分詞〉

〈**with ＋ O ＋分詞**〉で主節に対して補足的に説明を付け加え，「**～が…している状態で，…したまま**」という**付帯状況**を表すことができる。with の後の名詞や代名詞は分詞の意味上の主語の働きをしている。現在分詞がくるか過去分詞がくるかは，意味上の主語と分詞が能動の関係か受動の関係かによって決まる。

7. 〈**with ＋ O ＋現在分詞**〉は「Oが～している状態で」を表す。with の後の the engine は分詞 running の意味上の主語。the engine と running は能動の関係(*the* *engine* was **running**)。

〈**with ＋ O ＋過去分詞**〉は「O が～された状態で」を表す。次の例文で，with の後の her legs は crossed の意味上の主語。her legs と crossed は受動の関係(*her legs* were **crossed**)。

⇨ The woman was sitting **with** *her legs* **crossed**.(その女性は脚を組んで座っていた。)

< ═══════ >>>>>>>>> **Try it out** <<<<<<<<< ═══════ >

1 You are talking about a new member of your sports team. Practice in pairs. Then, make your own conversation by telling where you got the information. You can use the sentences in the box. See **Function**. (あなたはスポーツチームの新入部員について話しています。ペアになって練習しなさい。それから，どこでその情報を得たのか述べて，あなた自身の会話をしなさい。ボックスの文を使ってもかまいません。)

(！ヒント)

与えられた質問に，Function で提示されている「判断の根拠を述べる」表現を使って答えるようにする。according to ～「～によると」。considering ～「～を考慮すれば」。judging from[by] ～「～から判断すると」。

(会話例)

1. Is the new boy doing OK?
   — **Judging by** his behavior, he seems to be doing OK.
2. What does the coach say about him? — She says he has got much better at playing, **considering** that he had never played until he joined the team.
3. He should be here by now. I wonder where he is.
   — **According to** his message, the train is late.

2 Talk with your partner about elementary school. Answer and give more information. Then, change the underlined words to make your own conversation. See **Example Bank**. (小学校についてパートナーと話しなさい。情報を付け加えて答えなさい。それから，下線部の語句を変えて，あなた自身の会話をしなさい。)

(！ヒント)

looking back は「振り返ってみると」，speaking of ～は「～と言えば」という分詞構文。

(会話例)

1. **Looking** back, what do you remember most about elementary school?
   — I remember the school trip when I was in the fifth grade. We ran on the beach.
2. **Speaking** of elementary school, how have things changed since then?
   — I don't read so many books now. I use my smartphone when I have free time to read.

3 In pairs, ask and answer the following questions. Give details. Ask follow-up questions. (ペアになって，次の質問を尋ね合いなさい。詳細を述べなさい。追加の質問を尋ねなさい。)

!ヒント

1. 「あなたの経験から判断すると，試験でよい成績をとるために何が大切ですか。」

   (例)「私は一番重要なことは授業中に注意して聞くことだと思います。試験が簡単になるでしょう。」

2. 「腕を組んで座ったり立ったりすることのようなボディランゲージ〔身体言語〕には意味がありますか。」

   (例)「はい，私はそう思います。私はよく腕を組みます。私は自分自身がそうしていることに気づくと，やめるようにしています。」

会話例

1. **Judging** from your experience, what is important to get good grades on exams?

   — I think that we need to ask teachers immediately if we have any questions.

   (+1) Do you think it is important to get good grades on exams?

2. Does body language have meaning, such as sitting or standing **with** your arms **folded**?

   — Yes, I think so.　I think it is important in our communication.　Folding your arms has some meanings, so it can make others misunderstand you.

   (+1) Do you have any other examples of body language?

< ══════ >>>>>>>>> **Use it** <<<<<<<<< ══════ >

Write three sentences about general features of Japanese people.

(日本人の一般的な特徴について３つの文を書きなさい。)

(例)　列挙　項目①：Generally speaking, Japanese people like cleanliness.

　　　　　　　　　　(一般的に言って，日本人は清潔が好きです。)

　　　　項目②：They do not wear shoes in their house.

　　　　　　　　　(彼らは家の中で靴を履きません。)

　　　　項目③：Many of them also have the custom of cleaning on the last days of the year.(彼らの多くは年末に掃除をするという慣習も持っています。)

!ヒント

・一般的な特徴なので，慣用的な分詞構文の Generally speaking「一般的に言って」で文を始めるとよい。

・時制は現在形にする。

〔盛り込む観点の例〕　・日本人は断るのが下手，日本人は勤勉である　など

作文例

項目①：Generally speaking, Japanese people worry about what others think of them.

項目②：Many people do as other people do.

項目③：Some people can't behave as they want to because they worry about others' criticism against them.

<< ══════ >>>>>>>>>> **Expressing** <<<<<<<<<< ══════ >

STEP 1
(問題文の訳)

①～③の3人の性格に関する説明を3つ聞き，下のボックスから適切な語を選びなさい。

(！ヒント)

それぞれの人物の行動を聞き，どのような性格か判断する。性格に関する単語を確認する。

STEP 2
(問題文の訳)

①～③の3人が話していることを聞き，下のボックスから適切な語を選びなさい。

(！ヒント)

それぞれの人物について自身が考えている性格と，周囲から見た性格について聞き取る。

・think of oneself as ～（自分のことを～だと思う）

・be often told ～（よく～と言われる）

・be often regarded as ～（よく～とみなされる）

・people say ～（人々は～と言う）

・like ～ing（～するのが好き）

・my parents sometimes say that ～（私の両親はときどき～だと言う）

STEP 3
(問題文の訳)

あなたは自分のことをどう説明しますか。あなたは自分がどのような人間だと思いますか。また周りの人(友達や家族など)はあなたについてどのように言いますか。自分の性格について書きなさい。そしてそれについてクラスに発表しなさい。

(！ヒント)

最初に自分が思う性格，そのあと周りの人があなたについてふだん言っていることを書き，最後に自分の性格に関する考えをまとめるとよい。

(作文例)

I think of myself as quiet but my mother always says that I'm talkative. Actually, I talk with my sister all day at home, and my mother often says to me, "Stop talking." I also enjoy talking with my classmates at school. However, I like to keep quiet myself, and my favorite thing is to read books in my room.

< ━━━━━ >>>>>>> **Words & Phrases** <<<<<<< ━━━━━ >

次の表の＿＿に適切な英語を書きなさい。

電話（Telephone）		インターネット (The Internet)
□ 通話　a (phone) call □ 電話をする 　call / make a (phone) call □ 電話に出る ①＿＿＿＿＿＿ □ 電話を切る ②＿＿＿＿＿＿ □ 後で電話を下さい。 　Call me back later. □ お電話ありがとう。 　Thanks for calling.	□ 携帯電話 　cell phone / mobile phone □ 携帯メール 　text message on a cell phone □ アドレス帳　address book □ 携帯電話の電源を切る 　turn off *one's* cell phone □ メッセージを残す ③＿＿＿＿＿＿ □ 充電する　charge the battery □ （携帯電話で）メッセージを送る 　send a text message	□ インターネットを使う 　use the Internet □ ネットを見る 　surf the Internet / check the web □ ネットで動画を見る 　watch videos online □ ネットで情報を探す　search 　for information on the web □ （パソコンで）メールを送る ④＿＿＿＿＿＿ □ アプリをインストールする 　install an app
性格（Characters）		
□ 親切な　kind □ 優しい　gentle □ 心の温かい　warm-hearted □ 親しみやすい ⑤＿＿＿＿＿＿ □ 明るい　cheerful □ おもしろい　funny □ 積極的な ⑥＿＿＿＿＿＿ □ 慎重な・注意深い　careful	□ 思いやりのある　considerate □ のんきな　easy-going □ 神経質な　sensitive □ 頑固な ⑦＿＿＿＿＿＿ □ 前向きな　positive □ 率直な・きさくな ⑧＿＿＿＿＿＿ □ おしゃべりな　talkative □ 恥ずかしがり屋の　shy	□ おとなしい　quiet □ 正直な　honest □ 礼儀正しい ⑨＿＿＿＿＿＿ □ 勤勉な 　diligent / hardworking □ 謙虚な ⑩＿＿＿＿＿＿ □ 我慢強い　patient □ 時間を守る　punctual □ 自己主張する　assertive

解答
① answer the phone　② hang up the phone　③ leave a message　④ send an email
⑤ friendly　⑥ active　⑦ stubborn　⑧ frank　⑨ polite　⑩ modest

Lesson 10 ‹ That's why I decided to go back.

Model Conversation

John and Kaito are talking about a Japanese expression.

J1: ①Kaito, I'm doing well with Japanese but I still don't know when to say *otsukaresama*.

K1: ②It's **a phrase which** we use to show our appreciation to others. ③It basically means "Thank you for your hard work."

J2: ④I see. ⑤But I have many friends **who** use it when they say goodbye.

K2: ⑥Oh, right. ⑦Young people use it more casually when they want to say goodbye.

J3: ⑧Now I understand. ⑨So, it can be used to say both "thank you" and "goodbye."

K3: ⑩Oh, we use it to say "hello," too.

J4: ⑪Really? ⑫What a useful expression!

ジョンと海斗は日本語の表現について話しています。

J1: ①海斗，僕は日本語に慣れてきたけど，いつ「お疲れ様」って言うのかまだわからないんだ。

K1: ②ほかの人の労をねぎらうときに使う表現だよ。③大体，「がんばってくれてありがとう」って意味かな。

J2: ④なるほど。⑤でもさようならを言うときに使う友だちもたくさんいるよ。

K2: ⑥ああ，そうだね。⑦さようならって言いたい時に，若い人たちはもっと気軽に使うね。

J3: ⑧やっとわかったよ。⑨つまり，「ありがとう」と「さようなら」の両方を言うときに使えるんだね。

K3: ⑩ああ，「こんにちは」のときも使うね。

J4: ⑪本当？⑫なんて便利な表現なんだ！

語句と語法のガイド

expression [ikspréʃən]	名 表現	▶ express 動 ～を表現する
do well with ～	熟 ～をうまくやる	
appreciation [əpriːʃiéiʃən]	名 感謝	▶ appreciate 動 ～に感謝する
basically [béisikəli]	副 基本的には	▶ basic 形 基本的な
casually [kǽʒuəli]	副 気軽に，何気なく	▶ casual 形 気軽な

◀ 解説

① **Kaito, I'm doing well with Japanese but I still don't know when to say** *otsukaresama*.

　when to ～は「いつ～すべきか」という意味。

② **It's a phrase which we use to show our appreciation to others.**

　which は目的格の関係代名詞。 **EB4**

　It's a phrase. ＋ We use it to show our appreciation to others.

　　　　　　　　　　　　　　　　　which

to show は目的を表す不定詞の副詞的用法。

⑤ **But I have many friends who use it when they say goodbye.**

who は主格の関係代名詞。　**EB1**

I have many friends. + They use it when they say goodbye.
　　　　　　　　　　↑＿＿＿＿＿ who

⑨ **So, it can be used to say both "thank you" and "goodbye."**

〈can be ＋過去分詞〉で「～されることができる」という意味を表す。to say は目的を表す副詞的用法。both ～ and ... は「～と…の両方(とも)」という意味。

┃ Listening Task ┃

Circle T for True or F for False. （正しければ T, 間違っていれば F に○をつけなさい。）

（！ヒント）

1. 海斗はジョンに「お疲れ様」は何を示すために使われると言ったか。（→②）

2. 若い人たちはどのようなときに「お疲れ様」と言うのか。（→⑦）

3. 「お疲れ様」という表現は「こんにちは」も意味するのか。（→⑩）

‹ ━━━ ›››››››››› **Function(定義する)** ‹‹‹‹‹‹‹‹‹ ━━━ ›

1. A translator is a person **whose job is to** change writing or speech into another language.

翻訳者とは書き言葉や話し言葉を他の言語に変える仕事をしている人だ。

2. *Yoroshiku* is **a phrase which** people use in various situations to ask someone to do something properly.

「よろしく」はさまざまな場面において他の人に適切に何かをして欲しいときに用いる表現だ。

3. "What does 'selfie' mean?"

"**It means** a photo that you take of yourself, usually with a smartphone."

「『selfie』ってどういう意味ですか？」

「一般的にスマートフォンで自分を撮った写真を意味します。」

◀◢解説

1. whose は所有格の**関係代名詞**。定義を述べるとき，A is a B who / which / whose ～などの形がよく用いられる。

A translator is a person. + His[Her] job is to change writing or speech ～ .
　　　　　　　　↑＿＿＿＿＿＿＿＿ whose

2. which は目的格の**関係代名詞**。

Yoroshiku is a phrase. + People use it in various situations to ask ～ .
　　　　　　　　↑＿＿＿＿＿＿＿ which

3. ・It means ～. は「**それは～を意味する**」という意味。この例文では，～の部分に関係代名詞の節を伴う名詞がきている。

・a photo + you take the photo of yourself

————————— that

translator [trænsléitər]	名 翻訳者 ▶ translate 動 ～を翻訳する	
change ～ into ...	熟 ～を…に変える	
various [véəriəs]	形 さまざまな ▶ variety 名 多種多様	
situation [sìtʃuéiʃən]	名 場面, 状況	
properly [prápərli]	副 適切に ▶ proper 形 適切な	

< ═══════ >>>>>>>>> **Example Bank** <<<<<<<<< ═══════ >

A　関係代名詞（主格の who, which）

1. I met a woman **who** spoke French well.

　私はフランス語を上手に話す女性に出会った。

2. She was reading a novel **which** was popular with teenagers.

　彼女は 10 代に人気がある小説を読んでいた。

◀ **解説**

関係代名詞

　関係代名詞は，①先行詞が人であるかどうか，②後ろに続く節(関係詞節)の中でどのような働きをするか(主格・所有格・目的格)によって使い分けられる。

I met a woman who spoke French well.
　　　　先行詞　　　主格

先行詞	主格	所有格	目的格
人	who	whose	whom／who
人以外（動物・物・事）	which	whose	which
人・人以外	that	—	that

主格

　関係詞節の中で主語の働きをする関係詞を**主格の関係代名詞**と呼ぶ。先行詞が**人**のときは **who**，先行詞が**人以外**のときは **which** を用いる。**that** はどちらの場合も使える。

　1. a woman を who 以下の関係詞節が修飾している。①先行詞は**人**であり，②後ろに続く節の中で主語の働きをしているので who が使われる。

⇨ I met a woman.
　　　　名詞　　　　どんな女性？　**She** spoke French well.
　　　　　　　　　　　　　　　　　　　代名詞

➡ I met a woman **who** spoke French well.
　　　　名詞　　　関係代名詞

　2. ①先行詞は**人以外**であり，②**主語**の働きをしているので which が使われる。

⇨ She was reading **a novel**. **It** was popular with teenagers.

➡ She was reading **a novel** **which** was popular with teenagers.

《注意》主格の場合，関係詞節中の動詞の形は，<u>先行詞の人称・数に応じて形を変える</u>。

⇨ This is **the bus** which **goes** to the university.(これが大学に行くバスです。)

B 関係代名詞(目的格の whom[who], which)

3. The people (**whom**[**who**]) I met in Korea were nice.

私が韓国で出会った人々は親切だった。

4. This is the book (**which**) he wrote. これが彼の書いた本です。

解説

目的格

関係詞節の中で目的語の働きをする関係詞を**目的格の関係代名詞**と呼ぶ。先行詞が**人**のときは **whom** か **who**(口語では who のほうが多く用いられる)，先行詞が**人以外**のときは **which** を用いる。**that** はどちらの場合も使える。目的格の**関係代名詞は省略されることが多い**。

3. The people が先行詞で，whom[who] I met in Korea がそれを修飾している。

⇨ The people were nice.

どんな人たち？ I met **them** in Korea.
O(代名詞)

➡ The people (**whom**[**who**]) I met ____ in Korea were nice.
関係代名詞

《注意》関係詞節の中には代名詞の目的語は残らない。

×*The people (whom[who]) I met them in Korea were nice.*

4. 先行詞(the book)は人以外なので，関係代名詞として which が使われている。**3** と同様，which は wrote の目的語の働きをしている。

⇨ This is the book .   He wrote it.

➡ This is the book (**which**) he wrote ____ .

《注意》目的格の関係詞節は，しばしば関係詞が省略されて S＋V(＋M)になる。名詞の直後に S＋V を見つけたら，それはその名詞を修飾する関係詞節だと考えるとよい。

⇨ The movie *I watched* with her yesterday was really exciting.
名詞 S' V'

(私が昨日彼女と見た映画はとてもわくわくするものだった。)

C 関係代名詞(所有格の whose)

5. I met a woman **whose sister** is a cartoonist.

私は姉[妹]が漫画家である女性に出会った。

解説

所有格

　　所有格の関係代名詞は，先行詞が所有するものについて情報を加える場合に使われる。先行詞が人か人以外かにかかわらず **whose** を用い，〈**whose ＋名詞**〉の形で使われる。

　　5. a woman が先行詞で，whose sister is a cartoonist がそれを修飾している。

⇨ I met **a woman** .

どんな女性？　**Her sister** is a cartoonist.
　　　　　　　　　代名詞(所有格)

➡ I met **a woman whose sister** is a cartoonist.
　　　　　　　　　　　 関係代名詞

　　次の文では，whose は関係詞節の中で所有格(its)の働きをしている。先行詞(The house)が人以外でも，所有格の関係代名詞は whose を用いる。

⇨ The house is my uncle's. **Its roof** is red.
　　　　　　　　　　　　　　　代名詞(所有格)

➡ The house **whose roof** is red is my uncle's.（屋根が赤色の家はおじの家です。）

D　関係代名詞 (that)

6. She was reading a novel **that** was popular with teenagers.
　　彼女は 10 代に人気がある小説を読んでいた。

7. The people (**that**) I met in Korea were nice.
　　私が韓国で出会った人々は親切だった。

◀ 解説

関係代名詞 that

　　that は主格・目的格の両方の関係代名詞として用いられる。

　　6. 先行詞(a novel)は人以外で，主格の関係代名詞 that が用いられている。that は関係詞節の中で主語の働きをしている。that の代わりに which も可。

　　7. 先行詞(The people)は人で，目的格の関係代名詞 that が用いられている。that は関係詞節の中で目的語の働きをしている。that の代わりに who, whom も可。
　　《注意》that には所有格の用法はない。

　　　　　The house **whose roof** is red is my uncle's.
　　　　　×The house <u>that</u> roof is red is my uncle's.

⟨ ═══ ＞＞＞＞＞＞＞＞ **Try it out** ＜＜＜＜＜＜＜＜＜ ═══ ⟩

1　How do you describe the people below?　You can use the sentences in the box. Then, change the underlined words to make your own descriptions.　See **Function**.
（あなたはどのように以下の人たちを描写しますか。ボックスの文を使ってもかまいません。それから，下線部の語句を変えて，あなた自身の言葉で描写をしなさい。）

!ヒント

curator「学芸員」, tour guide「ツアーガイド」, librarian「図書館員」を描写する。「定義する」とき，A is a B who / which / whose 〜などの形がよく用いられる。Function を参考にする。

1. A curator is a person [   ]（学芸員とは〜人です。）

2. A tour guide is a person [   ]（ツアーガイドとは〜人です。）

3. A librarian is a person [   ]（図書館員とは〜人です。）

a. **who** works in a library, organizes books and helps people find them.
（図書館で働き，本を整理して，人々がそれらを見つける手助けをする）

b. **who** takes care of the collection in a museum or art gallery.
（博物館や美術館で収集物の管理をする）

c. **whose job** includes taking people to popular spots.
（人々を人気のある場所に連れていくことを含む仕事をする）

例

・An accountant is a person who keeps or examines the records of money received, paid, and owed by a company or person.

・A diplomat is a person who officially represents their government in a foreign country.

・An architect is a person whose job is to design new buildings and make certain that they are built correctly.

2 Introduce and describe a person you know to your partner. Then, change the underlined words to make your own conversation. Give details. You can use the phrases in the box if necessary. See **Example Bank**.
（パートナーにあなたの知っている人を紹介して説明しなさい。それから，下線部の語句を変えて，あなた自身の会話をしなさい。詳細を述べなさい。必要ならば，ボックスの語句を使ってもかまいません。）

!ヒント

知っている人のことは関係代名詞を使って紹介するとよい。目的格の関係代名詞は省略することができる。

（例）

A: My father is a person **who** I respect. He's a very honest and caring man.
（父は私が尊敬する人です。父はとても正直で面倒見のよい人です。）

B: What is something **that** he has done for you?
（お父さんがあなたのためにしてくれたことは何ですか。）

A: He gave me a guitar **which** I play every day. It's really nice and I love playing it.
（父は私が毎日弾いているギターを私にくれました。それはとてもすばらしく，私はそ

れを弾くのが大好きです。)

B: Sounds good!　(いいですね！)

会話例

A: Mr. Kato, my English teacher, is a person **who** I respect.　He is a kind and funny man.

B: What is something **that** he has done for you?

A: He talked about a lot of experiences **which** he had when he traveled in foreign countries.　They were exciting, and I want to visit many foreign countries someday.

B: Sounds good!

3　In pairs, ask and answer the following questions.　Give details.　Ask follow-up questions.

(ペアになって，次の質問を尋ね合いなさい。詳細を述べなさい。追加の質問を尋ねなさい。)

！ヒント

関係代名詞を使って会話する。与えられた質問に対して答え，さらに具体的な説明を加える。追加の質問をして会話を続ける。

1.「あなたには中国語を話すことができる友達がいますか。」

　(例)「いいえ，私は誰も思いつきません。私たちのほとんどが日本語と英語を話すだけです。」

2.「あなたには親戚がプロのスポーツ選手である友達がいますか。」

　(例)「いいえ，私はそう思いません。ハルキのお姉〔妹〕さんは本当にソフトボールが上手ですが。」

3.「あなたが昨晩テレビで見た人について私に教えてもらえますか。」

　(例)「はい，私はヘレンケラーについてのドキュメンタリーを見ました。彼女はとても興味深い人生を送りました。」

会話例

1. Do you have any friends **who** can speak Chinese?

　— Yes.　I have a friend who is from Malaysia.　She can speak Chinese very well.

　(+1) How long have you known each other?

2. Do you have any friends **whose relatives** are professional athletes?

　— Yes.　Haruki's uncle is a professional soccer player.

　(+1) Which professional soccer team does he belong to?

3. Can you tell me about a person **who** you saw on TV last night?

　— Yes, I saw Kunieda Shingo in an interview program.　He is one of the most famous wheelchair tennis players.

(+1) Had you known him before you saw him on TV last night?

< ────────── >>>>>>>>>> **Use it** <<<<<<<<<< ────────── >

Introduce your friend or family member to your classmates.　Write three sentences.
(あなたの友達や家族をクラスメートに紹介しなさい。3つの文を書きなさい。)

(例)　説明　主題：　I have a cousin who can play soccer well.
　　　　　　　　　　（私には上手にサッカーをすることができるいとこがいます。）
　　　　詳述①：He now belongs to a J2 team and plays as a forward player.
　　　　　　　　（彼は現在 J2 のチームに所属して，フォワードの選手としてプレー
　　　　　　　　しています。）
　　　　詳述②：He scored 11 goals last year.
　　　　　　　　（彼は昨年 11 ゴールを決めました。）

(！ヒント)
例文の書き出しのように I have a cousin [friend]などで始め，後ろから関係代名詞を
用いてどのような家族や友達なのかを説明するとよい。
〔盛り込む観点の例〕
・有名人である家族や友達について
・海外あるいは遠方に住んでいる家族や友達について　など

(作文例)
主題：　I have a friend who can sing very well.
詳述①：She wants to become a singer in the future.
詳述②：She studies English hard because she wants to become a singer who is
　　　　recognized around the world.

Model Conversation

Kaito and John are talking about Australian money.

K1: ①I was looking at some Australian money and found there is no 1 cent coin!

J1: ②That's right.　③They stopped using it because it's too expensive to make the coins.

K2: ④But the prices haven't changed. ⑤So, the price tag might say $1.99, but you can't pay **what** it says on the tag in cash.

J2: ⑥Well, for prices ending in 1, 2, 6, or 7, you round down.　⑦And for prices ending in 3, 4, 8, or 9, you round up, **which** means that $1.99 becomes $2.

K3: ⑧**In other words**, you often have to pay a little extra.

J3: ⑨It balances out, as you often pay a little less, too.　⑩The ways **in which** people pay for things are changing, too.　⑪Digital payment is getting common nowadays.

海斗とジョンはオーストラリアの通貨について話しています。

K1: ①オーストラリアの通貨を見ていたんだけど，1セント硬貨がないね！

J1: ②そうだよ。③製造にお金がかかりすぎるから廃止したんだ。

K2: ④でも値段は変わってないね。⑤だから，値段が1.99ドルってこともありえるけど，値札どおりには現金で払えないね。

J2: ⑥ああ，1，2，6，7で終わる値段は切り捨てられるんだよ。⑦それで，3，4，8，9で終わる値段は切り上げられる，つまり1.99ドルは2ドルになるんだ。

K3: ⑧言い換えると，ちょっと多く払わないといけないことがよくあるってことだね。

J3: ⑨ちょっと少なく払うこともよくあるから，バランスは取れているよ。⑩代金の支払い方も変わってきているよ。⑪最近はデジタルでの支払いも一般的になってきているよ。

語句と語法のガイド

price tag	名	値札
in cash	熟	現金で
round down	熟	（端数を）切り捨てる（⇔ round up 切り上げる）
extra [ékstrə]	名	追加料金
balance out	熟	帳じり〔収支〕があう
less [lés]	名	より少ないもの（⇔ more より多いもの）
payment [péimənt]	名	支払い　▶ pay 動 〜を支払う
common [kámən]	形	一般的な
nowadays [náuədèiz]	副	最近

◀ 解説

⑤ **So, the price tag might say $1.99, but you can't pay what it says on the tag in cash.**

　関係代名詞の what は「〜すること〔もの〕」を表す。what は先行詞を含んでいるので，

先行詞なしで使う。what it says on the tag は「値札に書かれているもの」という意味。
EB5

⑦ **And for prices ending in 3, 4, 8, or 9, you round up, which means that $1.99 becomes $2.**

which は関係代名詞の非限定用法。which の前のコンマによって，文の内容はいったん完結し，それに続く関係詞節は追加の説明を加えている。文の前半(for prices ending in 3, 4, 8, or 9, you round up)が先行詞。**EB12**

⑨ **It balances out, as you often pay a little less, too.**

as は「〜なので」という理由を表すことができる。

⑩ **The ways in which people pay for things are changing, too.**

先行詞が前置詞の目的語の場合，関係代名詞は目的格を使う。前置詞が後ろに残る場合と前置詞を関係代名詞の前に置く場合がある。**EB2**

the ways + people pay for things in the ways
　　　　　　　　　　　　　　　　　　　　which

┃ Listening Task ┃

Circle T for True or F for False. （正しければ T，間違っていれば F に○をつけなさい。）
（！ヒント）
1. オーストラリアでは，99 セントを硬貨で払うことができるか。(→①⑤)
2. 1 ドル 97 セントは 2 ドルに切り上げるのか。(→⑥)
3. 多くのオーストラリア人は最近，支払いに何を使うのか。(→⑪)

< ━━━ >>>>>>>>> **Function(言い換える)** <<<<<<<<< ━━━ >

1. "Ms. Maeda said we should consider different options."
   "I think **what she really means is that** our current plan isn't good."
   「前田先生は他の選択肢を考えるべきだと言っていたよ。」
   「彼女の本当に意味するところは，今の計画が良くないということだろうね。」

2. Bob received a letter from the organization, **which** means he was offered a job.
   ボブはその団体から手紙を受け取った，つまり仕事の誘いを受けたという意味だ。

3. My little brother almost cried when he opened his Christmas present. **In other words**, it was what he really wanted.
   弟はクリスマスプレゼントを開けて泣きそうになった。つまり，それは彼が本当に欲しかったものだった。

▶ 解説

1. what は関係代名詞。**what S really mean(s) is that 〜 .** は「S が本当に意味するところは〜だ」という意味。

2. **which** は**関係代名詞の非限定用法**。which の前のコンマでいったん文の意味が区切れ，which 以下が追加の説明を加える。この例文では，前の文全体(Bob received a

letter from the organization)が先行詞で,「ボブはその団体から手紙を受け取った」＝「彼は仕事の誘いを受けた」と言い換えている。

3. **in other words** は「**言い換えれば, つまり**」という意味で, 別の視点からの言い換えや要約を表すときに使う。

┃┃ 語句と語法のガイド ┃┃

option [ápʃən]	名 選択肢 ▶ optional 形 選択の
current [kə́ːrənt]	形 今の, 現在の
organization [ɔ̀ːrgənəzéiʃən]	名 団体
offer [ɔ́fər]	動 〜を提供する, 申し出る ▶ 名 申し出

‹ ━━━━━ ››››››››› **Example Bank** ‹‹‹‹‹‹‹‹‹ ━━━━━ ›

A 前置詞の目的語になる関係代名詞

1. This is the CD (**which**) I told you **about**.　これが私が君に話した CD です。
2. This is the CD **about which** I told you.　これが私が君に話した CD です。
3. This is the CD (**which**) I've been **looking** *for*.　これが私が探していた CD です。

📢 解説

前置詞が後ろに残る場合, 前に出る場合

先行詞が前置詞の目的語の場合, 関係代名詞は目的格を使う。前置詞が後ろに残る場合(→ **1**)と前置詞を関係代名詞の前に置く場合(→ **2**)がある。**1** の場合が多く, **2** の前置詞を前に置く形は文語的な表現。

1. 関係代名詞が前置詞の目的語になっており, 前置詞が後ろに残っている。関係代名詞を省略することも, that を用いて表すことも可能である。

⇨ This is the CD.　　　　＋　　　　I told you **about it**.

➡ This is the CD (**which**[**that**]) I told you **about** ⸂⸃.

2. 前置詞を関係代名詞の前に置く。

⇨ This is the CD.　　　＋　　　I told you **about it**.

➡ This is the CD **about which** I told you ⸂⸃.

《注意》前置詞を関係代名詞の前に置く場合, 関係代名詞を省略することはできない。また, that は使えない。

×*This is the CD about I told you.*
×*This is the CD about that I told you.*

《注意》先行詞が人の場合は次のようになる。

⇨ Do you know the girl (**who**[**whom**, **that**]) Tim is talking to?
➡ Do you know the girl **to whom**[×*to who*, ×*to that*] Tim is talking?
（ティムが話をしている女の子を知っていますか。）

群動詞の前置詞

3. look for「〜を探す」などの群動詞はそのまとまりで意味を持つので，前置詞は切り離さず，後ろに残すことが多い。

⇨ This is **the CD**. I've been **looking for it**.

➡ This is **the CD** (**which**[**that**]) I've been **looking for** .

×*This is the CD for which I've been looking.*

B 関係代名詞の what「〜すること[もの]」

4. **What** is needed is change.　必要とされるのは変化だ。

5. I didn't hear **what** she said.　私は彼女が言ったことが聞こえなかった。

6. That's **what** I want to know.　それが私の知りたいことだ。

◀解説

関係代名詞の what

関係代名詞の **what** は「〜すること[もの]」を表す。what は**先行詞を含んでいる**ので，先行詞なしで使う。the thing(s) that[which]で書きかえることができる場合が多い。

4. = **The thing that**[**which**] is needed is change.

what が導く節は名詞節で，文の中で主語(→ **4**)，目的語(→ **5**)，補語(→ **6**)になる。次のように前置詞の目的語になることもある。

⇨ Emily thanked him *for* **what** he had done.

(エミリーは彼がしたことにお礼を言った。)

C 関係代名詞の限定用法と非限定用法

7. She has two sons **who** became actors.　彼女には俳優になった息子が2人いる。

8. She has two sons, **who** became actors.
彼女には息子が2人いて，(2人とも)俳優になった。

9. We went to a restaurant **which** served delicious food.
私たちはおいしい料理を出すレストランに行った。

10. We went to Sailors Restaurant, **which** served delicious food.
私たちはセイラーズ・レストランに行ったのだが，そこはおいしい料理を出した。

◀解説

限定用法

7. 先行詞である two sons を who became actors が修飾し，「(単なる)2人の息子」ではなく「俳優になった2人の息子」と限定している。2人のほかに別の息子がいることもあり得る。この用法を関係代名詞の**限定用法(制限用法)**と呼ぶ。

非限定用法

8. 関係代名詞の who の直前にコンマが用いられている。このコンマによって，文の内容はいったん完結し，それに続く関係詞節は追加の説明を加えている。この用法を関係

代名詞の**非限定用法**（**非制限用法**あるいは**継続用法**）と呼ぶ。コンマによって文が切れているので，彼女には2人しか息子がおらず，そのどちらもが俳優になったことを表している。

9. 10. which も非限定用法（→ **10**）で使われるが，that には非限定用法はない。先行詞が固有名詞や〈所有格＋名詞〉，〈this などの指示代名詞＋名詞〉などの場合は，すでに「特定の1つ」に限定されているので，非限定用法のみで使われる。

《注意》非限定用法の関係代名詞は，目的格でも省略できない。

⇨ Julia talked about my brother**, who**(**m**) she had met at the station.
×*Julia talked about my brother, she had met at the station.*
（ジュリアは私の兄［弟］について話したのだが，彼女は彼に駅で会ったということだ。）

D 句や節を受ける非限定用法の which

11. He said he was a lawyer, **which** wasn't true.
　　彼は弁護士だと言ったが，それは本当ではなかった。

12. She suddenly left the club, **which** surprised us.
　　彼女が突然退部し，そのことは私たちを驚かせた。

◀ 解説

句・節・文を受ける非限定用法の which

先行する句・節・文について追加の説明を加える場合，関係代名詞 **which** が使われる。次の例文では，to climb the mountain「山に登ること」という不定詞句が先行詞。関係詞節 which I found impossible「私は不可能だとわかった」の意味から判断する。

⇨ I tried to climb the mountain, **which** I found impossible.

（私はその山に登ろうとしたが，それは不可能だとわかった。）

11. which wasn't true「本当ではなかった」の先行詞は，he was a lawyer「彼は弁護士だった」という節である。

He said he was a lawyer, **which** wasn't true.

12. which surprised us「私たちを驚かせた」のは，She suddenly left the club「彼女は突然退部した」。

She suddenly left the club, **which** surprised us.

<「＜＜＜＜＜＜＜＜＜＜

< ━━━━━ >>>>>>>>> **Try it out** <<<<<<<<< ━━━━━ >

1　You are asking to your friend about differences between two things. Practice the conversation with a partner. Then, change the underlined words to make your own conversation. You can use the phrases in the box. See **Function**.

（あなたは２つの物の違いについて友達に尋ねています。パートナーと会話を練習しなさい。それから，下線部の語句を変えて，あなた自身の会話をしなさい。ボックスの語句を使ってもかまいません。）

(！ヒント)

２つの物の違いを話題にして会話する。in other words「言い換えれば，つまり」の後は前で述べられた内容を別の表現で表した文を続ける。

(会話例)

A: What are the differences between "pig" and "pork"?

B: Well, a "pig" refers to the animal. However, "pork" is the meat.

A: I see. **In other words**, it's a pig when it's alive, but pork when it's dead?

B: That's right. I think you understand it.

2　Talk with your partner and make suggestions about what to do when friends visit. Give reasons and examples. Then, change the underlined words to make your own conversation. You can use the phrases in the box if necessary. See **Example Bank**.

（パートナーと話して，友達が訪ねてきたときにどうすべきかについて提案しなさい。理由や例を述べなさい。それから，下線部の語句を変えて，あなた自身の会話をしなさい。必要ならば，ボックスの語句を使ってもかまいません。）

(！ヒント)

関係代名詞 what や非限定用法の which を使うとよい。

(会話例)

A: Some friends are coming to my house next Sunday. I need to get a movie for us to watch, but I don't know **what** we should watch.

B: How about *Frozen*, **which** is very famous? I think everyone loves watching it.

3　In pairs, ask and answer the following questions. Give details. Ask follow-up questions.

（ペアになって，次の質問を尋ね合いなさい。詳細を述べなさい。追加の質問を尋ねなさい。）

(！ヒント)

楽しみにしていることや最近読んだニュースについて会話する。与えられた質問に対して答え，追加の質問をして会話を続ける。

1. 「あなたが楽しみにしていることは何ですか。」

(例)「私は冬にスキーをしに行きます。私は長野に行きますが，そこではオリンピックが開かれました。」

2. 「あなたが最近読んだニュースについて教えてくれますか。」

(例)「USJ が新しいアトラクションをオープンしたと読みましたが，それは私を興奮させました。私はそれに乗ってみたいです！」

(会話例)

1. What is something (**which**) you are looking forward to?

  — I'm going to travel in Kyusyu region with my family in winter. We're going to Kumamoto, **which** is famous for its local mascot, *Kumamon*.

  (+1) What are you going to do there?

2. Can you tell me about some news which you read recently?

  — In 2024, the Olympic Games will be held in Paris, **which** is the capital of France. I can't wait!

  (+1) Have you ever been to France?

 **Use it**

Tell your classmates about what you need now. Answer in three sentences.

(あなたが今必要なものについてクラスメートに伝えなさい。3つの文で答えなさい。)

(例) 主張　主張： What I mostly need now is time.

　　　　　　　　　　（私が現在，主として必要なものは時間です。）

　　　　　理由①： I need to practice playing the guitar for the school festival.

　　　　　　　　　　（私は文化祭のためにギターを弾く練習をする必要があります。）

　　　　　理由②： Also, I want to study English to prepare for the study abroad program.（また，私は海外留学プログラムの準備をするために英語を勉強したいです。）

(！ヒント)

・関係代名詞 what を用いて，what I need（私が必要なもの）を主語にした文をつくるとよい。

・それが必要な理由について述べる。

〔盛り込む観点の例〕

・趣味で使うのに必要な道具，集中力や根気について　など

(作文例)

主張： What I need now is a costume for Halloween.

理由①： I will go to a party tomorrow, but I have nothing to wear.

理由②： Most of my friends have already decided what to wear, so I have to go shopping after school today.

Model Conversation

Kaito and John are talking about Christmas.

K1: ①John, I heard you're going home this winter break.

J1: ②Yes. ③My relatives are getting together at my family's house to celebrate Christmas. ④**That's why** I decided to go back, even for a little while.

K2: ⑤That sounds like **how** we spend the New Year. ⑥In Japan, the New Year is the time **when** families get together. ⑦Will you have a big turkey dinner?

J2: ⑧Well, traditionally people eat turkey. ⑨But nowadays, many people eat **whatever** they like. ⑩How will you spend Christmas, then?

K3: ⑪I'll probably have a party with some friends.

J3: ⑫That's what we do for the New Year. ⑬Interesting!

海斗とジョンはクリスマスについて話しています。

K1: ①ジョン，この冬休みは帰国するんだってね。

J1: ②うん。③クリスマスを祝うために親戚がうちに集まるんだ。④それで帰ることにしたんだ，少しの間だけだけどね。

K2: ⑤僕たちのお正月の過ごし方みたいだね。⑥日本では新年が家族が集まる時なんだ。⑦盛大に七面鳥で晩餐をするの？

J2: ⑧まあ，伝統的には七面鳥を食べるよ。⑨でも最近は，大体何でも好きなものを食べているよ。⑩じゃあ，クリスマスはどう過ごしているの？

K3: ⑪僕はたぶん友達とパーティーでもするよ。

J3: ⑫それは僕たちがお正月にすることだよ。⑬おもしろいね！

語句と語法のガイド

break [bréik]	名 休み，休暇 ▶ 動 壊れる，～を壊す
relative [rélətiv]	名 親戚
celebrate [séləbrèit]	動 ～を祝う
for a little while	熟 少しの間
turkey [tə́ːrki]	名 七面鳥
traditionally [trədíʃənəli]	副 伝統的に ▶ traditional 形 伝統的な

◀ 解説

④ **That's why I decided to go back, even for a little while.**

関係副詞の why は the reason(s) を先行詞とし，理由を表す節を導く。the reason(s) は省略されることもある。That's why ～は「そういうわけで～」という意味を表す。 **EB3**

⑤ **That sounds like how we spend the New Year.**

sound like ～は「～のように聞こえる」という意味。ここでは～に名詞節がきている。how は関係副詞。先行詞を含んでいるため，関係詞節全体で「～する方法〔やり方〕」

という意味の名詞節になる。 **EB4**

⑥ **In Japan, the New Year is the time when families get together.**

関係副詞の when は時を表す先行詞を修飾する。when 以下が先行詞の the time を修飾している。 **EB2**

⇨ The New Year is the time. ＋ Families get together then[＝ at the time].
　　　　　　　　　　　↑_____| when

⑨ **But nowadays, many people eat whatever they like.**

whatever は「～するものは何でも」という意味を表す複合関係代名詞。 **EB7**

⑫ **That's what we do for the New Year.**

That は「友達とパーティーをすること」を指している。what は関係代名詞。

┃ Listening Task ┃

Circle T for True or F for False. （正しければ T，間違っていれば F に○をつけなさい。）

（！ヒント）

オーストラリアと日本のクリスマスや新年の過ごし方の違いに注意して聞き取ろう。

1. オーストラリアでは，親戚たちはクリスマスを祝うために集まるのか。（→③）

2. 最近，オーストラリアの多くの人々がクリスマスに七面鳥を食べるのか。（→⑨）

3. 日本人とオーストラリア人は新年を同じ方法で祝うのか。（→⑥⑪⑫）

‹ ══ ⟩⟩⟩⟩⟩⟩⟩ **Function（経緯を説明する）** ‹‹‹‹‹‹‹ ══ ›

1. I took a taxi, and **that's how** I got here in time.

タクシーに乗ったので，ここに間に合った。

2. The weather report said it would be raining that afternoon. **That's why** I chose to stay home.

天気予報ではその午後，雨になると言っていた。それで家にいることにした。

3. "Sorry I'm late. **I'll explain what happened.**" "OK, go ahead."

「遅れてごめんなさい。何が起きたか説明します。」

「わかりました，どうぞ話してください。」

◀◀ 解説

1. 関係副詞の how。**That's how ～ .** は「そのようにして～」という意味で，事のなりゆきや方法を表す。

2. 関係副詞の why。**That's why ～ .** は「そういうわけで～」という意味。

The weather report said ～ . **That's why** I chose to stay home.
|_____原因_____| |____→結果_____|

3. **I'll explain what happened.** は「何が起きたか説明します。」という意味で，説明が長くなるときなどに用いられる前置きの表現。

| 語句と語法のガイド |

in time　　　　　　　　　熟 間に合って

weather report　　　　　　名 天気予報(= weather forecast)

choose to *do*　　　　　　　熟 〜することに決める

⟨ ══════ ⟩⟩⟩⟩⟩⟩⟩⟩ **Example Bank** ⟨⟨⟨⟨⟨⟨⟨⟨ ══════ ⟩

A　関係副詞

1. The hotel **where** we stayed was wonderful.
   私たちが泊まったホテルはすばらしかった。

2. I remember the day **when** I first met you.
   私は初めてあなたに出会った日を覚えている。

3. Tell me (the reason) **why** you were late.
   あなたが遅れた理由を言いなさい。

4. **That's how** the accident happened.　そのようにして事故は起こった。

◀ 解説

関係副詞

関係副詞は，関係代名詞と同様に名詞(先行詞)を修飾する場合に使われるが，関係代名詞とは違って**関係詞節の中で副詞の働きをする**。

先行詞	場所を表す語	時を表す語	a[the] reason	不要
関係副詞	where	when	why	how

where

関係副詞の where は場所を表す先行詞を修飾する。

　1. 先行詞(The hotel)を関係詞節(where we stayed)が修飾している。関係副詞は関係詞節の中で副詞の役割を果たしている。

⇨ **The hotel** was wonderful.

　　　　| どんなホテル? |　We stayed **there**[= *at* **the hotel**] .
　　　　　　　　　　　　　　　　　　　　　　　副詞

➡ The hotel **where** we stayed ┈┈┈┈ was wonderful.
　　　　　関係副詞

関係代名詞 which を使って〈前置詞＋ which〉の形で書きかえることができる。その際，前置詞は関係詞節の中の動詞と先行詞の関係で決まる。stay <u>at</u> the hotel と言えるので，次のように書きかえられる。

　　= The hotel **at which** we stayed was wonderful.

　　= The hotel (**which**) we stayed **at** was wonderful.

when

関係副詞の when は**時**を表す先行詞を修飾する。

　2. when 以下が先行詞の the day を修飾している。主節と関係詞節を分けて考えると，

when は時を表す副詞句を置きかえたものであることがわかる。

⇨ I remember **the day**.

　　　どんな日？　 I first met you **then**[= *on* **the day**].
　　　　　　　　　　　　　　　　　　　　　　　副詞

➡ I remember the day **when** I first met you [＿＿＿].
　　　　　　　　　　関係副詞

why

　関係副詞の why は a[the] reason を先行詞とし，**理由**を表す節を導く。a[the] reason は省略されることもある。

　3. the reason が先行詞で，why 以下がその内容を表している。

⇨ Tell me **the reason**.

　　　何の理由？　 You were late **for the reason**.
　　　　　　　　　　　　　　　　　　　　　副詞句

➡ Tell me the reason **why** you were late [＿＿＿].
　　　　　　　　　　　関係副詞

　That is (the reason) why ～ (そういうわけで～)は，結果に至る経緯を説明するときに用いられる表現。また，**This is why ～** (こういうわけで～)という形も可能。

⇨ I had the flu. **That's why** I was absent last week.
　　原因—————————————————▷結果
　(私はインフルエンザにかかっていました。それで先週休んでいました。)

how

　関係副詞の how は先行詞を含んでいるため，関係詞節全体で「**～する方法〔やり方〕**」という意味の名詞節になる。

　4. 関係副詞の how は **That's how ～** (そのようにして～)という形で，事のなりゆきや方法を表すことが多い。また，**This is how ～** (このようにして～)という形でも用いられる。

⇨ **This is how** he drew the picture. (このようにして彼はその絵を描きました。)

　《参考》how の代わりに the way, the way in which を使って同じ意味を表すことができる。

　　　　That's **how** the accident happened.
　　　= That's **the way** the accident happened.
　　　= That's **the way in which** the accident happened.

　《注意》関係副詞の how には the way の意味が含まれているので，the way how ～ という形はない。×*That's the way how the accident happened.*

B 関係副詞の非限定用法

5. We stayed in Paris, **where** we met Tom.

私たちはパリに滞在し，そこでトムに出会った。

6. In 2008, **when** I lived in Tokyo, I met Maria.

2008 年に私は東京に住んでいたが，その時マリアに出会った。

◀解説

関係副詞の非限定用法

関係副詞の where と when には**非限定用法**があり，先行詞に追加の説明を加える。why と how には非限定用法はない。

　5. 非限定用法の関係副詞 where は，「…，**そしてその場所で～**」などの意味を表す。

⇨ We stayed in Paris.〔追加説明〕We met Tom **there**.

➡ We stayed in Paris, **where** we met Tom [＿＿＿] .

　6. 非限定用法の関係副詞 when は，「…，**そしてその時～**」などの意味を表す。例文では，関係副詞の節が In 2008, の直後に置かれている。

⇨ In 2008, I met Maria.〔追加説明〕I lived in Tokyo **then**.

➡ In 2008, **when** I lived in Tokyo [＿＿＿] , I met Maria.

C 複合関係代名詞

7. I'll give you **whatever** you want.　あなたが欲しいものは何でもあげますよ。

8. He is always calm, **whatever** happens.　何が起ころうとも，彼はいつも冷静だ。

◀解説

名詞節を導く複合関係代名詞

関係代名詞に ever が付くと，「**～ならどんなものでも**」という意味を表し，**名詞節**を導く。これらは**複合関係代名詞**と呼ばれる。先行詞を含むことに注意。

複合関係代名詞	意味	主な書きかえ
whoever	～する人は誰でも	anyone who ～
whichever	～するものはどれ〔どちら〕でも	any one[ones] that ～ either (one) that ～
whatever	～するものは何でも	anything that ～

　7. whatever は「**～するものは何でも**」という意味を表す。

　= I'll give you **anything** (**that**) you want.

副詞節を導く複合関係代名詞

複合関係代名詞が**副詞節**を導き，「**～しようとも**」という**譲歩**の意味を表す用法もある。複合関係代名詞の譲歩の用法は〈no matter ＋疑問詞〉で言いかえることができ，こち

らのほうが口語的な表現である。

複合関係代名詞	意味	主な書きかえ
whoever	誰が〔誰を〕〜しようとも	no matter who 〜
whichever	どれ〔どちら〕が〔を〕〜しようとも	no matter which 〜
whatever	何が〔何を〕〜しようとも	no matter what 〜

8. whatever は「**何が〔何を〕〜しようとも**」という意味を表す。

= He is always calm, **no matter what** happens.

D　複合関係副詞

9. I see Lisa **whenever** I go to Tokyo.　東京に行く時はいつでも私はリサと会う。

10. **Wherever** he goes, he always has two bodyguards.
どこへ行こうとも，いつも彼はボディーガードを2人連れている。

11. He never gives up, **however difficult** the situation is.
どんなに状況が困難でも，彼は決してあきらめない。

解説

[複合関係副詞]

複合関係副詞の whenever は「**〜する時はいつでも**」，wherever は「**〜するところならどこへ〔で〕でも**」という意味を表す**副詞節**を導き，接続詞のように使われる。

複合関係副詞	意味	主な書きかえ
whenever	〜する時はいつでも	any time 〜
wherever	〜するところならどこへ〔で〕でも	(at) any place 〜

9. whenever は「私が東京に行く時はいつでも」という副詞節を導く。

= I see Lisa **any time** I go to Tokyo.

[譲歩を表す複合関係副詞]

whenever, wherever, however の複合関係副詞は，それぞれ「**いつ〜しようとも**」，「**どこへ〔で〕〜しようとも**」，「**どんなに〜でも**」という**譲歩**の意味を表す**副詞節**を導き，接続詞のように使われる。

複合関係副詞	意味	主な書きかえ
whenever	いつ〜しようとも	no matter when 〜
wherever	どこへ〔で〕〜しようとも	no matter where 〜
however ＋形容詞〔副詞〕	どんなに〜でも	no matter how ＋形容詞〔副詞〕

10. wherever の節は「彼がどこへ行こうとも」という譲歩の意味を表す。

= **No matter where** he goes, he always has two bodyguards.

11. however は〈**however ＋形容詞〔副詞〕**〉の形で，「**どんなに〜でも**」という譲歩の意味を表す。

= He never gives up, **no matter how** difficult the situation is.

⇨ **However hard** you push the door, it won't open.〔however ＋副詞〕

×*However you push the door hard,* ～

（そのドアをどんなに強く押しても，開かないだろう。）

< ─────── ＞＞＞＞＞＞＞＞＞ **Try it out** ＜＜＜＜＜＜＜＜＜ ─────── ＞

1　You are talking with your friend who arrived late.　Practice the conversation with a partner.　Then, change the underlined words to make your own conversation.　See **Function**.

（あなたは遅れて到着した友達と話しています。パートナーと会話を練習しなさい。それから，下線部の語句を変えて，あなた自身の会話をしなさい。）

(！ヒント)

遅れて到着した友人との会話。Function で提示されている「経緯を説明する」表現に注意する。I'll explain what happened.「何が起きたか説明します」。That's why ～ .「そういうわけで～」。

(会話例)

A: Why were you late?

B: I'm so sorry.　**I'll explain what happened.**

A: OK, go ahead.

B: When I was leaving home, I couldn't find my house key.　On the way to the station, I helped an old woman carry her things.　When I finally got to the station, unfortunately, I didn't have my train pass, so I had to go home again to get it.　**That's why** I was late.　I am so sorry.

2　Play a guessing game with your partner.　Talk about a place but don't say the name.　Practice the conversation.　Then, change the underlined words to make your own conversation.　You can use the phrases in the box if necessary.　See **Example Bank**.

（パートナーと推測ゲームをしなさい。ある場所について話しなさい，しかし名前を言ってはいけません。会話を練習しなさい。それから，下線部の語句を変えて，あなた自身の会話をしなさい。必要ならば，ボックスの語句を使ってもかまいません。）

(！ヒント)

場所についての説明で関係副詞 where を使うとよい。

(会話例)

A: I'm thinking of a place in Japan **where** the Snow Festival is held every year.　It's a big winter event **where** not only Japanese people but also people from around the world go to see snow statue displays of various shapes.

B: Is it Sapporo?

A: Yes!　I went to Odori Park, where I saw some giant snow statues.

3　In pairs, ask and answer the following questions. Give details. Ask follow-up questions.
（ペアになって, 次の質問を尋ね合いなさい。詳細を述べなさい。追加の質問を尋ねなさい。）

（！ヒント）

最も快適に感じる場所や最初に映画館に行った日について会話する。与えられた質問に対して答え, 追加の質問をして会話を続ける。

1.「あなたが最も快適に感じる場所はどこですか。」
　（例）「私は海岸にいるときはいつも快適に感じます。私は波の音が好きです。」

2.「あなたが最初に映画館に行った日について何を覚えていますか。」
　（例）「母と私が映画館に行ったことを覚えていますが, そこで私は大きなスクリーンに驚きました。」

（会話例）

1. What is the place (**where**) you feel the most comfortable?
　— I feel comfortable **whenever** I'm on my bed. I can relax.
　(+1) What do you usually do when you are on your bed?

2. What do you remember about the day (**when**) you first went to a movie theater?
　— My father and I went to a theater, **where** he bought popcorn for me.
　(+1) Do you remember the title of the movie you saw?

⟨ ══════ ⟩⟩⟩⟩⟩⟩⟩⟩⟩ **Use it** ⟨⟨⟨⟨⟨⟨⟨⟨⟨ ══════ ⟩

Tell your classmates about a place where you want to live. Write three sentences.
（あなたが住みたい場所についてクラスメートに伝えなさい。3 つの文を書きなさい。）

（例）　説明　主題：　I'd like to live in a city where there is an aquarium.
　　　　　　　　　　（私は水族館のある市に住みたいです。）
　　　　　　理由①：I really like fish and other sea animals.
　　　　　　　　　　（私は本当に魚やほかの海洋生物が好きです。）
　　　　　　理由②：My dream is to become a dolphin trainer.
　　　　　　　　　　（私の夢はイルカの調教師になることです。）

（！ヒント）

住みたい国〔市, 町〕を説明するときは, 関係副詞 where や関係代名詞 which などを使って表す。I'd like to live in a country where 〜.「〜という国に住みたいです」, I want to live in a town which has 〜.「〜がある町に住みたいです」などの表現が使える。
〔盛り込む観点の例〕
・生活に便利なところ, 環境のよいところ　など

（作文例）

主題：　I'd like to live in a country where there are a lot of music festivals.
理由①：I love going to concerts.
理由②：My dream is to become a drummer.

< ━━━━━ >>>>>>>>>> **Expressing** <<<<<<<<<< ━━━━━ >

STEP 1

問題文の訳

①～③の3つの会話を聞き，空所を埋めなさい。

！ヒント

①けん玉がどのようなおもちゃか，②松尾芭蕉はいつ頃の人で何をしたのか，③子どもの日の説明をそれぞれ聞き取る。

STEP 2

問題文の訳

日本のおもちゃ，ゲーム，行事，歴史上の人物の1つを選びなさい。それについて3文書きなさい。

！ヒント

(例)葛飾北斎　北斎は江戸時代に富嶽三十六景を生み出した芸術家です。

例

選んだもの：the Doll's Festival(ひな祭り)

1. "Hinamatsuri", the Doll's Festival is an event to pray for girls' growth and happiness.(ひな祭りは女の子の成長と幸せを祈る行事です。)
2. It is held on March 3.(3月3日に行われます。)
3. Families with girls display Hina dolls.(女の子のいる家ではひな人形を飾ります。)

STEP 3

問題文の訳

STEP 2で書いた文を使って，発表の準備をしなさい。それからクラスに発表しなさい。

！ヒント

最初に何を紹介するのかを述べ，その後に**STEP 2**で書いた内容や自分のことなどを続けるとよい。

作文例

　I would like to introduce the Doll's Festival. "Hinamatsuri", the Doll's Festival, is an event to pray for girls' growth and happiness. It is held on March 3. Families with girls display Hina dolls. I eat traditional Japanese dishes such as sushi and *hishimochi* (diamond-shaped rice cake) with my family every year.

< ═══════ >>>>>>> **Words & Phrases** <<<<<<< ═══════ >

次の表の＿＿に適切な英語を書きなさい。

祝日・イベント (Holidays, Events)	言語（Language）	
□ 記念日	□ 言語　language	□ あいさつ
① ＿＿＿＿＿＿＿＿	□ 母語　mother tongue	⑤ ＿＿＿＿＿＿＿
□ 元日　New Year's Day	□ 外国語　foreign language	□ 母音　vowel
□ ひな祭り　the Doll's Festival	□ 方言　dialect	□ 子音　consonant
□ お花見	□ なまり　accent	□ 品詞　part of speech
cherry-blossom viewing	□ 発音　pronunciation	□ 名詞
□ 子どもの日　Children's Day	□ 俗語　slang	⑥ ＿＿＿＿＿＿＿
□ 七夕　the Star Festival	□ 禁句　taboo	□ 動詞　verb
□ 夏祭り　summer festival	□ 表現　expression	□ 形容詞　adjective
□ ハロウィーン　Halloween	□ ことわざ	□ 副詞　adverb
□ クリスマス	③ ＿＿＿＿＿＿＿	□ 前置詞　preposition
② ＿＿＿＿＿＿＿＿	□ 慣用句	□ 接続詞　conjunction
□ 大みそか　New Year's Eve	④ ＿＿＿＿＿＿＿	
服（Clothes）		**食文化（Food culture）**
□ 服を着る　get dressed	□ 半袖のシャツ	□ 主食　staple food
□ 着ている　wear	short-sleeved shirt	□ 地元の料理
□ 着替える　change clothes	□ 長袖のシャツ	⑩ ＿＿＿＿＿＿＿
□ 着る・身に付ける　put on ~	long-sleeved shirt	□ 和菓子
□ 脱ぐ　take off ~	□ ズボン　pants / trousers	Japanese confectionery
□ きつい	□ 半ズボン　shorts	□ あんこ　sweet bean paste
⑦ ＿＿＿＿＿＿＿	□ ミニスカート	□ 和食　Japanese food
□ ゆるい	short skirt / miniskirt	□ 中華料理　Chinese food
⑧ ＿＿＿＿＿＿＿	□ 靴　(a pair of) shoes	□ 韓国料理　Korean food
□ 民族衣装　national costume	□ 手袋　(a pair of) gloves	□ フランス料理　French food
/ traditional dress	□ マフラー	□ イタリア料理　Italian food
	⑨ ＿＿＿＿＿＿＿	□ 麺料理　noodle dish
	□ 帽子　hat	

解答
① anniversary　② Christmas　③ proverb　④ idiom　⑤ greeting
⑥ noun　⑦ tight　⑧ loose　⑨ scarf　⑩ local cuisine

Lesson 11 Which do you prefer, cheaper beans or more expensive ones?

Model Conversation

Kaito and John are talking about Fairtrade.

K1: ①John, I came across the term "Fairtrade" in a newspaper. ②Have you ever heard it?

J1: ③Yes, I learned about it from my uncle, who imports coffee beans from Ethiopia. ④Which do you prefer, **cheaper** beans or **more expensive** ones?

K2: ⑤Of course, I prefer cheaper ones.

J2: ⑥**It might be better** to check for the Fairtrade mark. ⑦Products with the mark are **more expensive than** ones without it. ⑧This is because the mark ensures that the producers can get enough money to live on.

K3: ⑨You mean, they live in poverty even though they sell beans?

J3: ⑩Exactly. ⑪**I suggest that** you buy Fairtrade products.

海斗とジョンはフェアトレードについて話しています。

K1: ①ジョン、新聞で「フェアトレード」という言葉を見たんだけど。②聞いたことがある？

J1: ③うん、おじから学んだよ、彼はエチオピアからコーヒー豆を輸入しているんだ。④君は安い豆と高い豆のどっちが好き？

K2: ⑤もちろん、安いほうだよ。

J2: ⑥フェアトレードマークを調べたほうがいいかもね。⑦そのマークがついた製品はついていない製品より高いんだ。⑧これは生産者が暮らしていくのに十分なお金を稼げていることをそのマークが保証しているからなんだ。

K3: ⑨つまり、彼らは豆を売っていても貧しく暮らしているってこと？

J3: ⑩そういうことさ。⑪フェアトレード製品を買うことをお勧めするよ。

語句と語法のガイド

Fairtrade [féərtréid]	名 フェアトレード	▶ fair（公正な）＋ trade（貿易，取引）
come across ～	熟 ～に出くわす，～を見かける	
term [tə́ːrm]	名 用語	
import [impɔ́ːrt]	動 ～を輸入する（⇔ export ～を輸出する）	
Ethiopia [ìːθióupiə]	名 エチオピア	
prefer [prifə́ːr]	動 ～をより好む	
check for ～	熟 ～をチェックする	
product [prádəkt]	名 製品	▶ producer 名 生産者
ensure [enʃúer]	動 ～を保証する	
live on ～	熟 ～に頼って暮らす	
poverty [pávərti]	名 貧困	▶ poor 形 貧しい，poorly 副 貧しく
even though ～	熟 ～であるけれども	

解説

③ **Yes, I learned about it from my uncle, who imports coffee beans from Ethiopia.**
who は関係代名詞の非限定用法。who の前のコンマによって，文の内容はいったん完結し，それに続く関係詞節は追加の説明を加えている。先行詞は my uncle。

④ **Which do you prefer, cheaper beans or more expensive ones?**
Which ～ , A or B? の形の選択疑問文。cheaper は cheap の比較級, more expensive は expensive の比較級である。**EB6**　代名詞の one [ones]は，前に出てきた数えられる名詞の繰り返しを避けるために用いられる。ここでの ones は beans の代わりに用いられている。

⑥ **It might be better to check for the Fairtrade mark.**
better は good の比較級。It might be better to *do*. は「～するほうがよいだろう」という意味で，相手の意向を尊重しつつ提案する丁寧な表現。

⑦ **Products with the mark are more expensive than ones without it.**
〈A ... 比較級＋ than B〉の形。「A は B よりも～」という意味になる。　**EB6**
ones without it は products without the mark ということ。

⑪ **I suggest that you buy Fairtrade products.**
I suggest (that) ～. は「～することを提案します」と相手に提案する表現。

Listening Task
Circle T for True or F for False. （正しければ T, 間違っていれば F に○をつけなさい。）
（！ヒント）
1. 海斗は安いコーヒー豆と高いコーヒー豆のどちらのほうが好きか。（→④⑤）
2. 暮らしていくのに十分なお金を稼ぐことができないコーヒー生産者がいるのか。（→⑧⑨⑩）
3. ジョンはフェアトレードマークがついた製品を買うことを勧めているか。（→⑪）

‹ ═══ ›››››››››› **Function（提案する）** ‹‹‹‹‹‹‹‹‹ ═══ ›

1. "**Why don't we** hang out with him?" "OK. / Yes, let's. / I'd rather not."
「彼と遊びに行きませんか。」「いいですね。/ 行きましょう。/ 行きたくありません。」
2. "**I suggest that** we try another approach." "Why not? / I don't see why we shouldn't."
「別の方法を試すことを提案します。」「そうしましょう。/ もちろんそうしましょう。」
3. "I exercise every day." "**It might be better** to stop exercising when you feel sick."
「毎日，運動しています。」「気分が悪いときは運動を止めるほうが良いですよ。」

解説
1. ・**Why don't we ～?** は「（私たちは一緒に）～してはどうですか，～しましょうよ」という提案の表現。提案者が自分も含めて動作の提案をしている。
・I'd rather not (hang out with him). は「どちらかといえば～したくない」という意味。

2. ・**I suggest (that) 〜.** は「〜することを提案します」と相手に提案する表現。suggest や propose などの**提案や要求を表す動詞**に続いて目的語となる that 節中の動詞は，主語や時制に関係なく動詞の原形を使う《アメリカ英語》か，〈**should +動詞の原形**〉《イギリス英語》にする。

・Why not? や I don't see why we shouldn't. は「もちろんですとも」という意味。

3. **It might be better to _do._** は「〜するほうがよいだろう」という意味で，相手の意向を尊重しつつ提案する丁寧な表現。It is better to _do._ の婉曲的な言い方。

語句と語法のガイド

hang out	熟 遊ぶ
approach [əpróutʃ]	名 方法，手法
exercise [éksərsàiz]	動 運動する　▶ 名 運動

《 ＝＝＝ ＞＞＞＞＞＞＞＞ **Example Bank** ＜＜＜＜＜＜＜＜＜ ＝＝＝ 》

A　原級を使った比較表現

1. _She_ plays tennis **as well as** _her sister_ (does).
   彼女は彼女の姉〔妹〕と同じくらいテニスが上手だ。

2. _She_ does**n't** play tennis **as well as** _her sister_ (does).
   彼女は彼女の姉〔妹〕ほどテニスが上手ではない。

3. _I_ have **as many** books **as** _my brother_ (does).
   私は兄〔弟〕と同じくらいの数の本を持っている。

4. _Russia_ is **twice as large as** _Brazil._　ロシアはブラジルの2倍の大きさだ。

5. _Brazil_ is **three times as large as** _Argentina._
   ブラジルはアルゼンチンの3倍の大きさだ。

解説

比較変化

多くの形容詞や副詞は，**原級**(元の形)だけではなく，「より〜，もっと〜」を意味する**比較級**や「最も〜」を意味する**最上級**に変化する。比較変化には**規則変化**と**不規則変化**がある。さらに，規則変化には -er，-est 型と more，most 型がある。

●規則変化：-er, -est 型

	原級	比較級	最上級
①1音節の語	tall(背の高い)	tall**er**	tall**est**
	fast(速い，速く)	fast**er**	fast**est**
②2音節の語の一部 (-y, -er, -le, -ow などで終わる語)	eas・y(容易な)	eas**ier**	eas**iest**
	clev・er(利口な)	clever**er**	clever**est**
	sim・ple(単純な)	simpl**er**	simpl**est**
	nar・row(狭い)	narrow**er**	narrow**est**

●**規則変化：more, most 型**

	原級	比較級	最上級
①2音節の語の多く	care・ful(注意深い)	**more** careful	**most** careful
	fa・mous(有名な)	**more** famous	**most** famous
②3音節以上の語	beau・ti・ful(美しい)	**more** beautiful	**most** beautiful
	im・por・tant(重要な)	**more** important	**most** important
③形容詞＋ **-ly** の副詞	slowly(ゆっくり)	**more** slowly	**most** slowly
	quickly(速く)	**more** quickly	**most** quickly

●**不規則変化**

good[well]－ better － best，many[much]－ more － most など。

 A と B が同程度(A ＝ B)であることを表す

〈**A … as ＋原級＋ as B**〉は「**A は B と同じくらい～**」という意味になる。2つの物事や人が形容詞〔副詞〕の性質を同じくらい備えていることを表す。

⇨ *Tony* is **as tall as** *you* (are). (トニーはあなたと同じくらいの背の高さだ。)

1. 副詞の比較表現も形容詞の比較表現と同じように考えることができる。「彼女」と「姉〔妹〕」が「テニスの上手さ」という点で同じくらいだということを表している。her sister のあとの does は省略してもよい。

 She plays tennis **as well as** *her sister* ~~plays tennis well~~.
 (does)

前に出た動詞を受ける do[does, did]を**代動詞**という。

《参考》2つ目の as の後が代名詞1語の場合，口語では目的格が用いられることが多い。

 ⇨ She sings as well as **me[I (do)]**. (彼女は私と同じくらい歌がうまい。)

 A が B に達しない(A ＜ B)であることを表す

〈**A … not as ＋原級＋ as B**〉は「**A は B ほど～ではない**」という意味を表す。

2. 〈as ＋原級＋ as〉を not で否定すると，「～ほど…ではない」という意味になる。

 She **doesn't** play tennis **as well as** *her sister* (does).
 ＜

《参考》否定文では，1つ目の as の代わりに so が使われることがある。ただし，口語では as のほうが一般的。なお，肯定文では so は使われない。

 ＝ *She* **doesn't** play tennis **so well as** *her sister* (does).

 〈as many ＋複数名詞＋ as B〉

「(**数が**)**B と同じくらいの～**」は〈**as many ＋複数名詞＋ as B**〉で表す。many の後には複数名詞がくる。数えられない名詞の場合は much を使って，〈**as much ＋数えられない名詞＋ as B**〉とする。

3. I have many books. ＋ My brother has many books.

➡ *I* have **as many** books **as** *my brother* ~~has many books~~.
 (does)

X 倍を表す

〈as ＋原級＋ as〉の前に twice, half, X times などの倍数を置いて表現する。

〔●倍数の表し方：□ as ＋原級＋ as B〕

half(B の半分の〜)	twice(B の 2 倍の〜)
X times(B の X 倍の〜)	one[a] quarter [one-fourth](B の 4 分の 1 の〜)
one-third(B の 3 分の 1 の〜)	two-thirds(B の 3 分の 2 の〜)

4.「**B の 2 倍の〜**」は〈**twice as ＋原級＋ as B**〉で表す。half を使って次のように言いかえることができる。

　= *Brazil* is **half** as large as *Russia*.　（ブラジルはロシアの半分の大きさだ。）

5.「**B の X 倍の〜**」は〈**X times as ＋原級＋ as B**〉で表す。one-third を使って次のように言いかえることができる。

　= *Argentina* is **one-third** as large as *Brazil*.

　（アルゼンチンはブラジルの 3 分の 1 の大きさだ。）

《参考》twice や分数など倍数表現の後に，size(大きさ)などの名詞を使って「〜の X 倍…だ」を表すことができる。

　　　　Russia is **twice as large as** *Brazil*. = *Brazil* is **half as large as** *Russia*.
　　= *Russia* is **twice the size of** *Brazil*. = *Brazil* is **half the size of** *Russia*.

B　比較級を使った比較表現

6. *My mother* drives **more carefully than** *my father* (does).
　　母は父よりも慎重に運転する。

7. *Tony* is **much[far] taller than** *John*.　トニーはジョンよりもずっと背が高い。

8. *She* is **two years older than** *her sister*.　彼女は妹よりも 2 歳年上だ。

9. I chose **the cheaper of the two** new models.
　　私は 2 つの新しいモデルのうち，安いほうを選んだ。

解説

A が B より勝っている(A ＞ B)ことを表す

　2 つのものや人を比べて，何らかの基準で一方が勝っていることを表す場合，〈**A 〜 比較級＋ than B**〉の形にする。「**A は B よりも〜**」という意味になる。

⇨ *You* are **taller than** *John* (is). (あなたはジョンよりも背が高い。)
　　　　　＞
= *John* isn't as tall as *you* (are).

　6. 副詞の比較級も形容詞の比較級と同じように考えることができる。例文は「母」と「父」とでは，車を運転する際の「慎重さ」という点で程度が高いことを表している。than の後の does は省略してもよい。

2 つの差が大きいことを表す

　7. 〈**A ... 比較級＋ than B**〉を強調して「**A は B よりもずっと[はるかに]〜**」を表すと

きは，比較級の前に **much** あるいは **far** を置く。**a lot，even，still** を使っても同じように強調の意味を表すことができる。

⇨ *Tony* is 　　　　　**taller than** *John*. (トニーはジョンよりも背が高い。)

➡ *Tony* is **much taller than** *John*.

2 つの差を具体的な数値で表す

8.「**A は B よりも…だけ〜**」と具体的な数値を表すときは，比較級の前に〈**数詞＋単位**〉を置く。

〈**by ＋数詞＋単位**〉を使って同じ意味を表すことができる。

= *She* is **older than** *her sister* **by two years**.

〈the ＋比較級＋ of the two 〜〉「2 つの〜のうち，より…なほう」

9. 比較されるものが 2 つなので比較級を使うが，「より…なほう」は **1 つに特定されるため，比較級の前に the が付く**。

⇨ My mother bought **the more expensive of the two**.

(母は 2 つのうちで値段の高いほうを買った。)

「3 つ以上の中で一番〜」という場合は最上級を使う。

⇨ I chose **the cheapest of the three** models.

(私は 3 つのモデルのうち，一番安いものを選んだ。)

⟨ ══════ ⟩⟩⟩⟩⟩⟩⟩⟩ **Try it out** ⟨⟨⟨⟨⟨⟨⟨⟨ ══════ ⟩

1 Edward made Mary angry. Respond to him to complete the conversation. You can use the sentences in the box. See **Function**.

(エドワードはメアリーを怒らせました。彼に応答して，会話を完成させなさい。ボックスの文を使ってもかまいません。)

!ヒント

Function で提示されている「提案する」表現に注意する。It might be better to *do*.「〜するほうがよいだろう」。I suggested (that) 〜.「〜ということを提案しました」。

会話例

Edward: Mary got angry at me because I kept using my phone while she was talking.

You:　　Again?〔 (1) 〕I suggested that you stop using your smartphone when you are with her.

Edward: Right. I should have followed your advice. I'm thinking of sending her a message to say sorry.

You:　　A message?〔 (2) 〕I think talking face-to-face is better than messaging her. What do you think?

Edward:〔 (3) 〕It might be much better to talk face-to-face.

You:　　I agree. Go and see her right now!

　　　　The sooner, the better.

2 What words fit best? See **Example Bank**.

（どの語句が最も適切に当てはまりますか。）

!ヒント

1.・「ナンシーはよい歌手です。」「はい。お姉〔妹〕さんもまた彼女と同じくらい上手に歌います。」

2.・「A は B ほど〜ではない」は原級を使った比較表現を not で否定する。
・「母は毎日私を起こします。私は彼女ほど早く起きません。」「あなたは目覚まし時計をかけるべきです。」

3.・three に着目して，倍数を使った比較表現にする。
・「ここでは多くの開発が進んでいます。」「今では３倍の数のレストランがあります。」

4.・比較されるものが２つなので比較級を使うが，比較級の前に the が付くことに注意。
・「その２つのカバンはどちらの方が大きいですか。」「赤いほうが大きいです。」

5.・「ケビンは３時に着きました。」「私は彼より 15 分早く，２時 45 分に着きました。」

6.・interesting の比較級は，前に more を置く。
・「この映画はあの映画よりもおもしろいです。」「ありがとう，私はそれを見ます。」

7.・「日本の人口はフランスの人口のおよそ２倍の多さです。」「はい。フランスは日本の人口の半分です。」

練習問題 What words fit best? See **Example Bank**.

1. "Bob is a fast runner."
   "Yes. His brother also runs as _____ him."
2. "The population of France is not _____ that of Japan."
   "Yes. The population of Japan is larger than that of France."
3. "Jane has many books, but I think you have more."
   "Yes. I have about three _____ books as her."
4. "Which is _____ of the two watches?"
   "The blue one is cheaper."
5. "I arrived at 2:45."
   "Kevin arrived at three, _____ than you."
6. "This picture is _____ beautiful _____ that one."
   "I agree with you. I like this one better, too."

3 In pairs, make some comparisons. Answer the questions in turn.

（ペアになって，比較しなさい。順番に質問に答えなさい。）

!ヒント

原級や比較級を使って会話する。与えられた質問に対して答え，さらに具体的な説明を加える。追加の質問をして会話を続ける。

1.「あなたのクラスの誰があなたと同じくらい速く走りますか。」

2.「お金と愛のどちらが大切だと思いますか。」

3.「あなたはより安い T シャツとより高い T シャツのどちらを選びますか。」

(会話例)

1. Who in your class runs as fast as you? ― Manami does.

(+1) How fast do you run?

2. Which do you think is more important, money or love?

― I think love is more important because everyone needs to be loved.

(+1) Is there anything that is more important than love?

3. Which do you choose, cheaper T-shirts or more expensive ones?

― I choose cheaper ones because I'm not so interested in what to wear.

(+1) What is important to you in choosing a T-shirt?

 **Use it**

Which are more interesting, books or movies? Write three sentences.

(本と映画のどちらのほうが興味深いですか。3 つの文を書きなさい。)

(例)　主張　主張：I think books are more interesting than movies.

　　　　　　　（私は本のほうが映画よりも興味深いと思います。）

　　　　理由：Books stimulate our imagination.

　　　　　　　（本は私たちの想像力を刺激します。）

　　　　論拠：We can have more vivid images in our minds when reading a book.

　　　　　　　（本を読むとき，私たちは心により鮮明なイメージを持つことができます。）

(！ヒント)

・I think (that) A is more interesting than B.「A のほうが B よりもおもしろいと思います」, I like A better than B.「B よりも A のほうが好きです」などを使う。

・2 文目以降でその理由や論拠を書く。

〔盛り込む観点の例〕

・本は好きなところを何度も読み返すことができる

・映画は音声や映像も楽しむことができる　など

(作文例)

主張：I think movies are more interesting than books.

理由：When we watch a movie, we can enjoy not only the story but also the pictures on the screen and the music.

論拠：I think they can make us understand the story better.

Model Conversation

Misaki and John are talking about Fairtrade products.

M1: ①John, you recommend buying "Fairtrade" products, don't you? ② Since Kaito told me that, I have tried to find them.

J1: ③**That's nice.** ④More people are interested in Fairtrade now, so more companies are offering the products. ⑤**One of the most famous products** is a chocolate bar.

M2: ⑥Yes, I think I saw the Fairtrade mark on a chocolate bar yesterday.

J2: ⑦There are thousands of products with the mark.

M3: ⑧Really? ⑨I didn't know that. ⑩ I think that poverty is **the biggest problem** in the world today. ⑪I'll do what I can to help.

J3: ⑫**I really like your** attitude. ⑬Let me know if you find any other good products!

ジョンと美咲はフェアトレード製品について話しています。

M1:①ジョン，あなたは「フェアトレード」製品を買うことを勧めているのよね？②海斗がそう言っていたから，気にかけるようにしているの。

J1: ③それは良いね。④今はもっと多くの人がフェアトレードに興味を持つようになったから，より多くの会社が製品を提供しているんだ。⑤一番有名な製品の1つはチョコレートだよ。

M2:⑥そうね，昨日チョコレートにフェアトレードマークがついているのを見た気がするわ。

J2:⑦マークがついた製品はたくさんあるよ。

M3:⑧本当に？⑨知らなかったわ。⑩貧困は今，世界で一番大きな問題だと思うの。⑪私にできることをするつもりよ。

J3: ⑫君のその態度は本当に良いね。⑬ほかに良い製品があれば僕にも教えてね！

語句と語法のガイド

a chocolate bar	名 板チョコ1枚（= a bar of chocolate）
thousands of ～	熟 何千もの～
attitude [ǽtitùːd]	名 態度

解説

③ **That's nice.**

　That's nice. は「よい〔すてきだ〕と思う」という意味のほめ言葉。

④ **More people are interested in Fairtrade now, so more companies are offering the products.**

　more は many の比較級。

⑤ **One of the most famous products is a chocolate bar.**

　〈one of the ＋最上級＋複数名詞〉は「最も～な…の1人〔1つ〕」という意味を表す。

⑩ **I think that poverty is the biggest problem in the world today.**

biggest は big の最上級。**EB3**

⑪ **I'll do what I can to help.**

what は関係代名詞。to help は目的を表す不定詞の副詞的用法。

⑫ **I really like your attitude.**

I really like your 〜. は「私はあなたの〜が本当に好きだ〔よいと思う〕」という意味。

⑬ **Let me know if you find any other good products!**

Let me know は「知らせてください，教えてください」という意味。if 節は条件を表す副詞節なので，未来のことでも現在形で表されている。

Listening Task

Circle T for True or F for False. （正しければ T，間違っていれば F に○をつけなさい。）

（! ヒント）

1. ジョンはフェアトレード製品を買うことはいいことだと思っているか。（→①②③）
2. すべての板チョコはフェアトレードマークをつけなければならないのか。（→⑥⑦）
3. 美咲は世界の貧困は大きな問題だと思っているか。（→⑩）

《 ━━━━ 〉〉〉〉〉〉〉〉〉 **Function（称賛する）** 〈〈〈〈〈〈〈〈〈 ━━━━ 》

1. "I work as a volunteer to help elderly people." **"That's nice."**

「お年寄りを助けるためにボランティアとして働いています。」「それは良いですね。」

2. "I won't give up even though I've failed once." **"I really like your attitude."**

「たとえ一度失敗していても諦めません。」「あなたのその態度は本当に良いと思います。」

3. Niseko is **by far the most excellent ski resort** among international travelers.

ニセコは外国人旅行者の間で間違いなく最もすばらしいスキー場です。

解説

1. **That's nice.** は「**よい〔すてきだ〕と思う**」という意味のほめ言葉。
2. **I really like your 〜.** は「**私はあなたの〜が本当に好きだ〔よいと思う〕**」という意味。
3. 最上級に「**断然〜**」という強調の意味を加えるときは，最上級の前に **by far** や **much** を置いて，〈**by far[much] the ＋最上級**〉の形になる。

語句と語法のガイド

elderly [éldərli]	形	年配の
excellent [éksələnt]	形	非常に優れた
resort [rizɔ́ːrt]	名	行楽地，リゾート

《 ━━━━ 〉〉〉〉〉〉〉〉〉 **Example Bank** 〈〈〈〈〈〈〈〈〈 ━━━━ 》

A　比較級を使った慣用表現

1. It's getting **hotter and hotter**.

だんだん暑くなってきている。

2. The higher *you go*, **the more beautiful** *the view becomes.*

高く上れば上るほど，ますます景色が美しくなる。

◢ 解説

〈比較級＋ and ＋比較級〉

　1.「**ますます〜，だんだん〜**」を表す。more を付けて比較級をつくるものは，〈**more and more ＋形容詞〔副詞〕**〉となる。

⇨ She is becoming **more and more popular**.

（彼女はますます人気者になってきている。）

「ますます多くの〜」の場合は，〈more and more ＋名詞〉の形で用いる。

⇨ **More and more** people are using the mobile devices in the world.

（世界中でますます多くの人たちがモバイル機器を使っている。）

〈the ＋比較級＋ SV ..., the ＋比較級＋ SV 〜〉

　2.「**…すればするほど，ますます〜**」を表す。more をあてはめる場合，前の more は「…すればするほど」，後ろの more は「それだけますます〜」を表している。

B　最上級を使った比較表現

3. She is the most intelligent woman (that) *I know.*

彼女は私が知っている中で最も知的な女性だ。

4. Canada is the second largest country in the world.

カナダは世界で2番目に大きな国だ。

5. He is one of the most famous artists in the world.

彼は世界でも最も有名な芸術家の1人だ。

◢ 解説

3つ以上のものの比較で一番を表す

　3つ以上のものを比較して，「**A は**（…の中で）**一番〔最も〕〜**」を表す場合は，最上級を用いて〈**A ... (the)＋最上級＋(in/of ＋名詞〔代名詞〕)**〉の形にする。特定のグループの中で一番のものは1つに特定されるので最上級には the を付ける。

⇨ John is **the smartest** *in* his family.（ジョンは家族の中で一番賢い。）

副詞の最上級では the を付けても付けなくてもよい。しかし，比較の範囲が of などで示されている場合には，しばしば the を付ける。

⇨ He can run (**the**) **fastest** *of* the three boys.

（彼は3人の少年の中で一番速く走れる。）

比較の範囲や対象は〈**in ＋場所・範囲を表す単数の語**〉あるいは〈**of ＋同類を表す複数の語**〉で表す。

　3. 比較する範囲を表す語を関係詞節が修飾する形。「**…する〔した〕中で最も〜**」という意味を表す。次の例文の that も目的格の関係代名詞なので省略できる。

⇨ This is **the most delicious** steak (**that**) I have ever had.

（これは私が今まで食べた中で一番おいしいステーキです。）

〈the ＋序数＋最上級＋名詞〉

  4.「**X 番目に～**」を表すときは，最上級の前に〈the ＋序数〉を置き，〈**the ＋序数＋最
上級＋名詞**〉の形になる。

〈one of the ＋最上級＋複数名詞〉

  5.「**最も～な…の１人〔１つ〕**」は〈one of the ＋最上級＋複数名詞〉の形になる。「（複
数の特定の）…の中の１つ」を意味するので，最上級は the や所有格を伴い，名詞は**複
数名詞**となる。

⇨ He is **one of <u>the</u> richest <u>men</u>** in the world. （彼は世界で最もお金持ちの男性の1人です。）

        ×man

最上級の強調

  最上級に「**断然～**」という強調の意味を加えるときは，最上級の前に **by far** や **much**
を置いて，〈**by far[much] the ＋最上級**〉の形になる。

⇨ This is **by far[much] the best** dictionary that I have ever used.

（これは私が今まで使った中で断然いちばんよい辞書だ。）

C　原級・比較級を使って最上級の意味を表す

6. **No** (**other**) **country** in the world is **as large as** *Russia*.

  世界にはロシアほど大きな国はない。

7. **No** (**other**) **country** in the world is **larger than** *Russia*.

  世界にはロシアよりも大きい国はない。

8. *Russia* is **larger than any other country** in the world.

  ロシアは世界のほかのどの国よりも大きい。

◢◤解説

原級・比較級を使って最上級の意味を表す

  次の例文は最上級。6 ～ 8 の例文はこれを原級・比較級で言いかえたもの。

⇨ *Russia* is **the largest country** in the world. （ロシアは世界で一番大きな国だ。）

  6.〈**No** (**other**)＋ *B*（単数名詞）**... as ＋原級＋ as** *A*〉で「*A* ほど～な *B* はない」を表す。
other は省略されることもある。

  7.〈**No** (**other**)＋ *B*（単数名詞）**... 比較級＋ than** *A*〉で「*A* よりも～な *B* はない」を
表す。比較級を使ったこの表現は「ロシアの大きさを超える国はない」という意味なの
で，「ロシアと同程度の大きさの国はある」という可能性は残される。

  8.〈*A* **... 比較級＋ than any other ＋** *B*（単数名詞）〉で「*A* はほかのどの *B* よりも～」
を表す。

⇨ *Mt. Fuji* is **the highest mountain** in Japan. （富士山は日本で一番高い山だ。）

＝ **No** (**other**) **mountain** in Japan is **as high as** *Mt. Fuji*.

（日本には富士山ほど高い山はない。）

= **No**（**other**）**mountain** in Japan is **higher than** *Mt. Fuji*.

（日本には富士山よりも高い山はない。）

= *Mt. Fuji* is **higher than any other mountain** in Japan.

（富士山は日本のほかのどの山よりも高い。）

< ━━━━━ >>>>>>>>>> **Try it out** <<<<<<<<< ━━━━━ >

1 Listen to your friend from overseas and make a recommendation. Practice the conversation with a partner. Then, change the underlined words to make your own conversation. See **Function**.

（海外からの友達の話を聞いて，推薦しなさい。パートナーと会話を練習しなさい。それから，下線部の語句を変えて，あなた自身の会話をしなさい。）

(!ヒント)

Function で提示されている「称賛する」表現を使うようにする。That's great.「それはいいですね」。I really like your 〜.「私はあなたの〜が本当に好きだ〔よいと思う〕」。〈by far[much] the +最上級〉「断然〜」。

（例）

A: I would like to try something Japanese.

（私は日本的なことをやってみたいと思います。）

B: **That's great.** I recommend the tea ceremony.

（それはいいですね。私は茶道を薦めます。）

A: **I really like your** idea. I've seen it in a magazine and it looks interesting.

（私はあなたの考えが本当に好きです。私は雑誌でそれを見たことがあり，おもしろそうです。）

B: My American friends like it. They say it's **by far the best** Japanese activity.

（私のアメリカ人の友達はそれが好きです。彼らはそれは断然に最高の日本的な活動だと言っています。）

(会話例)

A: I would like to try something Japanese.

B: **That's great.** I recommend *ikebana, a Japanese-style flower arrangement*.

A: **That's a good** idea. I've seen it on a TV program and it looks interesting.

B: My foreign friends like it. They say it's **by far the best** Japanese activity.

2 Talk with your partner and give your opinion about an environmental issue. Give reasons and examples. Then, change the underlined words to make your own conversation. You can use the phrases in the box if necessary. See **Example Bank**.

（パートナーと話して，環境問題についてあなたの意見を述べなさい。理由や例を述べ

なさい。それから，下線部の語句を変えて，あなた自身の会話をしなさい。必要ならば，ボックスの語句を使ってもかまいません。)

(！ヒント)

原級，比較級，最上級を使い分けるようにする。Example Bank を参考にする。

(例)

A: What do you think is **the most important** environmental issue?
(あなたは最も重要な環境問題は何だと思いますか。)

B: Global warming. The world is getting **hotter and hotter**. It will have a huge impact on life on earth.(地球温暖化です。世界はだんだん暑くなってきています。それは地球上の生物に非常に大きな影響を与えるでしょう。)

A: Yes. **The longer** it goes on, **the more destructive** it is. We need to use less energy.
(はい。それが長く続けば続くほど，ますます破壊的です。私たちはよりエネルギーを使わないようにする必要があります。)

B: But will that solve the problem? **No issues** like this are **as simple as** they seem.
(でもそれが問題を解決するでしょうか。このような問題はどれも思うほど単純ではありません。)

(会話例)

A: What do you think is the **most important** environmental issue?

B: Plastic waste. There is **more and more** plastic waste in the world. It will have a great impact on life on earth.

A: Yes. **The more** plastic products we use, **the worse** the environment becomes. We should try not to use single-use plastic products.

B: But will that solve the problem? **No issues** like this are **as simple as** they seem.

③　Compare the sizes of the five countries in the table. Work in pairs and answer the questions in turn. You can change the underlined words.
(表の5か国の大きさを比較しなさい。ペアになって活動して，順番に質問に答えなさい。下線部の語句を変えてもかまいません。)

(！ヒント)

表の国土面積について会話する。与えられた質問に対して答え，追加の質問をして会話を続ける。

1.「どの国が3番目に大きいですか。」

2.「どの国が断然最も大きいですか。」

3.「どの国が表のほかのどの国よりも小さいですか。」

【会話例】
1. Which country is the second largest? ― The US is.
2. Which country is by far the smallest? ― Japan is.
3. Which country is larger than any other country on the list?
　　― Russia is.

>>>>>>>>> **Use it** <<<<<<<<<

Write three sentences about when you are happiest.
（あなたが最も幸せな時について3つの文を書きなさい。）
（例）　主張　主張：　I'm happiest when I'm bathing in an open-air spa.
　　　　　　　　　　（私は露天風呂に入っている時が最も幸せです。）
　　　　理由①：The bathroom in my house has no window and I feel
　　　　　　　　enclosed by walls.（家の浴室には窓がないので，私は壁に取り囲
　　　　　　　　まれた気持ちがします。）
　　　　理由②：In an open-air spa, I can enjoy the scenery and it's very
　　　　　　　　refreshing.（露天風呂では，私は景色を楽しめ，それは気分をとて
　　　　　　　　もすっきりさせます。）

【！ヒント】
ほかの人や物との比較ではなく，同一人物・物の中での比較は形容詞の最上級でも the
を付けない。「ほかの人と比べて私が一番幸せ」ということを示しているのではなく，「私
の中で一番幸せ」ということを示している。
〔盛り込む観点の例〕
・スポーツをしている時
・楽器を演奏している時　など

【作文例】
主張：　I'm happiest when I share a victory at a big soccer game with other
　　　　team members.
理由①：I am on the soccer team, and we practice hard every day.
理由②：Soccer is a team sport, so we must work together as one for the victory.

< ══════ >>>>>>>>>> **Expressing** <<<<<<<<<< ══════ >

STEP 1

(問題文の訳)

表に基づいた議論を聞き，それぞれの人物をその意見と一致させなさい。

(！ヒント)

世界男女格差指数についてのそれぞれの人物の意見を聞き取る。

STEP 2

(問題文の訳)

表について順番に話しなさい。**STEP 1** で述べられていた意見を用いてもよい。

(！ヒント)

日本の男女格差指数が極めて低いことに関しての意見を述べ，その原因と対策について考えて述べる。

(例)

A: Look at the table above. It seems to me that Japan is known as one of the worst countries for gender equality. What do you think about it?

B: I don't think it's good. What is the cause of it?

A: In my opinion, some Japanese men and women still think women should stay home and do the housework. What should we do for the future?

B: I think that men should do more housework so that women can have more opportunities to work. How about you?

A: I think that Japan should have more female politicians, and that Japanese companies also should have more female leaders for the future.

B: I see.

STEP 3

(問題文の訳)

日本の男女平等に関するあなたの意見を書きなさい。

(！ヒント)

STEP 2 で述べた日本の男女格差指数が低いことに対する意見とその原因と対策をもとに，＿＿＿を埋める。

(作文例)

　According to the table, Japan is known as one of the worst countries for gender equality now. In my opinion, one of the causes is that some Japanese men and women still think women should stay home and do the housework. I think that Japan should have more female politicians, and that Japanese companies also should have more female leaders for the future.

Words & Phrases

次の表の＿＿に適切な英語を書きなさい。

組織（Organizations）	政府（Government）	平和（Peace）
☐ 先進国　developed country / advanced nation	☐ 国際問題　international issue［problem］	☐ 内戦 ④ ＿＿＿＿＿
☐ 発展途上国 ① ＿＿＿＿＿	☐ 経済成長　economic growth	☐ 難民　refugee
☐ 世界　the world	☐ 公共投資　public investment	☐ 軍事力　military force
☐ 国際連合　the United Nations / the UN	☐ インフラ　infrastructure	☐ 軍縮　disarmament
☐ 非政府組織　non-governmental organization / NGO	☐ 外交 ② ＿＿＿＿＿	☐ 核兵器　nuclear weapon
	☐ 政治　politics	☐ テロリズム　terrorism
	☐ 教育　education	☐ 紛争 ⑤ ＿＿＿＿＿
☐ 非営利組織　nonprofit organization / NPO	☐ 福祉 ③ ＿＿＿＿＿	☐ 安全保障　security
		☐ 交渉　negotiation
	☐ 人道支援　humanitarian aid	☐ 平和構築　peacebuilding
		☐ 平和維持　peacekeeping

社会（Society）	環境（Environment）	食事（Meals）
☐ 不平等　inequality	☐ 気候変動 ⑧ ＿＿＿＿＿	☐ 飲み物　drink / beverage
☐ 人権　human rights		☐ 自然食品 ⑩ ＿＿＿＿＿
☐ 男女平等 ⑥ ＿＿＿＿＿	☐ 地球温暖化　global warming	
☐ 人種差別　racial discrimination［segregation］	☐ 水不足 ⑨ ＿＿＿＿＿	☐ 加工食品　processed food
	☐ 森林伐採　deforestation	☐ 乳製品　dairy product
☐ 貧困 ⑦ ＿＿＿＿＿	☐ 砂漠化　desertification	☐ 食物アレルギー　food allergy
☐ 飢餓　hunger	☐ 環境汚染　environmental pollution	☐ 宗教上の食事制限　religious dietary restriction
☐ 人口爆発　population explosion	☐ 天然資源　natural resources	☐ 菜食主義者　vegetarian / vegan
☐ 持続可能な開発　sustainable development	☐ 生物多様性　biological diversity	

解答
① developing country　② diplomacy　③ welfare　④ civil war　⑤ conflict
⑥ gender equality　⑦ poverty　⑧ climate change　⑨ water shortage
⑩ organic food

Lesson 12 If I were you, I'd see it as a positive.

Model Conversation

Misaki is telling Mr. William her worries about the future that younger people will face.

M1: ①Hi, Mr. William. ②**Can you give me some advice?**

W1: ③Sure. ④What is it?

M2: ⑤I hear that the average life expectancy is increasing, so older people need to continue working. ⑥**If** older people **were to stay** at their jobs longer, there **would** not **be** enough jobs for younger people. ⑦What do you think?

W2: ⑧Well, **if I were you**, **I'd** see it as a positive. ⑨Younger people are more likely to learn the right skills for the changing world, so the job market should be better for people like you.

M3: ⑩That's what I'm hoping. ⑪I should focus on improving my skills and knowledge.

W3: ⑫Yes. ⑬**I think it's a good idea to** think about what kinds of jobs might be available in the future.

美咲はウィリアム先生に若い人が直面する可能性のある将来の不安について話しています。

M1:①こんにちは，ウィリアム先生。②助言をいただけますか。

W1:③もちろん良いですよ。④どうしたんですか。

M2:⑤平均寿命が延びていると聞きます，つまり高齢者が働き続ける必要があるということです。⑥もし高齢者がより長く仕事に就き続けるとしたら，若い人に十分な仕事がなくなってしまいます。⑦どう思われますか？

W2:⑧そうですね，私なら前向きに考えます。⑨若い人は変わっていく世界に対応できるスキルをより身につけやすいので，求人市場ではあなたたちの方が有利だろうということです。

M3:⑩そうだとうれしいです。⑪自分のスキルや知識を高めることに集中すべきですね。

W3:⑫そうですね。⑬将来どんな種類の仕事があるのか想像してみれば良いと思いますよ。

語句と語法のガイド

face [féis]	動	～に直面する
average life expectancy	名	平均寿命
increase [inkríːs]	動	増加する(⇔ decrease 減少する)
see ～ as ...	熟	～を…と見る，考える
positive [pázətiv]	名	よい点，プラス面(⇔ negative 問題点)
be likely to *do*	熟	～しそうである，～らしい
job market	名	求人市場
focus on ～	熟	～に集中する
knowledge [nálidʒ]	名	知識 ▶ know 動 ～を知っている
available [əvéiləbl]	形	手に入れられる

▶️ **解説**

・**Misaki is telling Mr. William her worries about the future that younger people will face.**

that は目的格の関係代名詞。

② **Can you give me some advice?**

Can you give me some advice? は「アドバイスをもらえますか」という意味で，助言を求めるときに使う表現。SVOO の文型。

⑥ **If older people were to stay at their jobs longer, there would not be enough jobs for younger people.**

〈If S' were to ＋動詞の原形〉は「仮に～するとしたら」という意味で，実現の可能性がゼロの場合から，実現の可能性がある場合まで，話者のさまざまな想定を表す。 **EB6**

If ＋ S' ＋ | were to | ＋ | 動詞の原形 | , S ＋ | would[could, might] | ＋ | 動詞の原形 | .
　　　　　　　　　　if節　　　　　　　　　　　　　　　　　　　　　主節

⑧ **Well, if I were you, I'd see it as a positive.**

仮定法過去の文。「もし（今）～ならば，…だろうに」と現在の事実と違うこと，実際には起こり得ないことを述べる場合，過去形が使われる。 **EB1**

If ＋ S' ＋ | 過去形 | , S ＋ | would[could, might] | ＋ | 動詞の原形 | .
　　　　　　if節　　　　　　　　　　　　　　主節

⑨ **Younger people are more likely to learn the right skills for the changing world, so the job market should be better for people like you.**

changing は world を修飾している。現在分詞の形容詞的用法。助動詞 should は「～のはずだ」という推量を表す。

⑩ **That's what I'm hoping.**

That は「求人市場では若い人たちの方が有利だろうということ」を指す。what は関係代名詞で，what I'm hoping は「私が望んでいること」という意味。

⑪ **I should focus on improving my skills and knowledge.**

前置詞 on の後の improving は動名詞。

⑬ **I think it's a good idea to think about what kinds of jobs might be available in the future.**

it is ～ to do は「…するのは～だ」という意味。ここでは～に名詞句 a good idea がきている。what kinds 以下は間接疑問で，前置詞 about の目的語になっている。

Listening Task

Circle T for True or F for False. （正しければ T，間違っていれば F に○をつけなさい。）

（!ヒント）

英文では相手に伝えたい重要語句を強く発音するので，意識して聞き取る。

1. 美咲は将来の高齢者の労働力不足について心配しているか。（→⑤⑥）

2. ウィリアム先生は若い人たちに十分な仕事があるだろうと思っているか。(→⑨)

3. ウィリアム先生は美咲に高校卒業後すぐに就職するべきだと言っているか。(→⑬)

< ═══ >>>>> **Function**(助言を求める・助言する) <<<<< ═══ >

1. "**Can you give me some advice?**" "**If I were you, I would** tell the truth."
「アドバイスをもらえますか。」「もし私があなたなら，真実を話すでしょう。」

2. "**I think it's a good idea to** try again." "All right, I will."
「もう一度やってみるのが良いと思います。」「わかりました。そうします。」

3. "**What would you do if you were** in this situation?" "**I would** tell my parents first."
「もしあなたがこの状況にいたら，どうしますか。」「まず両親に話します。」

◥ 解説

1. ・**Can you give me some advice?** は「**アドバイスをもらえますか。**」という意味で，助言を求めるときに使う表現。
   ・**If I were you, I would ～.** は「**私なら〔私があなたなら〕～します。**」という意味の仮定法過去の文で，助言・忠告する表現。遠回しに提案しているニュアンスを含む。

2. **I think (that) it's a good idea to ～.** は「**私は～することがよい考えだと思います。**」という意味。to の後ろには動詞の原形がくる。

3. ・**What would you do if you were (in this situation)?** は「**もしあなたが(この状況に)いたら，どうしますか。**」という意味の仮定法過去の文。
   ・返事としての **I would ～.** は「(この状況にいたら)私は～するでしょう」という意味。

║ 語句と語法のガイド ║

truth [trúːθ]　　名 真実　▶ true 形 本当の

< ═══ >>>>>>> **Example Bank** <<<<<<<< ═══ >

A 仮定法過去と仮定法過去完了

1. If I *were* free, I **could go** with you.　暇があれば，君と一緒に行けるのに。

2. If I **knew** his phone number, I **would call** him.
   彼の電話番号を知っていれば，彼に電話するのに。

3. If I **had been** free, I **could have gone** with you.
   暇があったなら，君と一緒に行けたのに。

4. If I **had known** his phone number, I **would have called** him.
   彼の電話番号を知っていたなら，彼に電話したのに。

5. If he **had joined** the team, he **would be** a star now.
   そのチームに入っていたなら，今ごろ彼はスターになっているだろうに。

◥ 解説

直説法と仮定法

① **If** it **rains** tomorrow, I **will** stay home.(もし明日，雨が降れば，私は家にいます。)

② **If** I **lived** near the sea, I **could go** swimming every day.

（もし海の近くに住んでいれば，毎日泳ぎに行けるのに。）

①と②の文を比べると，①は「雨が降った場合」という現実に起こるかもしれない話であり，②は「もし海の近くに住んでいれば」という想像の話である。

英語の場合は現実か想像かを区別し，**「想像である」ことを時制をずらして表現する。** このときの動詞の形が**仮定法**である。なお，**実際に起こり得ること**を述べるときに使う動詞の形を**直説法**と呼ぶ。

《注意》事実かどうか，起こり得るかどうかは話し手の判断次第である。

〔直説法〕

実際に起こり得ること（現実と想像との距離はゼロ）

If it **rains** tomorrow, I **will stay** home.

　　　現在形…when や if など，時や条件を表す副詞節の中では，未来のことも現在形で表す。

〔仮定法〕

現実に反すること（現実と想像との距離がある）

If I **lived** near the sea, I **could go** swimming every day.

　　　過去形

実際は　I don't live near the sea, so I can't go swimming every day.

仮定法過去

「もし（今）～ならば，…だろうに」 と**現在の事実と違うこと，実際には起こり得ないこと**を述べる場合，過去形が使われる。これを**仮定法過去**と呼ぶ。形は過去であるが，現在のことを表す。仮定法過去の形は次のようになる。

①if節の動詞には**過去形**を用いる。be 動詞の場合，普通は **were** になる。

②主節には**助動詞の過去形**が使われる。それぞれ次のような意味になる。

　　　would（～だろうに），**could**（～できるのに），**might**（～かもしれないのに）

　　⇨ If you **tried** harder, you **might solve** the problem.

　　（もっとがんばれば，その問題を解けるかもしれないのに。）

●**仮定法過去**：「もし（今）～ならば，…だろうに」

　　If + S' + 過去形, S + would［could, might］+ 動詞の原形 .
　　　　　 if節　　　　　　　　　　　　 主節

1. 現在形の否定文を使って，「現実」を次のように表すことができる。

　⇨ I am not free, so I can't go with you.（暇がないので，君と一緒に行けない。）

2. 「現実」は次のように表すことができる。

　⇨ I don't know his phone number, so I don't call him.

　　（彼の電話番号を知らないので，電話しない。）

《注意》if節は後ろに置くこともできる。

　　　　⇨ Sally would be pleased if she were here now.

　　　　（サリーが今ここにいれば喜ぶだろうに。）

[仮定法過去完了]

「もし（あの時）〜だったなら，…だっただろうに」と**過去の事実と違うこと，実際には起こらなかったこと**を述べる場合は，時制を過去よりさらに過去にずらして，過去完了形が使われる。これを**仮定法過去完了**と呼ぶ。

①if 節の動詞には**過去完了形〈had ＋過去分詞〉**を用いる。

②主節には〈**would[could, might]＋ have ＋過去分詞**〉がくる。

●**仮定法過去完了**：「もし（あの時）〜だったなら，…だっただろうに」

　　If ＋ S' ＋ 過去完了形 , S ＋ would[could, might] ＋ have ＋過去分詞 .
　　　　　　　　　if 節　　　　　　　　　　　　　　　　主節

3. 過去形の否定文を使って，「現実」を次のように表すことができる。

　⇨ I wasn't free, so I couldn't go with you.

　　（暇がなかったので，君と一緒に行けなかった。）

4.「現実」は次のように表すことができる。

　⇨ I didn't know his phone number, so I didn't call him.

　　（彼の電話番号を知らなかったので，電話しなかった。）

[if 節は仮定法過去完了，主節は仮定法過去]

　if 節は過去の事実と違うことを，**主節は現在の事実と違うこと**を述べる。「**もし**（あの時）〜**だったなら，（今）…だろうに**」の意味になる。

●**if 節は仮定法過去完了，主節は仮定法過去**：「もし（あの時）〜だったなら，（今）…だろうに」

　　If ＋ S' ＋ 過去完了形 , S ＋ would[could, might] ＋ 動詞の原形 (＋ now など).
　　　　　　if 節（過去のこと）　　　　　　　　　　　主節（今のこと）

5. if 節は had joined と過去完了形になっている。一方，主節は would be となっており，過去形である。つまり，仮定法過去完了と仮定法過去が混ざった形になっている。このとき，if 節には「あの時」を表す then，主節には「今」を表す now などの時を表す副詞を伴うことが多い。

B　未来のことを表す仮定法

6. **If** you **were to write** a book, what **would** it **be** about?

　仮にあなたが本を書くとしたら，何についての本ですか。

7. **If** he **should change** his mind, he **would let** us know.

　万一，気が変われば，彼は私たちに知らせるだろう。

◀ 解説

〈if S' were to ＋動詞の原形〉

　6.「仮に〜するとしたら」という意味で，**実現の可能性がゼロの場合**から，**実現の可能性がある場合**まで，話者のさまざまな想定を表す。

●**未来のことを表す仮定法**：「仮に〜するとしたら」

$$\underbrace{\text{If} + \text{S'} + \boxed{\text{were to}}\ \boxed{\text{動詞の原形}}}_{\text{if節}},\ \underbrace{\text{S} + \boxed{\text{would[could, might]}} + \boxed{\text{動詞の原形}}}_{\text{主節}}.$$

〈if S' should ＋動詞の原形〉

7.「万一〜すれば」という意味で，**実現の可能性が低い場合に用いられる**。「まずあり得ないだろうが」という意味が含まれる。

⇨ What **will** you do **if** you **should** fail the exam?

（万一，試験に落第したらどうしますか。）

●**未来のことを表す仮定法**：「万一〜すれば」

$$\underbrace{\text{If} + \text{S'} + \boxed{\text{should}} + \boxed{\text{動詞の原形}}}_{\text{if節}},\ \underbrace{\text{S} + \boxed{\begin{array}{c}\text{would[could, might]}\\ \text{will[can, may]}\end{array}} + \boxed{\text{動詞の原形}}}_{\text{主節}}.$$

< ———— >>>>>>>>>> **Try it out** <<<<<<<<<< ———— >

1 If your friend said these things, how would you respond? Share your answers with your partner. You can use the sentences in the box. See **Function**.

（もし友達がこれらのことを言ったら，あなたはどのように応答しますか。答えをパートナーと共有しなさい。ボックスの文を使ってもかまいません。）

！ヒント

Function で提示されている「助言を求める・助言する」表現を使うようにする。Can you give me some advice?「アドバイスをもらえますか」。I think (that) it's a good idea to 〜.「私は〜することがよい考えだと思います」。What would you do if you were me?「もしあなたが私なら，どうしますか」。

1. Can you give me some advice? （アドバイスをもらえますか。）

2. How are things between you and Bob?

（あなたとボブの間で状況はどうなっていますか。）

3. I'm thinking about joining a gym.

（私はジムに入会することを考えています。）

a. That sounds good. I think it's a good idea to get some exercise.

（それはよさそうです。私は運動することはよい考えだと思います。）

b. Not good. What would you do if you were me?

（よくないです。もしあなたが私なら，どうしますか。）

c. Of course. What is it? （もちろんです。何ですか。）

会話例

1. Can you give me some advice? — Of course. What is it?

2. How are things between you and Bob?

— Not so good. What would you do if you were in this situation?

3. I'm thinking about joining a gym.

— That's nice. I think it's a good idea to work out there. It's not good for your health to stay at home all the time.

2　 What words fit best? You can use the words in the box. See **Example Bank**.

（どの語句が最も適切に当てはまりますか。ボックスの語句を使ってもかまいません。）

（！ヒント）

1. ・主節が〈could ＋動詞の原形〉となっているので，現在の事実に反する事柄を表す仮定法過去。
　　・「もし祖父母が近くに住んでいたら，私たちは彼らをしばしば訪ねられるのに。」「彼らはどこに住んでいるのですか。」

2. ・should があることに注目し，「万一〜すれば」という未来のことを表す仮定法にする。
　　・「あなたはパスポートを持っていますか。」「万一，あなたがそれを忘れたら，家に戻らなければならないでしょう。」「心配しないで。それは私のかばんの中にあります。」

3. ・主節が〈would ＋ have ＋過去分詞〉となっている。仮定法過去完了。
　　・「彼が私たちに道を教えてくれなかったら，私たちは演劇に遅れていたでしょう。」「はい。彼のおかげで，私たちは間に合いました。」

4. ・過去の事実に反する事柄を表す仮定法過去完了。
　　・「私は昨晩流れ星を見ました。」「もし私がそこにいたら，願い事をしたのに。」

5. ・主節に now，if 節に this morning があることに注目する。
　　・主節は仮定法過去，if 節は仮定法過去完了の文は「もし（あの時）〜だったなら，（今）…だろうに」という意味を表す。
　　・「もし今朝電車に乗り遅れたなら，私は今ごろここにいないでしょうに。」「あなたがここにいてうれしいです。」

（練習問題）What words fit best? You can use the words in the box. See **Example Bank**.

1. "You love swimming, don't you?"
　 "Yes. If I _____ near the sea, I could go swimming every day."
2. "If you should _____ any help, please let us know."
　 "OK. Thank you very much."
3. "Can you show me some pictures of the park you went to yesterday?"
　 "Sorry I didn't take any pictures. If I _____ a camera with me, I could have taken some."
4. "You're late. Why didn't you call me?"
　 "I'm sorry. If I _____ your phone number, I would _____ you."
5. "Tom looks very hungry."
　 "Yes. If he _____ enough lunch, he would _____ hungry now."

know, call / eat, not, be / have / live / need

3 In pairs, ask and answer the following questions. Give reasons and examples. Answer in more than one sentence. Ask follow-up questions to continue the conversation.

（ペアになって，次の質問を尋ね合いなさい。理由と例を述べなさい。2 文以上で答えなさい。追加の質問を尋ねて，会話を続けなさい。）

(!ヒント)

仮定のことについて会話する。与えられた質問に対して答え，追加の質問をして会話を続ける。

1.「もしあなたが百万長者なら，どうしますか。」
2.「仮にあなたが無人島に住むとしたら，どうしますか。」

(会話例)

1. If you were a millionaire, what would you do?
   — I would take an expensive cruise around the world. I'm interested in going on a cruise.
   (+1) Which country would you go first?
2. If you were to live on a desert island, what would you do?
   — I would make a house out of wood. I would need one to stay safe.
   (+1) What do you think would be the most necessary thing there?

Use it

If you had a time machine, would you travel back in time or travel into the future? Write three sentences.（もしタイムマシンがあったら，過去へ行きますか，未来へ行きますか。3 文で答えなさい。）

（例）　主張　主張：　If I had a time machine, I would travel back in time.
（もしタイムマシンがあったら，私は過去に行くでしょう。）
理由①：I'm interested in the life of Sakamoto Ryoma.
（私は坂本龍馬の人生に興味があります。）
理由②：I'd like to talk to him and know what he was thinking at that time.
（私は彼と話をして，彼が当時何を考えていたのか知りたいです。）

(!ヒント)

書き出しの文は現在の事実に反する仮定の話なので，If I had a time machine, I would ～.「もしタイムマシンがあったら，私は～するでしょう」と仮定法過去で表す。

〔盛り込む観点の例〕
・過去に行って恐竜を観察する，未来に行って自分の子孫に会う　など

(作文例)

主張：　If I had a time machine, I would go to the future.
理由①：I'm interested in my future children and grandchildren.
理由②：I'd like to know what they would be like.

Model Conversation

Misaki and John are talking about Japan's aging population.

M1: ①John, do you think that Japan's aging population is a big problem?

J1: ②Well, I think that with fewer young people, more and more older people will have to continue working.

M2: ③That's right. ④My grandfather is 70 and he's still working.

J2: ⑤That must be very tough. ⑥I imagine he **wishes** he **could** retire.

M3: ⑦He seems to enjoy working, actually. ⑧**Without** his job, he**'d have** nothing to do. ⑨He's very healthy and active. ⑩He lives his life **as if** he **were** in his fifties.

J3: ⑪That's great. ⑫I **hope** I feel the same way when I'm his age. ⑬I suppose that with the increased life expectancy, there is more time to work.

ジョンと美咲は日本の高齢人口について話しています。

M1:①ジョン，日本の高齢人口は大きな問題だと思う？

J1: ②うーん，若い人が少ないと，もっともっと高齢者が働き続けなければいけないのかなと思うよ。

M2:③そうね。④私の祖父は70歳で，まだ働いているわ。

J2: ⑤それはとても大変だろうね。⑥引退したいと思っているだろうね。

M3:⑦それが実は，働くのを楽しんでいるようなの。⑧仕事がなければ，することが何もないだろうから。⑨とても健康だし行動的よ。⑩まるで50代のように生活しているの。

J3: ⑪それは良いね。⑫僕も同じ年になった時，そんな風に感じるといいなあ。⑬寿命が延びているから，働く時間がもっとあるだろうね。

語句と語法のガイド

aging population	图 高齢人口
tough [tʌf]	形 困難な，骨の折れる
imagine [imǽdʒin]	動 ～と推察する　▶ imagination 图 想像(力)
retire [ritáiər]	動 引退する
live one's life	熟 生活する

解説

⑥ **I imagine he wishes he could retire.**

wish に続く節で仮定法過去を用いると，「～であればよいのに」という現在の事実に反する，または実現が困難な願望を表す。**EB1**

⑧ **Without his job, he'd have nothing to do.**

without は，if 節と同じように仮定を表すこともできる。ここでは，主節が仮定法過去なので，「(今)～がなければ」という意味になる。**EB5**　to do は不定詞の形容詞的用法。

⑩ **He lives his life as if he were in his fifties.**

as if の節で仮定法過去を用いると,「まるで〜のように」という事実とは異なる状況や空想を表す。be 動詞は主語にかかわらず were を使うことが多い。**EB3** in one's fifties は「(年齢が)50 代で」という意味。

⑫ **I hope I feel the same way when I'm his age.**

I hope (that) 〜. は「私は〜ということを望みます」という意味。これは直説法で,実現性があることを望むときに使う。feel the same way は「同じように感じる」という意味。I'm his age で「私は彼と同じ年だ」という意味を表す。

▌ Listening Task ▐

Circle T for True or F for False.　(正しければ T,間違っていれば F に○をつけなさい。)

(！ヒント)

1. 美咲の祖父はできるだけ早く引退したいと思っているか。(→⑥⑦)

2. 美咲の祖父は自分の仕事に満足しているか。(→⑦⑧)

3. ジョンは自分が 70 歳になったら,働きたくないだろうと思っているか。(→④⑫)

《 ━━━ ＞＞＞＞＞＞＞ **Function**（願望を表す）＜＜＜＜＜＜＜ ━━━ 》

1. "Can you go with me?" "I'm afraid I can't. **I wish** I **could** go."
　「私と一緒に行ってくれる?」「残念だけど,できないよ。行くことができればなあ。」

2. "Are you ready for the final exam?" "Not yet. **If only** I **had** more time!"
　「期末試験の用意はできた?」「まだだよ。もっと時間があればなあ!」

3. "I'm looking forward to the excursion." "So am I. **I hope** the weather will be fine."
　「遠足が楽しみだよ。」「私も。天気が良いといいなあ。」

▶◀ 解説

1. I wish I could 〜. は「〜ができればよいのに」という意味。実現の困難なことを望むときに使う。

2. If only I had 〜. は「〜がありさえすればよいのに」という意味。I wish で書きかえることができるが,if only のほうが強い願望を表す。

3. I hope (that) 〜. は「私は〜ということを望みます」という意味。1 と 2 の表現は仮定法であるが,これは直説法。実現性があることを望むときに使う。

▌ 語句と語法のガイド ▐

final exam	名 期末試験　▶ mid-term exam	名 中間試験
excursion [ikskə́:rʒən]	名 遠足	

《 ━━━ ＞＞＞＞＞＞＞ **Example Bank** ＜＜＜＜＜＜＜ ━━━ 》

A　wish や as if を使った仮定法

1. I wish I knew his phone number.　彼の電話番号を知っていればなあ。

2. I wish I had studied more.　もっと勉強していたらなあ。

3. He treats me **as if** I **were** a little child.
　彼はまるで私を幼い子どものように扱う。

4. I feel **as if** I **had had** a horrible nightmare.
　私はまるで恐ろしい悪夢でも見たかのような気分だ。

📢 **解説**

〈wish ＋仮定法過去〉

　wish に続く節で**仮定法過去**を用いると，「**〜であればよいのに**」という**現在の事実に反する，または実現が困難な願望**を表す。I wish に続く節の時制を過去にずらすことで，「現在の事実とは異なる」ということを表している。この表現には「残念だ」という話し手の気持ちが含まれる。

● **wish ＋仮定法過去**：「〜であればよいのに」
　S wish S' ＋ 過去形 ．

　1. 彼の電話番号を知らないので，「知っていたらいいのに」と思っている。「思っている」のも「知らない」のも現在のことである。直説法を使って次のように表すことができる。

⇨ **I'm sorry** I **don't know** his phone number.（彼の電話番号を知らなくて残念だ。）

《参考》wish に続く節に could や would が使われることがある。

　　　⇨ **I wish** I **could stay** longer.（もっと長くいられたらなあ。）

〈wish ＋仮定法過去完了〉

　wish に続く節で**仮定法過去完了**を用いると，「**〜だったらよかったのに**」という**過去において実現しなかったことへの願望**を表す。

● **wish ＋仮定法過去完了**：「〜だったらよかったのに」
　S wish S' ＋ 過去完了形 ．

　2. あまり勉強をしなかったので，「もっと勉強していたらよかったのに」と思っている。「思っている」のは現在で，「勉強しなかった」のは過去のことである。直説法を使って次のように表すことができる。

⇨ **I'm sorry** I **didn't study** more.（もっと勉強しなかったことが残念だ。）

〈as if ＋仮定法過去〉

　3. as if の節で**仮定法過去**を用いると，「**まるで〜のように**」という**事実とは異なる状況や空想**を表す。

● **as if ＋仮定法過去**：「まるで〜のように」
　S ＋動詞＋ as if S' ＋ 過去形 ．

〈as if ＋仮定法過去完了〉

　4. as if の節で**仮定法過去完了**を用いると，「**まるで〜したかのように**」という**主節の時制よりも前の事実とは異なる状況や空想**を表す。

● **as if ＋仮定法過去完了**：「まるで〜したかのように」
　S ＋動詞＋ as if S' ＋ 過去完了形 ．

《参考》as if は **as though** を用いても同じ意味を表すことができる。

《注意》as if を使った仮定法では，主節と as if の節の時制の組み合わせは以下のように
　　　　なる。

(1) He <u>looks</u> as if he **were** ill.　　…「今」病気であるように「今」見える(**同時**)
　　　　〔**仮定法過去**〕

(2) He <u>looks</u> as if he **had been** ill.　…「過去」に病気であったように「今」見える(**ズレ**)
　　　　〔**仮定法過去完了**〕

(3) He <u>looked</u> as if he **were** ill.　　…「過去」に病気であるように「過去」に見えた(**同時**)
　　　　〔**仮定法過去**〕

(4) He <u>looked</u> as if he **had been** ill.　…「過去のさらに過去」に病気であったように「過去」に見えた(**ズレ**)
　　　　〔**仮定法過去完了**〕

(1)と(2)は，主節の時制は「見える」と現在形であり，as if の節の「病気であるように」
には過去形，「病気であったように」には過去完了形が用いられている。

一方，(3)と(4)は，主節の時制は「見えた」と過去形になっている。(3)のように，「見えた」
と「病気であるように」が「同時」のことであれば，as if の節では過去形が用いられ
る。(4)のように，「見えた」よりも「病気であったように」がさらに過去のことであれば，
時制の「ズレ」を表すために，as if の節では過去完了形が用いられる。

B　仮定法を使ったさまざまな表現

5. **Without** your help, I **would** not **be** able to do this job.
　　あなたの助けがなければ，私はこの仕事ができないだろう。

6. **With** a little more money, I **could buy** another coat.
　　もう少しお金があれば，コートをもう 1 着買えるのに。

7. **If only** I **were** rich!　私がお金持ちでありさえすればなあ！

8. **It's** (**about**) **time** you **went** to bed.　もう(そろそろ)寝る時間だよ。

9. We know Jim very well; **otherwise** we **would** not **trust** him.
　　私たちはジムのことをとてもよく知っている。そうでなければ彼を信用しないだろう。

◀ 解説

without

5. **without** は，if 節と同じように仮定を表すこともできる。主節が仮定法過去の場合
は「(今)〜**がなければ**」，仮定法過去完了の場合は「(あの時)〜**がなかったなら**」の意
味になる。

⇨ **Without** his advice, we **could**n't **have won** the game.
　(彼の忠告がなかったなら，私たちは試合に勝てなかっただろう。)

《注意》without は前置詞なので，後ろに節は置けない。without 〜の部分が現在のこ
　　　　とか過去のことかは主節の時制から判断する。

《参考》without の代わりに but for を用いても同じ意味を表すことができるが，文語
　　　　的表現である。

[with]

6. with は without と反対の意味で，ここでは「(今)〜があれば」という意味を表す。

= **If I had** a little more money, I **could buy** another coat.

[if only 〜]

7.「(今)〜でさえあればなあ」という意味になる。I wish で書きかえることができるが，if only のほうが強い願望を表す。

= I **wish** I **were** rich.

〈if only ＋仮定法過去完了〉で「(あの時)〜でさえあったらなあ」という意味になる。

⇨ **If only I had studied** more!(もっと勉強しておけばなあ！)

[it's (about) time ＋仮定法過去]

8.「もう(そろそろ)〜してよいころだ」という意味になる。to 不定詞を使ってほぼ同じ内容を表すことができる。

= It's (about) time **for you to go** to bed.

[otherwise]

9. otherwise は「そうでなければ」という意味を表す副詞で，直前に述べられている事実に反する仮定を表す。主節が仮定法過去の場合，「(今)そうでなければ」という意味になる。例文では「私たちはジムをよく知っている」という事実に対し，otherwise 1語で「彼のことをよく知らなければ」という現在の事実に反することを仮定している。

〜 ; **otherwise** we **would** not **trust** him.

=〜 ; **if** we **didn't** know Jim very well, we **would** not **trust** him.

[主語が仮定の意味を表す]

次の例文は，一見 if 節のない普通の文に見えるが，would が用いられており，現在の事実に反する仮定を表している。文の主語が「〜であれば」の意味を表す。

⇨ **An honest man wouldn't do** such a thing.

(正直な人ならば，そんなことはしないだろう。)

= If he **were** an honest man, he **wouldn't do** such a thing.

[if の省略(倒置)]

if が省略されると〈(助)動詞＋主語〉の語順(疑問文と同じ語順)になる。倒置は特に書き言葉で用いられ，**仮定の意味が強調される**。

⇨ *If* I were rich, I **could buy** the car.(もしお金持ちなら，その車が買えるのに。)

➡ **Were** I rich, I **could buy** the car.

≫≫≫≫≫≫≫ **Try it out** ≪≪≪≪≪≪≪≪

1　If your friend said these things, how would you respond? Share your answers with your partner. You can use the sentences in the box. See **Function**.

(もし友達がこれらのことを言ったら，あなたはどのように応答しますか。答えをパー

トナーと共有しなさい。ボックスの文を使ってもかまいません。)

(！ヒント)

Function で提示されている「願望を表す」表現に注意する。I hope (that) 〜.「私は〜ということを望みます」。If only I had 〜.「〜がありさえすればよいのに」。I wish she would 〜.「彼女が〜すればよいのに」。

1. I hope you have a good journey.　（私はあなたがよい旅をすることを望みます。）

2. I wonder what she has in mind.
（私は彼女は何を考えているのだろうかと思います。）

3. I'm very nervous. If only I had a little more confidence!
（私はとても緊張しています。もう少し自信がありさえすればよいのに！）

a. Don't worry. I'm sure you'll do great.
（心配しないで。私はきっとあなたはうまくいくと思います。）

b. Thanks. I'm looking forward to it.
（ありがとう。私はそれを楽しみにしています。）

c. Yes. I wish she would tell us what she is thinking.
（はい。彼女が私たちに何を考えているのか言ってくれるとよいのに。）

(会話例)

1. I hope you have a good journey. — Thank you. I wish we could travel together.

2. I wonder what she has in mind.
　— Me too. If only she would talk more frankly with us.

3. I'm very nervous. If only I had a little more confidence!
　— Take it easy. I hope you can make it.

[2]　Make sentences by putting the following words in order. Change the underlined words into correct forms if necessary. See **Example Bank**.
（次の語句を並べかえて，文を作りなさい。必要ならば，下線部の語句を適切な形に変えなさい。）

(！ヒント)

1. ・if，only，live に注目する。　・if only を用いた仮定法の文。
　・「私はあなたがいなくてとてもさみしいです。あなたが近くに住んでさえいればなあ。」

2. ・about，time，buy に注目する。
　・〈It's about time ＋仮定法過去〉で「そろそろ〜してもよいころだ」という意味。
　・「このコンピュータは起動するのに長い時間がかかります。私たちはそろそろ新しいのを買ってもよいころです。」

3. ・as，if，be に注目する。as if を用いた仮定法の文。
　・「マイクはまるで先生であるかのようにふるまいます。彼はいつも私たちに何をするべきか言います。」

4. ・without, lose に注目する。
   ・前に would have があるので，「～がなかったなら…だっただろうに」という仮定法過去完了の文。
   ・「彼の忠告がなければ，私たちは試合に負けたでしょう。」「はい。私たちは彼に感謝すべきです。」

5. ・with, read に注目する。
   ・前の文が「(今)時間がない」という現在の文なので，「～があれば…だろうに」という仮定法過去の文。
   ・「私はたくさんの自由な時間がありません。もしもっと時間があれば，私は小説を読むでしょう。」

6. ・would, have, buy に注目する。otherwise は「そうでなければ」という意味を表す副詞。
   ・仮定法過去完了の文。
   ・「私は彼女の絵がとても好きです。そうでなければ，私は絵を買わなかったでしょう。」

7. ・as, if, see に注目する。
   ・as if を用いた仮定法の文。
   ・「まるでそれを見たかのように」の部分は主節の時制(talked)よりも前の状況を表しているので，仮定法過去完了で表す。
   ・「彼は私たちと映画に行きませんでした。しかし彼はまるでそれを見たかのように話しました。」

8. ・wish, there, be に注目する。
   ・I wish を用いて「～だったらよかったのに」という願望を仮定法過去完了で表す文。
   ・「そのツアーはすばらしかったですが，とても速かったです。もっと時間があったらよかったのになあ。」

(練習問題) Make sentences by putting the following words in order. Change the underlined words into correct forms if necessary. See **Example Bank**.

1. It takes a large amount of money to travel around the world. (I / be / only / if / rich).
2. "It's (go / you / time / about / to bed), Mike." "All right, Mom."
3. The movie was very moving. Mary cried (she / if / be / a baby / as).
4. Ms. Smith helped us a lot. We could not have (her / succeed / without / assistance).
5. Those new smartphones look great. (more / I / with / buy / could / money,) one.
6. Tom practiced hard every day; (otherwise / win / he / not / would / have) the first prize.
7. Jane came out of the room without saying anything. She looked (if / see / as / she / a ghost) there.
8. "What's wrong, Ken?" "I got bad marks in all the tests. I (I / study / wish /

harder)."

3　In pairs, ask and answer the following questions.　Answer in more than one sentence.
Ask follow-up questions to continue the conversation.
（ペアになって，次の質問を尋ね合いなさい。2文以上で答えなさい。追加の質問を尋ねて，会話を続けなさい。）

！ヒント
ひそかに望んでいることや後悔していることについて会話する。
1.「あなたがひそかに望んでいることは何ですか。"I wish ..." で始めなさい。」
2.「あなたが後悔していることは何ですか。"If only ..." で始めなさい。」

会話例
1. What is something that you secretly wish for?　Start with "I wish ..."
　　— I wish I had my own laptop computer.　My family has only one computer.
　　(+1) What would you do with it?
2. What is something that you regret?　Start with "If only ..."
　　— If only I hadn't eaten too much in the winter holidays.　I've gained so
　　　much weight.
　　(+1) Do you know the reason why you ate too much?

 **Use it**

What are your wishes for yourself or your family?　Write three sentences.
（あなた自身や家族に望むことは何ですか。3つの文を書きなさい。）
（例）　主張　主張：I wish my mother would leave me alone.
　　　　　　　　　（私は母が私を放っておいてくれればよいのにと思います。）
　　　　　理由：She worries about me too much and always treats me as if I
　　　　　　　　were a child.（母は私のことを心配しすぎて，いつも私をまるで子ど
　　　　　　　　ものように扱います。）
　　　　　論拠：She even tells me when to take a bath.
　　　　　　　　（母は私にいつ風呂に入るべきか言いさえします。）

！ヒント
・現在の事実に反する願望は〈I wish ＋仮定法過去〉や〈If only ＋仮定法過去〉で表す。
・2文目以降，現在の事実は現在形で，過去の事実は過去形で表す（直説法）。

作文例
主張：I wish my father would come back home earlier.
理由：He always works until late at night, so he has to eat dinner alone.
論拠：I hope he can eat dinner with us and have a good rest at home.

< ══════ >>>>>>>>> **Expressing** <<<<<<<<<< ══════ >

STEP 1

問題文の訳

ロボットが人間に取って代わるという考えについての議論を聞きなさい。空欄を埋めなさい。

！ヒント

それぞれの人物がこの考えに賛成であるか反対であるか，そしてその理由を聞き取る。

STEP 2

問題文の訳

現在の日本の社会問題の1つについてパートナーと話し合いなさい。

！ヒント

現在の日本が抱える社会問題について考え，その原因と対策について話し合う。

例

A: Now Japan is faced with a food loss problem. What is the cause of it?

（現在日本はフードロス問題に直面しています。その原因は何でしょうか。）

B: In my opinion, it is that some supermarkets and department stores produce much more food than consumers need. What should we do to solve the problem?

（私の意見では，それはスーパーやデパートが消費者が必要とするよりずっと多くの食べ物を生産するからだと思います。問題を解決するために何をするべきでしょうか。）

A: I think the government should make a law against throwing away food. How about you?

（私は政府が食べ物を廃棄することに反対する法律を作るべきだと思います。あなたはどうですか。）

B: I think we should buy as much food as we need and should not throw away food.

（私たちは食べ物を必要な量買うべきで，廃棄するべきではないと思います。）

STEP 3

問題文の訳

STEP 2 で話し合ったトピックに関するあなたの意見を書きなさい。その後に，クラスに発表しなさい。

！ヒント

STEP 2 で話したことをもとに，＿＿＿を埋める。

作文例

　Today, Japan is faced with a food loss problem. In my opinion, one of the causes is that some supermarkets and department stores produce much more food than consumers need. I think that the Japanese government should make a law against throwing away food, and that consumers also should buy food near its best-before date to solve this problem.

Words & Phrases

次の表の＿＿に適切な英語を書きなさい。

経済 (Economics)	福祉 (Welfare)	医療 (Medicine)
☐ 不況	☐ 福祉　welfare	☐ 脳死　brain death
① ＿＿＿＿＿	☐ 社会保障　social security	☐ クローン　clone
☐ 景気後退　recession	☐ 介護　nursing care	☐ 受動喫煙　passive smoking
☐ 失業	☐ 育児休暇　parental leave	☐ 遺伝子治療　gene therapy
② ＿＿＿＿＿	☐ 社会参加	☐ ワクチン
☐ 少子化・出生率低下	social participation	⑤ ＿＿＿＿＿
low[declining] birthrate	☐ 医療費　medical expenses	☐ 臓器移植
☐ 高齢化社会　aging society	☐ 年金	organ transplant
☐ 寿命・余命	③ ＿＿＿＿＿	
life span[expectancy]	☐ 投票率　voter turnout	
☐ 労働人口	☐ 選挙権年齢	
workforce / working population	④ ＿＿＿＿＿	
☐ 労働力不足　labor shortage		
人権 (Human rights)	**情報技術 (IT)**	**住宅・住居 (Housing)**
☐ いじめ	☐ 情報格差	☐ 都市部　urban area
⑥ ＿＿＿＿＿	⑧ ＿＿＿＿＿	☐ 郊外
☐ 虐待する・虐待　abuse	☐ ネット犯罪　cyber crime	⑩ ＿＿＿＿＿
☐ (社会的な)性　gender	☐ 罰金を科す	☐ 田舎
☐ 人権　human rights	⑨ ＿＿＿＿＿	rural area / the countryside
☐ ユニバーサルデザイン	☐ ゲーム依存症	☐ アパート　apartment / flat
universal design	video game addiction	☐ マンション
☐ 差別	☐ 有害コンテンツ	condominium / condo
⑦ ＿＿＿＿＿	harmful content	☐ 仮設住宅
☐ 性的嫌がらせ	☐ 緊急地震速報	temporary housing
sexual harassment	emergency earthquake alert	☐ 交通機関　transportation

解答
① depression　② unemployment　③ pension　④ voting age　⑤ vaccine
⑥ bullying　⑦ discrimination　⑧ digital divide　⑨ fine　⑩ suburb

Try it out　練習問題　解答

Lesson 2 Logic & Expression 1　(p.26)
(練習問題)
1. lives, moved
2. is, see
3. are, cook
4. sells, smell
5. tell, showed

Lesson 3 Logic & Expression 1　(p.42-43)
(練習問題)
1. walks
2. lived
3. looking
4. rises
5. practicing

Lesson 3 Logic & Expression 2　(p.50)
(練習問題)
1. will
2. is going to rain
3. will be meeting
4. starts
5. am having

Lesson 4 Logic & Expression 2　(p.68)
(練習問題)
1. the train had already left
2. had been sick in bed for
3. had never seen a panda
4. had been listening to music for
5. heard that Mary had returned to
6. will have seen the movie five times
7. had been playing tennis for

Lesson 5 Logic & Expression 2　(p.85)
(練習問題)
1. should[had better]
2. won't
3. will
4. would
5. wouldn't
6. will[should]
7. used to

Lesson 5 Logic & Expression 3　(p.92)
(練習問題)
1. might have drunk
2. can't[couldn't] have made
3. should have told
4. must[may] have taken
5. should have arrived
6. rather stay, than

Lesson 6 Logic & Expression 1　(p.101)
(練習問題)
1. your wallet found
2. cannot be used
3. were taken
4. was invited
5. just been painted
6. is being built

Lesson 7 Logic & Expression 2　(p.126)

(練習問題)

1. difficult for us to carry
2. to catch the first train
3. Let me help you
4. heard a girl shout in the crowd
5. won't allow me to do
6. had the barber cut his hair the
7. of her to lend me

Lesson 9 Logic & Expression 1　(p.160)

(練習問題)

1. students listening to it were
2. It's an interesting story
3. I had my umbrella stolen
4. Look at the broken window
5. some firefighters enter the burning house
6. stood there surrounded by her students

Lesson 11 Logic & Expression 1　(p.202)

(練習問題)

1. fast as　　2. as large as
3. times as many
4. the cheaper
5. which was later[a bit later]
6. more, than

Lesson 12 Logic & Expression 1　(p.219)

(練習問題)

1. lived　　2. need　　3. had had
4. had known, have called
5. had eaten, not be

Lesson 12 Logic & Expression 2　(p.227-228)

(練習問題)

1. If only I were rich
2. about time you went to bed
3. as if she were a baby
4. succeeded without her assistance
5. With more money, I could buy
6. otherwise he would not have won
7. as if she had seen a ghost
8. wish I had studied harder